中国集体劳动关系法律规制研究

李孝保 著

法律出版社
LAW PRESS·CHINA

序

党的十九大报告庄严宣告,中国特色社会主义进入新时代。2018年既是新时代的开启之年,又是改革开放40周年。40年的改革开放,不仅为中国特色社会主义新时代的发展夯实了稳固的基础,而且给新时代的全面深化改革和全面推进依法治国留下诸多待解决的问题。处在如此重要的时代节点上,如何以新时代的站位、眼光和思维研究所面临的问题,是当代学人的时代使命。孝保博士在其博士学位论文基础上完成的即将付梓的专著《中国集体劳动关系法律规制研究》,其主题与党的十九大报告中提出的"完善政府、工会、企业共同参与的协商协调机制,构建和谐劳动关系"的任务高度契合,既是恰逢,也是幸运。本人应孝保博士邀请为该书作序,借此机会,就该书所特别看重的"中国特色"论题,浅谈点滴体会,供读者参考和批评。

一

在我国社会科学界,无论是劳动法研究还是劳动关系研究,都属于实践需求强烈而理论供给不足且由"冷"转"热"的学科,都遇到中国问题样本与西方国家学术资源对接与碰撞的问题。作为研究对象的我国市场化劳动制度改革进程中的劳动关系和劳动法问题虽然是本土问题,但作为研究手段和工具的概念、话语、理论、逻辑、方法等学术资源却多来自国外,以致现有研究成果中，本土化不够和忽视境外借鉴两种倾向都在一定程度上存在，成为理论供给不足的突出表现。究其原因，一方面，我国改革开放以来的劳动关系和劳动法与国外的劳动关系和劳动法，都是市场经济体制下和工业社会中的经济社会现象和法律现象，都面临着信息社会新的风险和挑战，故市场经济的劳动关系和劳动法理论虽然起源于西方国家，仍然可运用于认识和研判我国改革开放以来的劳动世界。另一方面，我国还是发展中国家，还处于工业化与城镇化加快速度但区域不平衡、进程不同步，且与市场化、信息化、全球化重叠这一史无前例的发展阶段。尤其是未完成的工业社会与不定型的后工业社会因素交织，不成熟的市场经济与残留的计划经济因素混合，其中的劳动关系和劳动法问题，尤其农民工问题，有独特的复杂表现和深层原因，[①]来自国外的劳动关系和劳动法理论就不足以解释和改造我国改革开放以来的劳动世界。于是，对"中国特色"的追求和落实，对本土化与境外借鉴之关系的把握，在我国劳动关系和劳动法的理论和实践中一直都是难题。就我国改革开放以来劳动关系和劳动法的理论和实践对"中国特色"的体现而言，呈现不平衡、不匹配的状况，理论研究的"中国特色"弱于实践探索，基础理论研究的"中国特色"弱于具体制度研究，集体劳动关系研究的"中国特色"弱于单个劳动关系研究。这表明，集体劳动关系及其法律规制的研究中如何体现和把握"中国特色"，是劳动关系和劳动法研究的重中之重和难中之难。

"中国特色"如何体现的问题，其实是一般性（或称普遍性）与特殊性之关系的问题，在劳动关系和劳动法的理论与实践中，即基于市场经济和工业社会等背景或基础因素的一般性与基于中国国情的特殊性如何体现的问题。坚持"中国特色"，既要体现基于市场经济和工业社会等背景或基础因素的一般性，又要体现基于我国国情的特殊性。其"难"就在于一般性和特殊性各自体现度的高低因不同事项、不同样本而相异，有的事项或样本应当强调体现一般性，有的事项或样本则应当强调体现特殊性，研究者和实践者都难以精准把握。

---

① 王全兴：《关于我国劳动关系稳定问题的基本认识》，载刘俊主编：《社会法学研究》（2013 年第 1 辑），法律出版社 2013 年版，第 2 页。

二

在劳动关系和劳动法的实践中,我国与发达国家比较,差异最大的莫过于集体劳动关系及其法律规制。就地位而言,在劳动法体系和劳动关系协调机制中,发达国家集体劳动关系及其法律规制一直处于首要和中心地位;而我国现阶段摆在首要和中心地位的仍然是单个劳动关系和劳动合同法。就集体劳动关系的运行机制而言,发达国家的主要特点是多元工会体制、劳资斗争型集体谈判;而我国现阶段的主流形式是一元工会体制和集体协商,至于体制外的群体性劳动争议现象,与发达国家的集体劳动争议也大不相同。面对集体劳动关系及其法律规制的中西差异和我国现阶段劳动关系和劳动法领域的现状和问题,我国集体劳动关系及其法律规制该如何定位,其运行机制该如何设计和构建?决定其取向的就是上述一般性和特殊性各自该如何体现的问题。争论中有两种截然对立的倾向:一种是强调体现一般性而转向西方国家的模式;另一种是强调体现特殊性而坚守和完善我国的现行模式。

这两种倾向虽然各有其值得肯定的理由,但争论中的关键性缺陷在于一概而论的思维方式,缺失结构性思维。集体劳动关系及其法律规制的"中国特色"问题,既有定位问题也有运行机制问题,上述一般性和特殊性的各自体现程度,在定位层面和运行机制层面应当有不同的结构,而不宜一概而论。

关于集体劳动关系及其法律规制的定位问题,实质上是劳动关系协调机制和劳动法体系的整体结构问题。如图 1 所示的劳动关系协调机制"三方兼三层"结构虽然都存续于我国和西方国家,但集体劳动关系在其中的地位高低却显然不同,以致劳动关系协调机制呈现如图 2 所示的不同的整体结构。

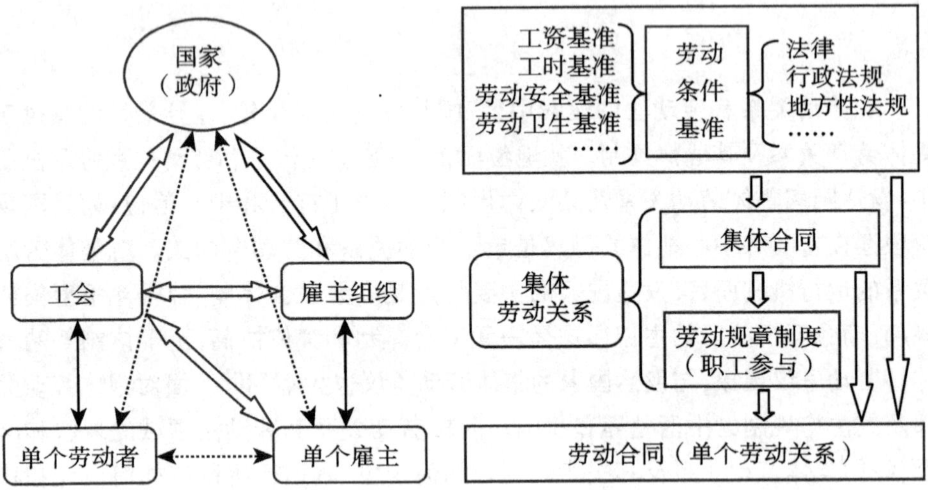

图 1

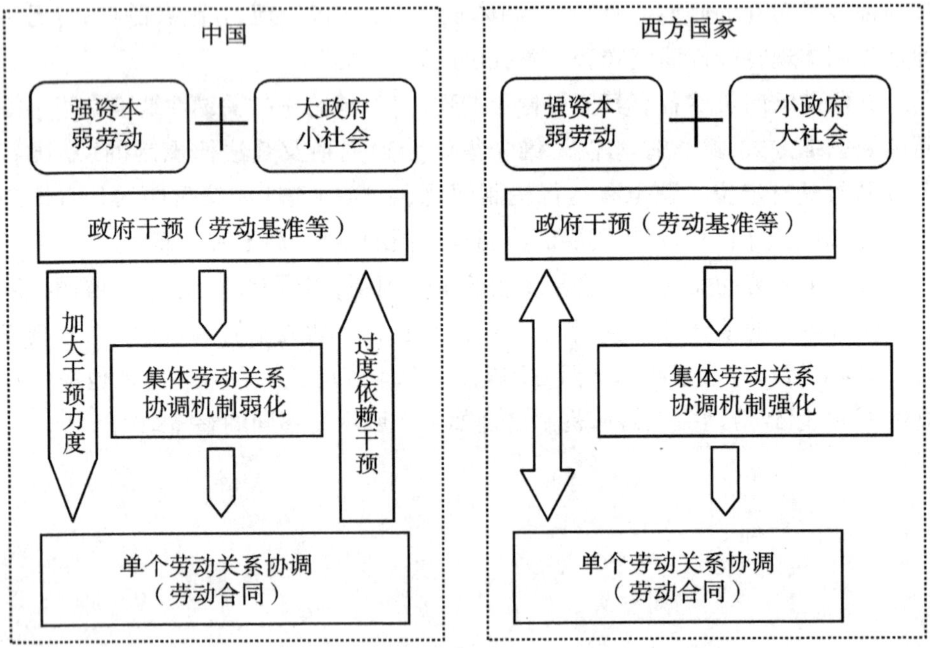

图 2

面对这种中西差异，集体劳动关系及其法律规制的定位是应当强调体现一般性还是应当强调体现特殊性呢？从劳动关系协调机制的发展历史看，应当更加重视的是其一般性而非其特殊性。这是因为:(1)劳动关系协调机制以集体劳动关系协调为主,是西方国家的普遍现象,在市场经济和工业社会中,这不仅取决于强资本、弱劳动、单个劳动者不足以与雇主抗衡等劳动关系基本特征,而且契合于小政府、大社会、政府与社会合作共治的现代社会治理体制变革趋势。(2)我国现行劳动关系协调机制以单个劳动关系协调和政府干预为主,集体劳动关系协调机制弱化,虽然根基于我国还处在工业化、城镇化进程中且与市场化重叠的经济社会体制背景以及其中的农民工问题,但其导致劳动关系协调失灵,尤其是不能有效协调农民工劳动关系的缺陷,已充分暴露,急需根本转型。(3)基于全面深化改革和新型工业化和城镇化的政策目标,党和国家明确将"党委领导、政府主导、社会协同、公众参与、法治保障"规定为社会治理体制改革的方向,①并将"党委领导、政府负责、社会协同、企业和职工参与、法治保障"规定为和谐劳动关系构建的工作体制。② 这必然要求提高集体劳动关系协调机制的地位,实现劳动关系协调机制的集体化转型。③

关于集体劳动关系的运行机制问题,实质上是劳动关系协调机制整体结构中集体劳动关系协调的要素形式及其组合问题,包括多个维度的选择,如多元工会体制与一元工会体制;斗争型集体劳动关系协调与协商型集体劳动关系协调;集体协商/谈判与职工参与;企业层次集体关系、行业/区域层次集体劳动关系与全国层次集体劳动关系;集体劳动争议与群体性劳动争议;等等。劳动关系协调机制的发展历史表明,尽管以集体劳动关系协调为主的劳动关系协调机制整体结构是现代市场经济国家的共同取向,但不同市场经济国家集体劳动关系协调的运行机制各有其特点。在不同国家或者同一国家的不同发展阶段,集体劳动关系协调的要素形式及其组合都不尽相同。例如,有的国家以行业/区域层次集体谈判为主,有的国家则以企业层次集体谈判为主;职工参与机制在有的国家受到高度重视,而在有的国家其地位不及集体谈判;罢工作为集体劳

---

① 《中共中央关于制定国民经济和社会发展第十三个五年规划的建议》(2015年10月)。

② 《中共中央国务院关于构建和谐劳动关系的意见》(2015年3月)。

③ 我国学界近些年流行的"劳动关系集体化转型"一词,似乎会给人以单个劳动关系向集体劳动关系转化的误解。因为无论实然状态还是应然状态,单个劳动关系与集体劳动关系之间并非转化而是并存。若就本来含义而言,应当是,在劳动关系协调机制的整体结构中,以单个劳动关系协调为主转向以集体劳动关系协调为主。故表述为"劳动关系协调机制的集体化转型"或许更为准确。

动关系协调的压力机制,西方国家历史上曾一度多发频发,而今却鲜见,由现实压力机制转变为预期压力机制。可见,对集体劳动关系的运行机制问题,所强调的应当是特殊性,而非一般性。

在我国现阶段,集体劳动关系协调实践中处于地位低与运行机制不健全互为因果的局面。① 鉴于其地位提高尚需一个较长时期的渐进过程,应当在运行机制上着力解决我国现阶段的特殊问题。例如,一元工会体制下工会的代表性和独立性问题;中国企业联合会与全国工商联合会并立体制下的代表性和职能分工合作问题;集体劳动关系协调机制的覆盖范围如何扩及灵活就业劳动者问题;集体协商与职工民主管理如何并行和结合问题;企业集体协商与行业/区域性基层集体协商如何互补、基层集体协商与行业/区域性集体协商如何组合问题;体制内集体协商和体制外集体谈判的规范化和走向问题;群体性劳动争议的处置和预防问题;集体协商启动和集体协商争议处理的规范化问题;等等。

三

上述可见,孝保博士的《中国集体劳动关系法律规制研究》是一本值得重视的学术专著。其突出的亮点,不仅在于知难而进,以"中国特色"为落脚点和目标,研究集体劳动关系及其法律规制的实践和理论;而且在于对集体劳动关系及其法律规制中如何体现"中国特色"的问题有较准确的把握,较好地处理了基于市场经济和工业社会的一般性与基于我国国情特殊性的关系。其中有些观点不乏新意且颇有价值。

作为集体劳动关系之法理基础的团结权论题,书中认为,团结权不仅以生存权、工作权等社会基本权为直接法源基础,而且以公民结社权为间接法源基础,劳动者团结权是公民结社权在劳动关系领域的法律实现,公民结社权是劳动者团结权的法律支撑;团结权既有组织意义上的团结权,也有行为意义上的团结权,从团结权的狭义(组织团结权)与广义("组织 + 行为"团结权)的关系中,可以理顺"劳动三权"及其与团结权的逻辑结构。这种观点,不仅基于市场经济、工业社会和法治国家的一般性,提升了团结权的位阶,明晰了集体劳动关系及其法律规制的法理基础;而且为基于我国国情的特殊性研究集体劳动关系

① 参见王全兴、谢天长:《我国劳动关系协调机制整体推进论纲》,载《法商研究》2012 年第 3 期。

及其法律规制,留下了可扩展的空间。

关于我国集体劳动关系运行机制的实践问题,基于我国国情的特殊性,书中提出并论证了若干有见地的观点和主张。其一,基于一元化工会体制的工会职能结构优化,应当重点处理好工会基本职能与社会职能、“个别维权”职能与“集体增利”职能、“维权”职能与“维稳”职能的关系。其二,在集体劳动关系运行机制的整体框架设计上,赋予集体谈判、集体协商及平等协商以不同的功能和价值,即在企业层面,积极推进集体谈判;在地区和行业层面,完善集体协商,且只能在工会和企业协会之间展开;在国家和社会层面的,推动并规范平等协商,或劳、资、政三方协商机制。其三,鉴于企业层面体制内和体制外集体谈判并存的现实,可基于行为团结权,实行“工人代表制”,由劳动者选举的劳动者代表行使相应的谈判权,进而实现体制外集体谈判的规范化。其四,明确区分集体行动、集体争议、争议权等概念,分类探索集体劳动争议解决机制,并从处理模式、处理程序以及相应责任追究机制等方面分别进行制度设计。其五,对罢工与罢工权既区分对待又作一体化研究,不赞成罢工的自然法属性,反对立法完全忽视罢工权,而主张罢工必须纳入法治轨道,并且,鉴于罢工只是一种而非唯一的压力机制,应当探索罢工替代机制。

在中国特色社会主义的伟大实践中,集体劳动关系及其法律规制的“中国特色”实践是一个长期的过程,问题之多且复杂,远非学者个体都能关注,更不可能在一本专著中都有涉及。该书未能论及的“中国特色”凸显的问题中,至少还有两个问题不可忽视。其一,职工民主管理(又称职工参与)本是集体劳动关系协调机制的一个重要组成部分,其在我国集体劳动关系协调机制中的地位,无论从既有实践还是从未来趋势看,都可与集体协商等量齐观,尤其是集体协商与职工民主管理的有机融合,应当成为我国集体劳动关系协调机制探索和发展的方向。其二,处于企业和社会“双重体制外”状态且流动性强的农民工群体,[①]作为灵活就业的主力军未能被工会和集体劳动关系有效覆盖,一直是我国集体劳动关系协调机制运行不畅的一个“痛点”;在劳动力市场灵活化,尤其是“互联网+”的背景下,“去劳动关系化”的潮流更加剧了对工会和集体劳

① 王全兴:《关于我国劳动关系稳定问题的基本认识》,载刘俊主编:《社会法学研究》(2013年第1辑),法律出版社2013年版,第3页。

动关系的挑战。这可以说是我国现阶段集体劳动关系及其法律规制的最大难题。但愿包括孝保博士在内的学界同仁,今后研究我国集体劳动关系及其法律规制,能将这两个问题列为重点。

*

2018 年 10 月 23 日

---

* 上海财经大学法学院教授,中国社会法学研究会副会长、学术委员会主任,中国法学会经济法学研究会副会长。

Contents

目录

绪　论

一、选题背景及研究意义

自《中华人民共和国劳动法》(以下简称《劳动法》)施行以来,特别是近年来《中华人民共和国劳动合同法》(以下简称《劳动合同法》)及《中华人民共和国劳动争议调解仲裁法》(以下简称《调解仲裁法》)等重要劳动法律法规的颁行,使中国劳动关系的调整从计划经济条件下的行政化、政策化向市场经济条件下的市场化、法制化的方式快速转变。劳动立法、司法及理论研究的完善和发展,是构建和谐劳动关系并进而构建社会主义和谐社会的基础。但上述变化和发展成果主要集中于个体劳动关系的调整,对集体劳动关系而言,其立法、司法及理论研究均处于起步阶段。"现代劳动法律发展的重要标志是重视集体劳动关系的规范合同调整"。[①] 发达国家的发展历程表明,集体劳动关系的调整是市场经济条件下构建和谐劳动关系的基础和核心。随着我国改革开放的深入,市场经济体制及劳动力市场机制不断健全,个体劳动关系正在向集体劳动关系转型。一方面,我国经济结构的不断优化和升级,传统的依靠廉价劳动力、低成本运作的制造业及代工行业面临挑战,随着经济发展方式的转变和城乡一体化的发展,劳动用工形式

---

① 程延园:《"劳动三权":构筑现代劳动法律的基础》,载《中国人民大学学报》2005 年第 2 期。

日趋灵活和多元，劳动者权益意识也日益高涨，必须重视集体劳动关系的有效调整；另一方面，在构建和谐社会的目标和环境下，以社会自治为核心特征的社会管理创新已成为党和国家治理社会的目标和理念。特别是党的十八大以来，党和国家提出的"共享发展成果""共建和谐社会""关注民生"等要求，更需要集体劳动关系运行和发展，才能实现劳资和谐进而实现社会和谐。从现实的角度观察，近年来频繁出现的群体性或集体劳动纠纷不仅预示着我国已进入以集体劳动关系为主的时代，有研究显示，我国当前劳工集体性事件的年度平均数据已明显高于美国20世纪70年代罢工高发期的水平。[①] 同时，对这些纠纷的解决也显露了我国对集体劳动关系的调整和规制没有做好相应的立法和理论准备。因此，我国现阶段劳动关系的发展和变革迫切需要集体劳动关系立法及相关理论研究。本书希望通过对集体劳动关系法律规制[②]的相关理论进行系统、深入阐述，并结合我国的实际情况和既有经验，提出我国集体劳动关系法律规制的具体构想，以为我国集体劳动关系立法和司法提供理论帮助。

市场经济条件下，资本和劳动结合推动社会生产，并在形成劳资力量均衡的格局下，通过劳资自治推动社会经济发展。故市场经济是集体劳动关系存在和运行的"土壤"，凡是市场经济条件下的劳动关系，就必然要对集体劳动关系进行调整，只是在不同的社会发展阶段，具体的调整目标、方式会有所区别。比如，自20世纪80年代始，发达国家出现工会人数降低和工会运动的频次、规模下降等现象，实则是在全球经济一体化进程加快和全球经济整体下滑背景下，集体劳动关系调整方式或手段的变化而已，并非预示着集体劳动关系调整的萎缩。与具有悠久工运及集体劳动关系调整历史的发达国家相比，我国的集体劳动关系调整，尚处于转型和起步阶段。一方面，我国现在所处的社会经济发展阶段，是发达国家20世纪就已经历的，集体劳动关系的发展现状也大致处于发达国家20世纪中期集体劳动关系的发展阶段。这意味着我国集体劳动关系的

---

① 参见常凯：《中国劳动关系报告——当代中国劳动关系的特点和趋向》，中国劳动社会保障出版社2009年版，第12页。

② 关于"规制"的含义，学界主要在两种情形下使用：第一，"监管""调控"之意；第二，"调整"的意思。第一种情形一般是指在宏观或整体上，综合运用行政、经济、法律等手段对产业或行业的监管和控制，多是在产业政策层面上进行；而第二种情形主要是用在具体层面上，主要使用法律手段对某一领域内的相关主体及其行为进行规范，多是在具体领域的法律规范层面上进行。本书的"规制"采第二种含义，相当于立法对集体劳动关系的调整和规范。

发展也必然经历着西方市场经济国家大致相同的、长期的发展过程。另一方面,发达国家劳动法及集体劳动关系的发展经历了由私法到社会法的历程,而我国由于政治、经济体制等因素,劳动法及集体劳动关系的发展经历了公法到社会法的历史过程,两者社会发展、法律体系及发展路径等有很大不同。因此,构建我国集体劳动关系调整的法律和理论框架必须立足本土化。尤其是在我国"劳动三权",即劳动者组成工会并以工会的力量争取及其劳动权益的团结权,与雇主或雇主组织进行集体谈判、交涉并签订集体合同的集体谈判权,以及为保障集体谈判的顺利进行和团结权的实现而进行的集体停工、怠工等集体行动权。在立法和理论研究上不完善甚至存在空白的条件下,如何顺应时代的发展和我国劳动关系调整的实践,创造性地构建集体劳动关系法律规制的理论体系,显得格外重要。

本书的研究旨在探讨为什么以及如何构建适合我国实际的集体劳动关系法律规制立法及理论体系。换言之,本土化研究是本书的目标,也是本书研究的理论和现实意义所在。当然,本土化研究也要在尊重劳动法及集体劳动关系基本理论的基础上进行,故本书是在阐释集体劳动关系运行及其法律规制基本理论的基础上,着重对我国集体劳动关系法律规制的立法及理论进行架构,并创新集体劳动争议的纠纷解决机制。

二、研究综述

由于我国政治、经济、社会及法治发展起步晚且具有曲折性、非连续性、不均衡性等因素,国内目前对此方面的研究尚处于初步阶段,相关的理论研究成果较为贫乏。国外特别是诸如美国、德国、法国、日本等发达国家,其市场经济较为成熟,加之长期的工会、集体谈判及罢工等制度的发展等因素,对集体劳动关系法律规制的立法和理论研究比较成熟,研究成果可谓汗牛充栋。从国内外的研究文献看,集体劳动关系的研究涉及多个领域和学科,法学、经济学、社会学及管理学等社会科学领域的学者都基于不同的学科视角,对其加以深入研究。结合本书研究主题,以下大致从集体劳动关系及工会、集体谈判、集体合同等方面加以评述。

(一)国内研究现状

近年来,我国包括台湾地区的学者对工会、集体协商或集体谈判、集体合同等集体劳动关系方面进行深入的理论研究,研究成果日益丰富。第一,对集体劳动关系的整体宏观上研究。我国台湾地区史尚宽(1978 年重印本)、黄越钦(2003 年)等学者较早对集体劳动关系相关理论进行全面系统深入研究。大陆学者在《劳动法》颁行后,开始关注此方面的研究,关怀、常凯、董保华、王全兴等劳动法学者对集体劳动关系的相关理论作了系统深入的研究。第二,21 世纪以来,关于集体劳动关系及其法律调整的功能、价值方面的研究。典型的如石美瑕(2007 年)对集体劳动关系和和谐社会的相关性,及如何构建和谐社会框架下的集体劳动关系进行深入研究。第三,对我国劳动关系的研究范式或重点向集体劳动关系转变方面的研究。林嘉(2009 年)认为,我国劳动法调整模式已从单一模式转为个体自治、团体自治和国家强制三种模式共存;常凯(2010 年)认为,中国劳动关系已从个别向集体化转型,个人集体意识增强,劳工政策亟待改革。第四,在新时代背景下,团结权及工会制度改革方面的研究。董保华(2012 年)结合国际上团结权的理论研究视角,透视我国工会的现状及问题的根源,并提出完善我国工会制度的思路和对策;乔建(2010 年)在描述世界工会运动的特征及趋向的基础上,提出中国"党政主导的工会模式"的改革思路;林燕玲(2010 年)指出,工会是参与推动国家人权行动计划的重要力量;张丽、王慧民、冯同庆等学者(2010 年)提出,中国特色社会主义条件下,服务性工会的重要性及其建设的途径。第五,集体协商、集体谈判及集体合同方面的研究。郑桥(2003 年)、程延园(2004 年)、李琪(2008 年)等学者对集体谈判制度进行了专门研究;宋湛(2008 年)对集体谈判和集体合同的基本理论、结构、进程、谈判的程序和技巧等方面进行了系统的研究;郑爱青(2010 年)提出了我国企业工资集体协商的必要性和相关的立法配套措施;乔建(2010 年)认为,在金融危机条件下,集体协商机制的完善需要结合劳动关系变化的新特点和新问题,通过三方密切沟通协调加以解决;董保华(2012 年)梳理了我国集体协商的"自上而下"和"自下而上"的两种模式,分析了两种模式各自的问题,提出我国应该实行行业集体合同,工会在维护职工权益方面有很大的空间。在现行立法和制度框架下,他在评判针对罢工的"合法说"和"违法说"的基础上,指出罢工合法性的理论依据、条件,并对罢工权在我国的发展提出相应思考;李坤刚(2011 年)对我国集体协商的主体、程序等重点法律问题进行分析,并构建了集体协商的制度框架。第六,罢工方面的研究。该研究主要集中在罢工权立法的必要性方面，常凯（2010年）分析了南海本田罢工事件，对罢工权在我国目前的立法制度框架下的合法性予以详尽的论证，并指出完善罢工立法的相关建议。

其他学科的学者对集体劳动关系也基于不同的视角进行研究。谢建社等（2010年）从社会学的视角，以广州企业工资集体协商与非公有制企业工会组建为例，对我国当代集体劳动关系的相关问题进行分析，认为在改革工会体系建设的基础上进行行业性集体谈判是集体协商的有效形式；安增科（2010年）从经济学的视角，认为新自由主义重新抬头，集体谈判重心开始下移到企业层次，不干预、灵活化和分散化已成为欧洲国家劳资关系发展变化的新趋势，因此中国的劳资关系的调整主要依靠市场方法，并创造性地建立了劳资关系调节机制的"蜂农"模型。

（二）国外研究现状

第一，集体劳动关系理论研究先驱及其研究成果概述。涂尔干在其名著《社会分工论》中提出的结构功能主义（或称工业主义理论）和伍德沃德、布劳纳提出的后工业社会理论形成了功能论范式的劳动关系理论，认为劳资之间的冲突和对抗仅仅是局部和阶段性问题，劳资之间在工业化进程中遇到的问题，在新的时代将会消失。卡尔·马克思的劳资对立理论和马克斯·韦伯工业资本主义理论则是冲突论范式劳动关系理论的代表，认为劳资之间的冲突和对抗是社会发展的必然结果，劳资关系的过度激化必然带来暴力革命。这两种理论范式对集体劳动关系理论研究的发展有很大影响。劳动关系本质上是一种经济关系，经济学学派的理论对劳动关系的理论发展有很大影响。20世纪60年代以来，新制度经济学派深入探讨了集体谈判和劳动争议处理程序，对劳资关系三方的法律和历史地位进行了深入的理论研究。该学派认为，工人个人几乎没有能力与雇主抗衡，需要联合起来组建工会，与雇主进行集体谈判。约翰·W. 巴德（John W. Budd）在《人性化的雇佣关系：效率、公平与发言权之间的平衡》一书中认为，工作对于个人和社会的重要性不言而喻，这就要求雇佣关系具有"人性化"。传统观念上，雇佣关系被视为一种纯经济交易——公司需要效率，而工人需要收入。巴德则主张，公平和发言权与效率同样重要。他宣称，单纯强调效率的传统观念必须同员工的公正待遇（公平）和参与决策机会的权利（发言权）平衡起来。只有对这些人性问题给予更大的尊重，才能实现广泛的、共享的繁荣。这些分析为雇佣实践、社会规范和公共政策的改革奠定了基础。

第二,关于团结权和工会方面的研究。邓络普在其《产业关系系统》一书中构建了较为完整的劳资关系分析模型,并在与罗斯的争论中就工会如何发展和完善工资对策,以及如何维护工会在同雇主谈判中的权威等问题进行了深入的探讨。考肯、卡茨和麦卡锡在他们的合著《美国劳资关系转变》中提出了“战略选择”理论,认为劳资关系模型的中间层次是集体谈判和人事政策。桑德沃在《劳动关系:过程与结果》一书中较为全面地分析了劳资关系的影响因素,以及劳资关系运作中紧张冲突的解决应依赖工会运动和集体谈判。贝弗里·J.西尔弗(Beverly J. Silver)在其名著《劳工的力量》(中文版,2012年)中详尽地描述了21世纪以来世界劳工运动呈现的新特点,针对性地批判了所谓的“竞次”论点,即在全球化浪潮下,由于制造业在相对低收入国家的迅速发展,引发了世界范围工人之间的激烈竞争,从而导致工人力量和福利状况的持续恶化,并极富前瞻性地认为,资本转移到哪里,劳工与资本的冲突就会跟到哪里。在制造业迅速扩张的地方将出现强大的新的劳工运动。理查德·B.弗里曼(Richard B. Freeman)、詹姆斯·L.梅多夫(James L. Medoff)在其著作《工会是做什么的:美国的经验》(*What Do Unions Do?*)基于美国工会实际运行的大量数据,首次对工会的作用做了一个经济学角度的全面鉴定,极富开创意义的研究发现,工会在改善工作环境、提高劳动生产率以及减少经济体系的不平等等方面发挥着至关重要的有益作用。

第三,集体谈判和集体合同方面的研究。哈里·C.卡茨(Harry C. Katz)、托马斯·A.科钱(Thomas A. Kochan)、亚历山大·J.S.科尔文(Alexander J. S. Colvin)在其合著《集体谈判与产业关系概论》(*An Introduction to Collective Bargaining & Industrial Relations*)(2010年)中给出了集体谈判分析架构,从战略、功能、基层三个层面对集体谈判的过程进行解析,并明确双方在各自的战略目标下通过谈判所要实现的诉求。这是目前阐述集体谈判较为全面系统的著作。就集体谈判的某些方面的理论多年来也有很多学者在研究,较为典型的有卡茨(Katz,1993年)研究了集体谈判的分权化趋势,易卜生(Ibsen)和马里兰(Mainland)(2011年)研究集体谈判对平衡工作的灵活性和安全性的作用,罗伯克(Rollback)和舒尔腾(Schulte)(2000年)对欧洲各国集体谈判制度进行比较研究等。就行业性、专项性集体谈判也有较多研究,如塔特·奥加拉·古尔德(Tate O' Gara Gould)的《集体谈判对 1960 ~ 2000 年州际教师工资差异影响的纵向分析》(*A Longitudinal Analysis of the Effects of Collective Bargaining on Interstate Teacher Salary Differences from 1960 to 2000*,2007 年);安德鲁 B. 道森(Dawson Andrew B.)的《公司重组中的集体谈判协议》(*Collective Bargaining Agreements in Corporate Reorganizations*)等。托斯藤 · 舒尔腾(Thorsten Schulten)对欧洲各种谈判机制进行深入研究,指出集体谈判的具体形式与机构变化取决于欧洲各国的经济、社会和政治背景。在欧洲至少存在五种资本主义模式,分别具有相应的集体谈判机制。

第四,罢工权方面的研究。从"劳动三权"运行逻辑观察,罢工权或集体争议权是团结权和集体谈判权实现的保障,而外国特别是劳动法制发达的国家,罢工权的立法具有普遍性,故对罢工权的研究主要集中在罢工权行使的法律程序保障及社会效果,罢工权与政治体制的关系,影响罢工的因素等方面,而较少关注罢工权的立法研究,这与我国集中关注罢工权立法研究不同。国外对罢工权的研究主流的学派依然是支持罢工,典型的著作有约翰 · R. 康芒斯《制度经济学》和约翰 · K. 加尔布雷思《经济学和公共目标》等。但近年来,部分国家如澳大利亚、新西兰等通过立法取消或寻求罢工的替代制度,国外开始关注罢工的替代方案甚至是放弃罢工的研究,新保守学派和管理主义学派便是代表学派,他们认为罢工权干扰劳动力市场的自由状态,罢工实质上就是用劳动力的集体停止供给来"胁迫"雇方。他们认为,罢工的减少和消失视为管理的成功。比如,詹姆斯 J. 布鲁迪(Brudney James J.)的《罢工还是不罢工》(*To Strike or Not to Strike*);沃尔夫冈(Anders Olofsgard)的《工会领袖:工资谈判和罢工专家》(*Union Leaders as Experts: Wage Bargaining and Strikes with Union-Wide Ballot Requirements*)等研究成果。

(三)研究现状评述

从国内现有的涉及该选题的研究成果来看,其不足之处主要体现在以下几方面:其一,对集体劳动关系及其法律规制,缺少全面、系统、深入的专门理论研究。其二,从学科的研究角度看,经济学与社会学是研究的主要力量,劳动法学领域则显得相对薄弱,很多相对影响较大的理论成果多是经济学和社会学方面的研究,劳动法学对集体劳动关系的研究主要集中在集体谈判和集体合同方面。劳动法学对集体劳动关系的研究,须借鉴经济学、社会学及管理学等其他学科的研究成果,但目前我国劳动法学在研究此领域过程中,对其他学科的借鉴和融合显得不够成熟。其三,缺少实证方面的研究,国内很多研究成果就理论谈理论、就问题谈问题,很少真正深入现实层面,展开深入的实证研究。其四,缺少对集体劳动关系法律规制的相关制度的“适应性”和“创新性”研究等。国外尤其是工运及劳动法制较为发达的国家,对该选题的研究已经非常成熟,不仅重视基础理论的研究,还重视结合世界政治、经济发展趋势,对集体劳动关系主体、运行方式及其法律规制等相关领域进行拓展性研究。不足之处在于理论观点过于多元化,从而冲淡了对该选题研究的集中度,在回应世界经济一体化发展背景方面,缺乏相应的敏锐性。其主要原因是传统的集体劳动关系理论无法对世界政治、经济及基于此的劳动关系的变化、发展提供及时、充分的解释力,而前瞻性的理论研究对社会生活的预判,必具有多元性和试错性。因此,立基于集体劳动关系基础理论,立足我国实际进行本土化、创造性的研究便显得十分必要。

三、研究思路和方法

(一)研究思路

本书的目标,是确立我国自身集体劳动关系法律规制的理论体系和立法框架。研究思路的正确选择,是顺利、有效完成研究的关键。在我国当下政治、经济、社会等条件下,对集体劳动关系法律规制的研究的理论意义不言而喻,但相较于其他发达国家而言,对我国集体劳动关系的规制问题尚缺乏理论研究成果和实践经验,也缺乏相应的立法保障。针对这种我国在立法和理论的状况,但又迫切需要加以研究的领域,按照目前学界流行的研究思路,就是在介绍和论述国外相关立法经验和理论研究成果的基础上,提出一套自认为比较适合我国国情的立法或制度安排,从而完成相关课题研究。本书研究在宏观上当然遵循提出问题、分析问题和解决问题的研究思路,也会介绍国外先进的立法经验和理论研究成果,但主要还是立足我国的现实,分析我国在由个别劳动关系向集体劳动关系转型的时代,所出现的一系列社会现象和问题,并挖掘其社会根源,从而才能找到正确的解决方法。国外的立法和理论研究只是用以帮助阐述与本选题相关的基础理论,在立法体系及相关制度的设计方面,不依赖外国的经验。具体而言,首先,对集体劳动关系及其相关的基础理论作深入研究,目的是阐述在应然意义上，集体劳动关系法律规制的特征、体系及功能等；其次，紧密结合我国现实，在实然意义上分析我国集体劳动关系及其法律规制的立法、实践及理论研究的状况、问题，并深入剖析我国集体劳动关系法律规制相应制度运行不畅的根源；最后，在应然和实然意义上分析了集体劳动关系法律规制，并剖析了我国在此方面所存在的问题及其原因的基础上，进行相关制度的构建和创新。

(二)研究方法

第一，历史分析法。集体劳动关系及其法律规制不仅是制度自身内在运动的结果，而且是与社会历史互动的结果。科学的研究方法必然不能否定对相关历史的研究，找出历史的规律性联系。因此，有必要从历史发展，特别是发达国家集体劳动关系运行的历史视角来阐释集体劳动关系法律规制的性质及其发展规律。尤其是团结权和工会、集体谈判权、集体争议权的保障等都有深刻的政治、经济及社会背景，许多理论有较为悠久的历史。只有较为全面和系统地掌握了集体劳动关系法律规制的历史背景，才有可能更加深刻地理解集体劳动关系法律制度在市场经济体制中得以出现的历史必然性。

第二，规范分析法。规范分析法强调制度选择的价值偏好与选择，论证制度应该是一种什么样的设计和安排，给现行制度的完善与创新提出目标和方向。对法律问题的研究离不开规范分析，这是法学研究中的基本方法之一。在我国劳动法律制度中，对许多问题进行规范的立法层级较低，规范主要指法律、法规、部门规章、地方性法规，甚至还包括国家相关部门发布的一些劳动政策。集体劳动关系法律规制的研究起点应该建立在对法律规范的实证分析上，如界定相关法律概念的内涵外延、解析相关法律规范的逻辑结构、审查法律文件的效力衔接等。从这个角度看，规范分析的方法主要是对现行劳动法律进行解释或类推，以填补法律漏洞，或使法律更加具体化，适应时代发展的需要。

第三，比较分析法。比较分析法首先是中外对比分析。这可以使我们对中外集体劳动关系法律规制制度的异同进行辨别，找出这种差别的制度性背景原因，探讨在相异的制度背景下借鉴外国相关制度的可能性与现实性。如德国的劳资共决、共同参与、注重协调的调控机制，美国的倡导劳资自由选择、鼓励集体谈判，日本的“春斗”形式的集体谈判等。在现代全球化的市场经济大潮中，要理解集体劳动关系法律规制的发展趋向，就必须对各国相关的法律、法规均有所了解，并整理出普适性的规律。要建立适应社会主义市场经济体制的集体劳动关系法律规制制度，就需要借鉴市场经济发达国家的相关经验与模式。

发达国家的工会运动经历了数百年的发展，特别是近一个多世纪以来，西方国家以“劳动三权”为基础建立的劳动关系制度，蕴含了处理劳动关系的一些规律性内容。而对这种规律性的理论表达就是集体劳动关系的基础理论。笔者认为，要进行集体劳动关系的本土化研究，有必要借鉴国外关于集体劳动关系法律规制的基本理论。当然，鉴于工会运动的敏感性和复杂性，集体劳动关系的运行及其法律规制，容易受政治、经济、社会发展等环境的影响而不同，我们不能全盘接受，也不能一概排斥，而是应在分析、辨别、借鉴的基础上，构建起适合我国社会发展需要的集体劳动关系法律规制机制。

第四，跨学科综合研究法。集体劳动关系法律规制问题作为当代中国社会一个复杂的社会现象，引起了许多学科的关注和研究。在法学、经济学、社会学、管理学等不同学科领域，学者纷纷在各自视野内对此进行研究，得出了一系列有价值的结论。本书虽是法学书籍，需依据法学的一般原理，但也广泛吸收和借鉴了经济学、社会学、管理学等其他学科的研究成果，特别是一些经济学原理。当然，这些研究方法的运用并不是彼此独立的，而是互相交叉，互为证明的。多种研究方法的综合运用，才能更好地展开主题论证。

四、研究内容和框架

围绕特定的研究主题，按照一定的研究进路，通过相应的研究方法，并进行合理的“谋篇布局”，方能实现研究目标和任务。通过合理的结构安排，有效展示研究内容，就是所谓的“谋篇布局”。就本书的研究内容和框架而言，全书共有七章，大致从以下五个角度或层面展开：

第一，研究范畴、概念体系等集体劳动关系法律规制的相关基本理论的阐述，是本书研究的基础（详见第一章“集体劳动关系法律规制的基础理论”）。

第二，中国集体劳动关系运行现状及其问题的评析，主要是从整体或宏观上分析我国集体劳动关系的构成要素及其运行的问题和现状，重点在于提出问题，是本书研究的前提（详见第二章“中国集体劳动关系法律规制的现状评析”）。

第三，具体就集体劳动关系运行及其法律规制的三个主要问题，即团结权和工会、集体谈判和集体合同以及集体行动进行具体分析，本部分是提出并分析问题，是研究的重点（详见第三章“团结权及工会制度的改革与创新”、第四章“集体谈判与集体合同的建立和健全”及第五章“中国集体行动相关理论与立法重构”）。

第四，就如何构建我国集体劳动争议的解决机制进行探讨并提出具体的、本土化的构建方案，本部分主要是解决问题，也是本书研究的核心内容（详见第六章“中国集体劳动争议解决机制的探索与出路”）。

第五，探讨中国集体劳动关系及其法律规制在面临全球化背景下如何把握机遇和应对挑战，本部分是研究主题的延伸和展望（详见第七章“全球化背景下中国集体劳动关系法律规制的挑战与应对”）。

需要说明的是，上述七章研究内容不仅在宏观上或研究架构上符合一定的逻辑体系，各自的章节内容也自成逻辑。其中，第二章侧重于宏观层面的提出问题；第三章至第五章以微观层面的分析问题为主；第六章以整体意义上的解决问题为主；第七章是对新时代背景下我国集体劳动关系运行及法律规制的展望。至于本书第一章，是本论题研究的基础，对本书其他内容的探讨起了引领和指导作用。因为西方国家的工会运动经历了近200年的发展，特别是近一个世纪以来，以“劳动三权”为基础建立的集体劳动关系制度，蕴含了处理劳动关系的一些规律，对这种规律进行理论表达就是集体劳动关系的基础理论。要进行我国集体劳动关系的本土化研究，必须要借鉴国外关于集体劳动关系法律规制的基本理论，否则，所谓的本土化研究无异于“无源之水”。当然，鉴于工会运动的敏感性和复杂性，集体劳动关系的运行及其法律规制，容易受政治、经济、社会发展等环境的影响而不同，我们不能全盘接受，也不能一概排斥，而是应在分析、辨别、借鉴的基础上，构建起适合我国社会发展需要的集体劳动关系法律规制机制。

第一章　集体劳动关系法律规制的基础理论

近代意义上的劳动关系源于资本主义工业革命及其生产方式，是最基本的社会关系之一。从历史发展的角度看，劳动关系包括个体劳动关系和集体劳动关系，集体劳动关系是劳动关系的主要组成部分，且集体劳动关系是随着人类社会的发展和法制文明的推进，由个体劳动关系发展而来，或者说是劳动关系发展到一定阶段的产物。集体劳动关系正式进入法律规制的视野，始于20世纪初期工会团体合法地位的获取及工人结社权的立法承认。[①] 探讨集体劳动关系法律规制的基础理论问题，必须要先弄清楚劳动关系的概念、本质以及集体劳动关系的概念体系、构成及其运行逻辑等基本范畴和理论前提，并深入探讨对集体劳动关系进行法律规制的法理或成因，即为什么要规制的问题，进而分析集体劳动关系法律规制的目标及模式，即规制什么和如何规制等基础理论问题。本章在阐述劳动关系概念体系的基础上，分析集体劳动关系及其法律规制的范畴、边界及重点，并着重阐述集体劳动关系法律规制的法理基础，最

① 早期的劳资谈判，只是资本家剥削与劳工反抗的临时的、较为理性的行为，仅能以双方的道德信用加以维系，即使达成书面协议也不具有法律效力。只有法律承认了工人结社的权利和工会团体合法的地位，集体劳动关系始有法律规制。如1871年英国《工会法》首次承认了工人的结社权。

后在介绍发达国家[①]集体劳动关系立法、理论发展脉络的基础上，总结集体劳动关系法律规制的基本模式以及对我国的借鉴价值。

第一节 劳动关系概念体系的界定与划分

劳动关系及其相关概念体系的界定与划分是探讨集体劳动关系及其法律规制的前提，其理论阐释颇为繁杂，不仅要关注其历史背景和发展脉络，还应关注经济学、政治学、管理学、社会学及法学等诸多学科的不同视角。故对劳动关系特别是集体劳动关系及其法律规制的研究必须立基于一定的历史条件、社会发展环境及特定的学科范畴。

一、劳动关系的概念及其本质

学界对劳动关系概念的界定可谓众说纷纭，但对构成劳动关系概念的基本要素及其相互关系的认识基本一致。对劳动关系本质的正确认识是探讨相关理论和实践问题的核心。

（一）劳动关系的概念

劳动创造了人类社会并推动人类社会发展，但劳动却是一个"简单又复杂的范畴"。[②] 劳动的过程体现人与自然及人与人之间的关系，从广义上看，人与人之间基于劳动而形成的社会关系便可称为劳动关系。在此意义上，劳动关系显然是一种事实概念，与社会发展形态和生产方式并无必然联系，奴隶社会、封建社会甚至原始社会都存在劳动关系。但我们通常探讨的劳动关系，是人类社会发展到资本主义历史阶段所产生的，以工业革命和资本主义生产方式的建立为前提的，基于平等、自由、私有制及社会化大生产等条件下的社会关系，即是一种具有特定意涵的、狭义的劳动关系。故"资本主义"和"市场经济"是界定劳动关系的前提条件。马克思说过："资本和劳动的关系是我们全部现代社会

---

① 如未特别指明，本书所指的发达国家或西方国家泛指欧美、日本等劳动法制比较发达的国家和地区。

② 秦国荣：《劳动权的保障与〈劳动法〉的修改》，人民出版社2012年版，第2页。

体系所围绕旋转的轴心”。[①] 故在资本主义国家劳动关系通常被称为“劳资关系”，[②]我国在翻译和使用时，出于对“资本”一词的意识形态考量，一般用“劳动关系”[③]代替。

关于劳动关系的概念，理论界基于不同的学术领域和学科视角对其进行了研究和界定，其中仅劳动法学界的界定就有数十种之多。如有人认为：“劳动关系作为一种研究对象，是指现代社会中以工业化大生产为其社会背景的一种劳动者与劳动力使用者为实现劳动过程所构成的社会关系。”[④]这是侧重于从劳动经济学或生产关系的角度加以界定的。也有人认为：“劳动关系是指管理方与劳动者个人及团体之间产生的、由双方利益引起的表现为合作、冲突力量与权力关系的总和。”[⑤]这是侧重于从管理学的角度进行界定的。劳动法学界对劳动关系的界定并没有原则性的分歧，史尚宽先生给的定义至今仍堪称经典，其认为，劳动关系谓以劳动给付为目的之受雇人与雇用人间之关系。以上三种定义分别是从经济学、管理学及劳动法学的视角所列举的典型代表。鉴于劳动法学界对劳动关系概念的界定和认知并无实质不同，笔者无意在此罗列和评述。

（二）劳动关系的特征及本质

关于劳动关系的特征，学界虽多有探讨，但多停留在对劳动关系表象特征的描述和概括上，少有从本质和核心的角度进行深入研究。现代意义上或劳动法意义上的劳动及劳动关系是资本主义工业革命及其生产方式的产物，故其必然体现“自由”“平等”的时代特征。同时，劳动关系是由资本雇佣劳动，并通过

---

① 《马克思恩格斯选集》（第2卷），人民出版社1995年版，第589页。

② “劳资关系”体现的是雇佣工人和雇主的关系，包括劳动者个人与雇主的关系，即个体劳动关系，也包括工会与雇主或雇主团体之间的关系，即集体劳动关系。这是市场经济条件下使用最为广泛的概念，其特点是凸显了劳资双方立场的对立性、力量的不对等性以及关系的对抗性。

③ 在不同的国家和历史阶段，劳动关系有不同的称谓，如劳资关系、劳工关系、劳务关系、雇佣关系、员工关系、产业关系等。这些称谓虽然有自身的一些侧重，但本质是一致的。比较而言，劳动关系具有较大的包容性和统一性，也符合我国立法和实务习惯，本书统一使用劳动关系概念。当然，出于行文和引注的一致性和习惯，有时也使用劳资关系等相似概念，仅是表述不同，与劳动关系并无意旨上的差别。

④ 常凯：《劳动关系·劳动者·劳权——当代中国的劳动问题》，中国劳动出版社1995年版，第5页。

⑤ 程延园：《劳动关系》（第3版），中国人民大学出版社2011年版，第4页。

管理来使用劳动力,实现与生产资料的结合,从而推动生产的过程,故其必然体现"从属性"或"身份性"等特征。我们在探讨劳动关系特征的时候,一般只是对其体现出来的诸如"平等性""人身性""财产性"等部分特性加以概括,事实上,我们还可以深入研究其本质特征。何为劳动关系的本质特征?如有学者将其概括为"兼容性",如"平等性与从属性兼容,财产性与人身性兼容"。① 也有学者认为,"它是人身关系属性与财产关系属性结合的社会关系,是平等性与不平等性兼有的社会关系,是对抗性与非对抗性兼有的社会关系"②等。笔者认为,劳动关系的本质特征应高度概括为"从属性",学界概括的上述本质特征基本可以被"从属性"所包容。劳动关系的从属性可以由资本、劳动、劳动者及劳动力等要素的一些属性或特征,按照一定的逻辑顺序推演出来,具体可从以下两个维度分析。

其一,工业革命催生了工业化大生产的资本主义生产方式,资产阶级民主革命激发了平等、自由的社会思潮。失去生产资料的农民和手工业者成了只能自由出卖劳动力的工人,资本家成了生产资料的所有者和劳动力的使用者的雇主。劳动关系的建立必须有劳动者实际进入劳动过程,与生产资料相结合,并作为雇主生产经营的环节或组成部分,接受雇主的支配和管理,这样才能推动劳动和生产过程。这是资本主义发展的逻辑起点,也是不断推进人类社会文明发展的根本动力。而劳动者作为劳动力的所有者,其人身与劳动力须臾不可分离,雇主作为劳动力的使用者,使用劳动力的同时必须管理和支配劳动者的人身,所以,劳动和劳动力的特殊性决定了在劳动关系中,劳动者只能处于经济和组织的从属性地位。

其二,劳动关系的建立和运行就是"资本雇佣劳动"的过程,故"资本雇佣劳动"或"雇佣关系"③是"从属性"的另一种表达。可见,劳动关系的这一本质特征也是劳动法产生和发展的原动力,并决定了劳动法的理念、原则和根本任务,即为了衡平、克服直至扭转这种从属性,单向性地保护劳动者,并基于此而

---

① 林嘉:《劳动法与社会保障法》(第2版),中国人民大学出版社2011年版,第57页。

② 参见王全兴主编:《劳动法学》(第2版),高等教育出版社2008年版,第54~55页。

③ 因我国劳动用工模式的体制和历史及法律因素,长期以来学界将雇佣关系作为独立于劳动关系的一种民事关系对待,造成立法、理论及实务中的混乱。事实上,在国外雇佣关系就是我国所称的劳动关系。

建立平衡、协调的劳动关系。故真正意义上的劳动关系，必须基于以下几个要素：第一，以资本主义生产方式为前提，即规模化和机器化的工业化生产；第二，劳动力所有者和使用者基于平等和自由的结合，排除任何形式的强迫劳动；第三，生产过程中，劳动者必须接受雇主的用工管理和支配，雇主须提供相应的劳动条件和劳动待遇。因为“在生产过程中，资本发展成为对劳动，即对发挥作用的劳动力或工人本身的指挥权。人格化的资本即资本家，监督工人有规则的并以应有的强度工作”。[①] 故在本书的逻辑认知及其分析框架下，我们将劳动关系简单界定为“在资本主义生产方式和市场经济条件下，资本雇佣劳动并支付劳动报酬，而劳动接受资本管理的一种社会关系”。[②]

二、劳动关系的层级结构与集体劳动关系的概念、特征

纵观劳动关系的产生和发展脉络，主要可以将其划分为两个层级结构，即个体劳动关系和集体劳动关系。

（一）劳动关系的发展及其层级结构

众所周知，劳动关系一般分为个体劳动关系和集体劳动关系。从历史的角度观察，集体劳动关系是个别劳动关系的延伸和发展。自19世纪初劳动法产生以来，劳动关系及劳动法理论便蓬勃发展，但随着资本主义雇佣劳动的发展，从以“自由”和“自治”为典型特征的民法中脱胎而出，并以“保护劳动者”为宗旨的劳动立法，无法有效应对日趋紧张的劳资关系和日益严重的劳资矛盾。于是，劳动者团结起来，以组织的力量和集体行动的方式与雇主或雇主组织相对抗，以满足其权益保护的诉求便成了劳动者的必然选择。集体劳动关系和集体劳动立法便也顺应时代发展而产生，成为市场经济条件下调整劳资关系的主要方式，尽管对集体劳动关系及其立法真正进行学理探讨和理论提升实属20世纪中叶以后的事。“集体劳动关系是劳动关系高度社会化的必然结果”，[③]从劳动关系的分类或层级结构看，集体劳动关系是劳动关系的一个层级，学界对此

---

① 《马克思恩格斯文集》（第5卷），人民出版社2009年版，第359页。

② 在此意义上，奴隶社会和封建社会形态下所谓的劳动关系其实是基于不同社会身份的一种“奴役”关系，不以平等、自由及交换为前提，本质上是一种强迫劳动，只能在现象或字面意义上称为劳动关系。

③ 谢德成、王天玉：《集体劳动关系的法律目标与规范重点》，载《当代法学》2010年第2期。

已有共识，只是具体的层级结构或名称稍有不同，如常凯认为："劳动关系可区分为狭义的和广义上的劳动关系，狭义上的是个别劳动关系，广义上的劳动关系还包括集体劳动关系和社会劳动关系。"[①]董保华将劳动关系的三层结构分别界定为宏观、中观和微观层次。[②] 因此，集体劳动关系是劳动关系的一种、一个层级结构或说是个别劳动关系的延伸，是指劳动者组成的工会与雇主或雇主组织之间形成的社会关系，其核心特征就是劳动者组成工会，以组织的力量对抗雇主或雇主组织。

（二）集体劳动关系的概念、特征

何为集体劳动关系？目前，劳动法学界一般只是从主体的角度对集体劳动关系进行界定，如"集体劳动关系是指由工会为代表的劳动者与雇主或雇主组织所构成社会关系"；[③]"集体劳动法律关系（集体劳动关系——笔者注），即集体性（团体性）的劳动法律关系，是指劳动者集体通过工会与用人单位或用人单位团体之间所形成的劳动法律关系"。[④] 也有部分学者将集体劳动关系限定为签订集体合同的关系，如"工会或职工代表与单位签订集体合同所形成的劳动法律关系为集体劳动法律关系（集体劳动关系——笔者注）"。[⑤] 笔者认为，鉴于集体劳动关系是个体劳动关系的发展和延伸，根据法律关系的主体、客体和内容三要素理论，并结合与个体劳动关系的比较，可对集体劳动关系进行较为清晰的界定。

1. 集体劳动关系主体法定

集体劳动关系对主体有特定要求，劳动者一方须是工会或相关组织体，雇主一方须是雇主或雇主组织。工运发展史表明，以团体或组织的力量与雇主或雇主组织进行交涉、对抗是劳动者无法通过个体和群体力量满足利益诉求所总结的教训和积累的经验。劳动者组织的典型形式就是工会，工会具有垄断的一

---

① 参见常凯：《劳动关系学》，中国劳动社会保障出版社 2005 年版，第 11 页。

② 董保华：《十大热点事件透视劳动合同法》，法律出版社 2007 年版，第 54 页。

③ 常凯：《劳动关系学》，中国劳动社会保障出版社 2005 年版，第 11 页。

④ 林嘉：《劳动法和社会保障法》（第 2 版），中国人民大学出版社 2011 年版，第 55 页。

⑤ 郭捷主编：《劳动法与社会保障法》（第 2 版），中国政法大学出版社 2004 年版，第 43 页。

面,但人们更关注的是其具有代言人的一面,[①]因为"工会的建立增加了劳动者的谈判能力和与雇主进行对等谈判的机会"。[②] 故就理论而言,工会或相关组织代表劳动者一方参与集体劳动关系,是判定集体劳动关系的前提,即便是部分劳动者为了共同的目标进行群体行动,只要不是以团体或组织的名义进行的就不能认定为集体劳动关系。但在实践中,劳资关系不成熟,工会等劳动者组织发展缓慢,缺乏普遍性、独立性和代表性等,是以我国为代表的发展中国家的现状,集体劳动关系的相关立法和实务部门需灵活应对。一方面,通过立法促进工会的组织和职能建设;另一方面,也不能机械理解工会是唯一的集体劳动关系劳动者一方的主体,通过立法认可其他组织的主体资格或通过选举、委托等相关措施进行事前确认或事后追认,便可有效应对集体劳动关系主体的判定问题。换言之,符合集体劳动关系实质标准,且需要法律予以规制的,就应纳入法律规制视野。

2. 集体劳动关系内容特定

一般意义上的劳动权利和劳动义务是个体劳动关系的内容,集体劳动关系要保护或实现的不是普通的诸如劳动报酬、休息休假、劳动安全卫生等劳动权利,而是劳动者集体利益的增进,以跟进社会经济的发展速度,共享社会经济的发展成果。普通的劳动权利和义务通过立法、规章制度及劳动合同等进行规定或约定,具有既定性、确定性特征,完全可以通过传统的劳动争议解决机制就能实现;但劳动者集体利益增进的诉求,具有不确定性、未来性的特征,并无法律规定和合同的约定,必须依靠劳动者组织的力量,通过协商或谈判并辅之以集体行动的压力手段方能实现。因此,劳资双方是为了普通的劳动权利、义务,还是为了劳动者集体利益增进的诉求,是认定集体劳动关系的核心内容。易言之,即使由工会组织发动,但目的只是实现普通的劳动权利的,也不应该纳入集体劳动关系的法律规制视野。同样,即便不是以工会为代表的组织或群体,只要是为了集体利益的增进而与雇主方展开博弈的,便可以纳入集体劳动关系法律规制的视野。

---

① 参见[美]理查德·B. 弗里曼、詹姆斯·L. 梅多夫:《工会是做什么的?——美国的经验》,陈耀波译,北京大学出版社2011年版,第3~6页。

② Rothstein Bo., *The Social Democratic State the Swedish Model and the Bureaucratic Problem of Social Reform*, Pittsburgh, University of Pittsburgh Press, 1996, pp. 6–17.

3. 集体劳动关系客体一定

关于劳动关系的客体，学界鲜有深入探讨，一般只是结合现有法律关系客体理论进行描述。大致有三种观点：一是“劳动行为说”；[①]二是“劳动力客体说”；[②]三是“基本客体与辅助客体说”。[③] 笔者认为，理论界对法律关系客体理论并无统一的、主流的说法，故对于个体劳动关系而言，上述观点均可成立。但对于集体劳动关系而言，“劳动行为说”和“劳动力客体说”显然无法成立，因为集体劳动关系并不直接关注具体劳动行为或劳动力的使用，其关注的是工会的集体谈判、集体行动及集体合同的签订等集体行为，其中集体合同的签订是集体谈判的目标和结果，集体行动是保证集体谈判顺利进行的手段。笔者比较赞同基本客体与辅助客体说，并将集体劳动关系的客体概括为集体谈判以及与集体谈判相关的行为。

综上，笔者认为，所谓集体劳动关系，是指劳动者为满足集体利益增进的诉求，以工会等组织的力量在与雇主或雇主组织进行集体交涉、谈判并签订集体合同的过程中产生的社会关系。

集体劳动关系虽然是个别劳动关系的延伸，但集体劳动关系的法律属性、特征、构成及运行等却不同于个别劳动关系。个别劳动关系的本质属性是从属性，这一本质决定了劳动者作为个别劳动关系的一方主体处于弱者地位，法律在调整个别劳动关系时必须对劳动者的权益予以基准性保护和倾向性关注，也因此决定了劳动基准法在调整个别劳动关系时的主要作用。而集体劳动关系是在劳动力市场发展到一定程度，劳资自治的社会条件业已形成的条件下所形成的以平衡协调为手段、劳资自治为目的的社会关系。集体劳动关系的本质是平衡协调性而非从属性，集体劳动关系的平衡协调性正是在市场经济和市场机制的条件和作用下，纠正个别劳动关系从属性的一种有效社会治理方式；是在社会不断发展条件下，自治模式取代管制模式的典型形式。故大多市场经济较为成熟的国家，都积极关注集体劳动关系的运行和调整，并早已进入集体劳动关系时代，我国目前虽然以个别劳动关系的调整为主，但近年来随着社会的不

---

① 郭捷主编：《劳动法与社会保障法》（第2版），中国政法大学出版社2004年版，第43页。

② 董保华：《劳动关系调整的法律机制》，上海交通大学出版社2000年版，第284～286页。

③ 王全兴主编：《劳动法学》（第2版），高等教育出版社2008年版，第85页。

断发展,市场经济体制的不断深化改革和劳动力市场的进一步推动,特别是群体性或集体性劳动事件的频发①,引发了社会对集体劳动关系调整的期望和关注。

三、劳动关系、劳动法律关系及劳动关系的法律规制

探讨劳动关系、集体劳动关系及其法律规制,值得一提的便是关于劳动关系、劳动法律关系以及劳动关系的法律规制之间的界分问题。

(一)劳动关系与劳动法律关系

众所周知,法律是社会关系的调整器,换言之,可通过法律调整的社会关系便形成法律关系。故“法律关系是根据法律规范产生、以主体之间的权利和义务关系的形式表现出来的特殊的社会关系”。② 故根据法律与社会关系之间的调整与对应关系,劳动法律关系是指劳动关系经劳动法律规范调整而形成的劳动权利、义务关系。劳动关系的主体依照法律规范的要求缔结劳动关系,所缔结的劳动关系便具备了法律关系的形式,而劳动法律关系则以劳动关系为实际内容。故在理论上,劳动关系显然不同于劳动法律关系,两者的区别体现在以下三点:

第一,两者所属的范畴不同。劳动关系实质上是一种社会关系,属于经济基础的范畴,因为劳动关系总是直接联系着相对应的生产关系,劳动关系属于生产关系的一部分。而劳动法律关系则是属于上层建筑的范畴,是一种体现立法宗旨和价值判断的关系,因为它的形成主要是依据国家的劳动法律,它体现的是国家意志。

第二,两者产生的前提条件不同。劳动关系是在实现劳动的过程中发生的,劳动法律关系则是被劳动法律规范所调整的劳动关系,所以劳动关系的存在是劳动法律关系形成的前提条件。每一种具体的劳动关系之所以能够成为劳动法律关系,主要是因为存在对这些劳动关系加以调整的劳动法律规范。如

① 集体劳动关系的典型特征就是劳动者一方以组织的力量,就一般劳动条件的改善而与雇主或雇主组织抗衡。所以,学界对近年来我国频发的群体性劳动争议事件是否属于集体劳动关系和集体争议尚没有统一意见。笔者以为,如从集体劳动关系及其运行的特征看,群体性劳动纠纷不属于集体劳动关系和集体争议,但若从此类纠纷爆发的原因和劳动者的诉求看,也可算是广义上的集体劳动关系,至少可以算作集体劳动争议,故本书将群体性劳动纠纷纳入研究范畴。

② 朱景文:《法理学》,中国人民大学出版社2007年版,第428页。

果没有这些劳动法律规范,劳动法律关系就不可能形成和存在。

第三,两者的内容不同。劳动关系以劳动为内容,而劳动法律关系是以法定的权利和义务为内容。劳动关系如果没有相应的劳动法律规范调整,劳动关系的权利义务就不能得到法律的保障。

但在实践层面上,劳动关系与劳动法律关系可以同等使用。主要基于以下两点考虑:其一,劳动关系的界定标准,特别是劳动关系主体均是按照相关的立法规定确立的,即凡是谈劳动关系就已经是处于劳动立法的调整和规制之下了;其二,劳动关系的建立和运行,均已按照相关劳动立法的要求进行,如不符合立法要求则无法称为劳动关系。劳动关系的概念或法律界定,本身就已经纳入法定的要求和标准,劳动关系其实就是劳动法律关系。如劳动合同关系是典型的劳动法律关系,但其与事实劳动关系和劳动关系的意涵并无二致。事实上,在实践层面上将劳动关系等同于劳动法律关系更重要的理由在于劳动关系理论产生于劳动立法之后,换言之,随着劳动立法的产生,劳动立法介入传统雇佣关系,对劳动者进行特别保护,才产生现代意义上的、劳动法意义上的劳动关系理论。而其他领域的社会关系之所以会和该领域的法律关系产生界分,是因为该领域的法律关系是在社会关系产生之后,出现了相关立法进而形成相应的法律关系。因此,通常我们只提劳动关系而不说劳动法律关系,但在其他法律领域似乎不能如此等同使用,如民事关系不一定就是民事法律关系。①

(二)劳动关系与劳动关系的法律规制

上文已述,劳动关系与劳动法律关系在实践层面上其实可以通用,因为劳动关系已经是劳动立法调整的产物。无论是个体劳动关系还是集体劳动关系,均符合这一特性,即集体劳动关系等同于集体劳动法律关系。那么,为何在劳动关系的建立和运行过程中,还需要相关立法加以规制或调整?事实上,劳动关系与劳动法律关系只是在实践层面上可以在同等意义上使用,但在理论上两者依然分属不同性质领域的问题。劳动关系虽已经立法的调整,但这种调整只是初步的、静态的规范,而劳动关系的建立和运行是一种动态的过程,当双方当事人违反法定或约定的义务并产生争议时,则需要以争议的有效解决为中心构

---

① 根据民法理论,民事主体之间的民事行为只有纳入民法的调整才是民事法律关系,如恋爱关系属于民事关系,但不是民事法律关系,因为其并不纳入民法的调整。

建法律规制或处理的机制，这就需要对劳动关系进行全面、系统的法律规制。探讨劳动关系的法律规制一般都是从整体或宏观的角度进行，不仅涉及静态的法律规范还涉及动态的调整，而且法律规制是法律对劳动关系进行全面、系统调整的行为，不局限于劳动法领域内的法律规范及其调整方法。如集体劳动关系的法律规制，不仅要规范团结权、谈判权和争议权，还要规范该“劳动三权”受到侵害、产生争议时如何处理的问题。故集体劳动关系法律规制的范畴相当广泛，不仅是要不要规定或赋予权利、要不要分配法律义务的问题，更是对争议处理机制的设置和规范。故劳动关系等同于劳动法律关系，并不意味着劳动关系不需要法律规制。

第二节　集体劳动关系法律规制的基本范畴

任何研究论题须有符合该论题研究目的和研究框架的基本范畴。简言之，集体劳动关系法律规制的基本范畴就是本书要研究的基本理论问题以及这些问题之间的相互关系。基本范畴的界定是本书的基础工作，也是本章基础理论研究的逻辑起点。集体劳动关系法律规制问题的基本范畴主要就是对集体劳动关系的概念、构成及其运行逻辑进行阐述，并在此基础上探讨如何对集体劳动关系进行法律规制。当然，本章探讨的集体劳动关系法律规制的基本范畴，尤其是涉及集体劳动关系一些诸如“劳动三权”的基本理论层面的问题，更多的是对已有理论和实践成果的描述、分析和整理。一方面，是因为这些基本理论是发达国家在长期的劳工运动和劳动法发展中所总结出来的经典理论，具有借鉴意义；另一方面，也是因为在后面的章节中还要结合基本理论进行本土化的研究。

一、集体劳动关系的构成及其运行逻辑

由集体劳动关系的概念可知，集体劳动关系的建立和运行过程较为复杂，不仅涉及特定的主体，还涉及特定主体的集体行为，如劳动者及其工会、雇主及雇主组织、集体谈判、集体合同的签订、履行及集体劳动争议的解决机制等构成要素，尤其值得关注的是上述构成集体劳动关系各要素之间运行逻辑的问题，这是对集体劳动关系予以法律规制的逻辑主线。

(一)集体劳动关系的构成

1.集体劳动关系的权利基础

就实质而言,法律通过权利和义务的配置来调整人们之间的利益关系,或者说法律基于利益的分配而调整社会关系。法律调整某一社会关系必然以权利的确认和保护作为动因。集体劳动关系之所以建立并运行,其背后同样蕴含着权利和利益的诉求。这一权利和利益的诉求就是基本劳动权或"劳动三权",即团结权、谈判权及争议权。① "劳动三权"是资本主义生产方式和市场经济条件下的社会经济发展的必然产物,是集体劳动关系建立并运行的原动力。当然,集体劳动关系的运行正是为了实现和保障"劳动三权"。诚如学者所言,"集体劳动关系的产生过程实质就是劳动者集体劳动权的形成过程",②"劳动者拥有结社权、谈判权、产业行动(罢工)权,是集体劳动关系的基础"。③

"劳动三权"的确认和保护当然是集体劳动关系的权利基础,也是集体劳动关系法律规制原初意义上的最基本的构成要素。甚至可以认为,集体劳动关系法律规制的逻辑起点和最终归宿就是为了保障"劳动三权"的顺畅运行。立法对集体劳动权的确认和保护的过程,不仅是集体劳动关系运行规范的标志,还是劳资双方日趋成熟的表现。正如学者所说:"雇佣劳动者在法治的框架内行使集体权利,正是雇佣劳动者阶层发展成熟的一个阶段和表现"。④

2.集体劳动关系的主体

在集体劳动关系中,劳方以工会为主体,资方以雇主及雇主组织为主体。由于多重因素导致我国工会的组织体系和职能建设较难有效应对集体劳动关系,故在我国的集体劳动关系运行实践中,除工会外,其他相关组织也可以作为

---

① 有学者基于职工民主参与权的日趋重要,主张将其纳入集体劳动关系的构成内容。参见常凯:《劳动法》,高等教育出版社2011年版,第458页。笔者认为,传统"劳动三权"是劳动法的基本理论,是一项具有严密逻辑结构的概念体系。民主参与权虽然重要,但对该权利的行使和保护过于零散,无法与劳动三权形成逻辑自洽关系,故本书只探讨传统意义上的"劳动三权"。另外,为了与集体劳动争议进行区分,此处的争议权在本书的框架中,被称为行动权。后文亦如此。

② 王柏民、谷斐斐:《论我国劳动者集体劳动权的特点及其实现路径》,载《温州大学学报》(社会科学版)2011年第11期。

③ 徐小洪:《走向集体劳动关系》,载《天津市工会管理干部学院学报》2011年第12期。

④ [法]弗雷德里克·巴斯夏:《财产、法律与政府》,秋风译,贵州人民出版社2003年版,第370~386页。

劳方主体。当然,实践中以什么标准或条件进行主体资格的判定还需要在总结实践经验的基础上予以立法明确。比如,在尚未建立工会的企业或组织中,如何实现集体谈判或协商?可以结合我国实际,以上级工会为代表或由上级工会组织选举职工代表,或直接由具有共同利益诉求的劳动者选举代表等方式产生相应的集体劳动关系主体。雇主及其组织作为资方主体,理论上没有大的障碍,只是其称谓及范围尚未统一。事实上,“雇主”是最能体现劳动关系“资本雇佣劳动”这一本质特征的称谓,尽管理论和实务界也称其为“资本家”“企业主”“经营者”“劳动力使用者”等。劳动关系的实质就是劳动力和生产资料的结合,即生产资料的所有者通过支配、管理劳动者而使用其劳动力。因此,雇主一般包括法人和自然人,且在具体的劳动关系管理中,雇主必须由自然人来代表。我国由于历史和体制的原因,劳动立法只允许“用人单位”作为雇主,排除了自然人作为雇主的可能,这给劳动司法实践带来诸多不便。本书的论述,涉及雇主时依然沿用目前立法规定和实践的做法,即雇主只能是“单位”。雇主组织是雇主为了维护其利益而组成组织,以抗衡劳方的工会或相关组织,一般称为“行业协会”“区域协会”及“雇主联合会”等。

3. 集体谈判和集体合同

简单来说,所谓集体谈判是指劳动者为了集体利益的增进,以工会组织力量与雇主或雇主组织进行交涉的行为。签订集体合同是集体谈判的目标,也是集体谈判结果的表现形式,两者密切相关。当然,集体谈判的顺利进行还必须有怠工、罢工等集体行动作为压力手段的保障。集体合同的签订、履行是集体劳动关系运行的关键,是在市场经济条件下,实现劳资自治、建设和谐劳资关系的基础工程。我国囿于历史、体制、劳动力市场化程度及劳动法制发展不畅等原因,集体谈判和集体合同始终未能受到应有关注。关于集体谈判、集体协商以及平等协商等概念体系,相关立法未能明确进行界分和统一,导致理论和实务界任意理解和适用。我国《工会法》和《劳动合同法》称之为“平等协商”,而劳动部的相关规章中称“集体协商”。[①] 鉴于传统的集体谈判体现了资本主义和劳资对抗因素,我国立法和实践中一般用集体协商代替集体谈判。“集体谈判与集体协商存在一定的区别,集体谈判强调利益的差异性,并且以集体行动

① 参见《工会法》(2001 年)第 20 条、《劳动合同法》第 51 条、《集体合同规定》第 7 条。

作为谈判手段;而集体协商强调利益的一致性,并且以政府的协调处理为后盾。"[①]国际劳工组织集体谈判专家温德姆勒认为:"协商与集体谈判不同,谈判结果取决于双方能否达成一致,而在协商中,决策的最终力量总是在管理者手中。"[②]笔者认为,用集体协商代替集体谈判,虽然避免了冲突,但却模糊了集体谈判的原本意涵,也平添了实务中集体协商与平等协商、三方协商等相似概念和制度如何区分的困惑。

故就集体谈判的实质意义而言,集体谈判与集体协商事实上有根本的不同。用集体协商代替集体谈判,是基于特定体制及意识形态环境下的一种谨慎选择,并非是简单的语言和语义的替换问题。本书坚持沿用集体谈判的称谓正是基于此等考虑。事实上,我国的集体协商就是其他国家传统意义上的集体谈判,符合集体谈判的各项要素和特征。笔者坚信,集体谈判制度及其相应的称谓一定会随着我国社会经济的发展以及和谐劳动关系的政策目标的实现而逐渐被广泛接受。不过,值得注意的是,在现实语境下,我国的集体协商在不同层面上,似乎有进行划分的必要。比如,在企业层面上集体协商就是传统意义上的集体谈判;在区域及行业层面上,集体协商或劳资协商也可以作为具有中国特色的劳资博弈机制;在国家层面上,劳、资、政三方关于劳动立法及政策的博弈机制。详见后文分析。

4. 集体劳动争议解决机制

目前,立法、理论及实务界对集体争议或集体劳动争议,并没有统一的界定标准。集体争议容易与群体性或集体性的劳动争议或民事诉讼中的代表人诉讼或集团诉讼产生混淆,必须加以甄别和界定。与传统的个体劳动争议相对应,本书论题所涉以集体劳动争议为基础概念,进行相关概念体系的界分与辨析,进而构建集体劳动争议解决机制。此处有两点需要进一步交代:第一,探讨集体劳动争议解决机制,是本书集体劳动关系法律规制论题研究的落脚点,是整体意义上在集体劳动关系运行及其法律规制过程中落实权利、义务分配,确定责任划分和终端的争议解决机制。故其有别于传统的、狭义的集体行动或集

① 常凯主编:《劳动法》,高等教育出版社2011年版,第490页。

② [美]约翰·P. 温德姆勒等:《工业化市场经济国家的集体谈判》,何平等译,中国劳动出版社1994年版,第12页。转引自常凯主编:《劳动法》,高等教育出版社2011年版,第490页。

体争议行为，即怠工、罢工、闭厂等，换言之，整体的、宏观的最终意义上的集体劳动争议解决机制，会涵盖狭义的集体争议行为。第二，针对近年来我国出现的大量群体性劳动纠纷或突发性的劳动事件，需要在理论上进行梳理和甄别，在确定集体劳动争议的标准和条件的基础上，将部分群体劳动纠纷纳入集体劳动争议解决机制，从而结束上述群体劳动纠纷无法可依的无序状态。

（二）集体劳动关系的运行逻辑

上文已述，在集体劳动关系中，多重构成要素之间按照一定的逻辑关系相互作用，并推动集体劳动关系的运行。因此，探讨集体劳动关系的法律规制，有必要先弄清楚集体劳动关系的运行逻辑，或者说，集体劳动关系的运行逻辑是法律规制集体劳动关系的逻辑主线。具体可从以下两个层面进行阐释。

1. “劳动三权”及其逻辑关系

“劳动三权”是学界对劳动者团结权、谈判权和争议权 3 项集体劳动权利的概括。一般而言，团结权是指劳动者组织和参加工会的权利，有学者将此界定为狭义上的团结权，广义上的团结权包括“劳动三权”。[①] 本书的论述限于狭义的团结权。集体谈判权是指工会代表劳动者就劳动条件维持或提高与雇主或雇主组织进行协商，并签订集体合同的权利。集体争议权又称集体行动权，是指劳资双方采取罢工或闭厂等手段，以对抗对方的主张或要求。[②] 从“劳动三权”运行的逻辑关系的角度看，团结权是集体谈判权和集体争议权的前提和基础，也是集体劳动关系运行的逻辑起点，集体谈判权和集体行为权则是团结权的保证。集体谈判权是“劳动三权”的中心。正如学者所言，“不通过劳动结社权即无以行使团体交涉权；无团体交涉权，争议权即无着力之处。如果只有劳动结社权，而不将之与交涉权、争议权合并观察，则工会组织将与劳工之其他联谊性组织无何区别”。[③] 因此，“团结权与团体协商权、争议权在行使上有结合关系，在结构上联系关系，有目的与手段关系；没有团结权就没有协商权，而

① 常凯：《劳权论——当代中国劳动关系的法律调整研究》，中国劳动社会保障出版社 2004 年版，第 221 页。

② 有观点认为，集体争议权就是罢工权，实际上两者有区别，集体争议权包括劳动者的罢工权，同时也包括雇主及其组织的行动权利。除了引注方便和特别指明，本书中的集体争议权与集体行动权同义。

③ 黄越钦：《劳动法新论》，中国政法大学出版社 2002 年版，第 254 页。

不将协商权、争议权合并观察，工会组织将成为联谊性组织，无法发挥实质作用”。

2. 从集体劳动关系整体运行上观察

集体谈判权是集体劳动关系运行的中心或核心，只有通过集体谈判达成一致签订集体合同，劳动者一方集体利益增进的目标才有可能实现。诚如弗雷德所说：“所有以法定方法决定工资及其其他雇佣条件，在法律上亦被认为非上策。就某种意义而言，所有英国立法系对集体谈判的诠释。”①集体行动权是集体劳动关系运行的关键，是集体谈判顺利进行并最终签订集体合同的保障。集体合同也是集体劳动关系运行的形式和载体。事实上，集体谈判、集体行动及集体合同又自成一体，形成自身的逻辑自洽关系。这也是很多国家和地区将集体谈判、集体合同及集体行动合并立法，而将团结权和工会单独立法的原因所在。我国集体合同立法虽然层次低且集体行动立法尚付阙如，但也属于集体谈判和集体合同合并立法、团结权和工会单独立法的情形。此外，除了“劳动三权”和集体谈判、集体合同及集体行动的逻辑关系外，集体劳动关系的运行必然落脚于集体劳动争议的解决机制上。“无救济，无权利”，集体劳动立法对集体劳动权利的确认和保护、对劳动者集体利益增进目标的实现，必须有相应的争议解决机制作为保证，否则必然陷入无序和混乱状态。

据上，在集体劳动关系的运行中，自成逻辑体系的“劳动三权”是集体劳动关系运行的权利基础或动因；集体谈判、集体争议及集体合同在逻辑上又自成一体，成为集体劳动关系运行的核心、关键和载体；集体劳动争议的解决机制是集体劳动关系运行的落脚点和权利救济、争议解决的途径，与前述两种逻辑体系形成整体的、宏观的逻辑运行关系。

二、集体劳动关系法律规制的边界和重点

1871 年英国颁行的《工会法》被认为是世界上最早承认工会团体的立法。此后，随着社会的发展、劳动力市场体制的深化，各国均以宪法、劳动基本法及专门立法等形式对集体劳动关系的运行进行规制。但鉴于政治、经济及法律体制等因素的不同，在不同的历史发展阶段，各国关于集体劳动关系的立法

① 王泽鉴：《民法学说与判例研究》（二），中国政法大学出版社 1997 年版，第 343 页。

及其实施也不相同，集体劳动关系法律规制的对象、范畴及重点都有很大差别。换言之，并非所有与集体劳动关系有关的行为都要接受法律规制，集体劳动关系法律规制必然具有相应的边界和重点。当然，经济基础决定上层建筑，随着社会经济的发展变化，集体劳动关系法律规制的边界和重点也会随之变化。

（一）集体劳动关系法律规制的边界

集体劳动关系法律规制的边界，是在集体劳动关系运行过程中，需要法律规制的范畴，超过此范畴的部分，法律基于当前的政治、经济、法制发展等因素暂不予规范，而由道德、习惯、政策等调整工具予以调整。纵观世界各主要工业化市场经济国家的集体劳动关系立法的发展和变迁，集体劳动关系法律规制的边界或范畴主要有下列事项：（1）劳动者团结权或劳动结社权的立法。团结权立法是集体劳动关系运行的前提和基础。（2）工会的组织、性质、地位等关于其主体资格的立法。工会主体资格的立法确认极为重要，是工会享有代表权进行相关活动的保证。（3）工会活动的程序、规范方面的立法。（4）雇主及雇主组织的主体资格的立法。（5）谈判权的立法确认和保护，是集体劳动权的关键。（6）集体谈判主体资格方面的立法。虽然工会和雇主组织的主体资格已有法律确认，但参加集体谈判需要立法的进一步确认。（7）集体谈判的范围、内容方面的规定。“谈判内容和范围的合理界定是完善集体谈判制度的核心。”[①]即规定哪些内容必须谈，如工资，哪些内容可以谈等。（8）集体谈判的层次和级别方面的规定。（9）集体谈判的程序方面的规定。关于集体谈判的启动、实施及谈判不成的处理等环节的程序方面的规定。（10）对不当劳动行为的规范。即对雇主或雇主组织以劝阻、利诱、解雇等各种不正当的方式阻挠劳动者加入工会或参与其他活动，以减损工会的集体力量的行为，加以惩处的规定。（11）关于集体合同或集体协议的签订程序、形式、内容方面的规定。（12）关于集体合同的生效规则、有效期限及适用范围方面的规定。（13）关于集体合同的履行及违反集体合同的法律责任的规定。

① 刘燕斌主编：《国外集体谈判机制研究》，中国劳动社会保障出版社2012年版，第202页。

(14)集体合同的扩展适用和开放性条款。[①] (15)集体劳动争议处理机构及其职责。(16)集体劳动争议的处理的调解、调停、仲裁等方面的程序。(17)立法对集体行动权的确认,以及对集体行动的条件、程序及法律责任的规范和限制。(18)对雇主或雇主组织采取"闭厂"等产业行动的条件、程序及法律责任方面的规定。

(二)集体劳动关系法律规制的重点

集体劳动关系的法律规制经历了100多年的发展,在工业化和市场经济较为发达的国家已经非常成熟和规范。上文列举的是集体劳动关系的运行及其法律规制的主要对象或边界,但集体劳动关系集体性、利益的多元性、运行的动态性等特征决定了规制集体劳动关系极具复杂性,相关立法只能根据当时的社会、经济、政策及法制环境,对集体劳动关系中重要的,且具有一定共性的行为或事项加以规制。结合各主要国家集体劳动关系法律规制的立法及实践,笔者提出以下集体劳动关系法律规制的重点。

1. 以团结权为基础、谈判权为核心、行动权为保障的"劳动三权"的立法确认

已如前述,"劳动三权"是集体劳动关系运行以及法律规制集体劳动关系的前提,对"劳动三权"的立法保护本身就是对集体劳动关系的规制。世界大多数国家都以宪法、劳动基本法、专门法甚至是判例的形式对"劳动三权"予以确认。所以,无论是过去还是现在,对"劳动三权"的立法都是集体劳动关系法律规制的重点,即便在当前全球经济一体化,经济结构和产业结构不断调整的背景下,出现工会会员数量及组织率下降,集体谈判的分散化等趋势,"劳动三权"依然是集体劳动关系立法的重点。因为,无论社会经济如何发展,遵循市场经济和民主法治总是不变的趋势,无论经济结构和产业机构如何转变,工业化和现代化总是追求的目标,故集体劳动关系及其法律规制在可见的未来依然契合社会发展的需求。

---

① 集体合同的扩展适用和开放条款源于德国的规定。简单而言,扩展适用就是本来不属于集体合同效力覆盖范围的,在满足一定条件下,可以申请该协议对从事相同行业的其他非合同当事人也具有约束力;开放条款是指在经济不景气的背景下,集体合同主体协商降低原集体协议的条件或标准。参见刘燕斌主编:《国外集体谈判机制研究》,中国劳动社会保障出版社2012年版,第257~259页。

2. 集体合同相关立法

集体合同的签订是团结权和谈判权的目标和结果，是集体谈判达成一致内容的书面形式。因为，集体合同的内容主要就是对工资、工作时间等劳动条件的改善，不以劳动条件的提高为目标的团结权和工会，不是真正意义上的团结权和工会，不以集体合同签订为目标的罢工也可能被界定为非法。笔者认为，相较于团结权、工会及罢工，集体谈判和集体合同是集体劳动关系运行的根本体现，原因在于工会在不同的历史发展阶段和不同的国情背景下，承载着不同的政治、社会等功能，经济功能只是其中主要的功能。罢工也有分类，以签订集体合同为目标的罢工也只是其中之一。从集体合同的性质和作用上看，集体合同本身就是调整劳动关系的一种方式，是劳资双方集体自治的体现，但集体合同的签订主体、生效规则及其内容等必须有法律作指导。集体合同中劳动条件方面的约定是劳动合同的基础，也是对劳动基准法的补充，故集体合同的部分条款具有规范性效力，至少可称为准法律。正如学者所言："劳资合同（集体合同）预见或者吸收了一系列的规则和准则，因此与其说劳资合同（集体合同）是个双边协议，不如说它是一个法规或法典。"[①]这正是在集体劳动关系运行中，运用市场的力量均衡、平等协商的机制，实现消除劳资矛盾，共建和谐劳动关系的目标。所以，集体合同的立法是集体劳动关系法律规制的重点。

3. 集体劳动争议处理方面的立法

将集体劳动争议处理方面的法律规制作为重点，是基于"无救济，无权利"这一法谚所蕴含的法治理念和价值的。集体劳动关系运行过程中争议和纠纷的出现具有不可避免性，作为争端解决机制，法律对此加以规范实属必要。但至于究竟什么是集体劳动争议以及集体劳动争议到底包括哪些争议，目前学界仍然众说纷纭。故立法对此予以明确，确有必要。集体劳动争议的处理机构及其职责的设置和框定、争议处理的程序、相应的法律责任及集体合同履行的监督等规定，是确保集体谈判顺利开展，集体合同签订、履行的有效保证。基于不同的社会背景和历史发展阶段，各国对集体劳动争议解决机制的设计有很大差别，其中不乏有很多制度的创新，但在立法和司法实践中对集体劳动争议处理

---

① ［美］罗伯特·A. 高尔曼：《劳动法基本教程——劳工联合与集体谈判》，马静等译，中国政法大学出版社2003年版，第540页。

给予足够的重视,却是各国的共识。

集体劳动争议之所以是法律规制的重点,还有一个原因就是集体劳动争议主要是利益争议,不同于个别劳动争议的权利争议。简言之,权利争议就是针对法定或约定的,既有的权利的争议;利益争议则是针对未来利益的分配的争议。台湾学者黄越钦认为只要把握"履约"和"缔约"的区分就能区分权利争议和利益争议。即权利争议是债务不履行或违约问题,利益争议是就劳动条件的改善,目标在于修改协议或重新缔约。① 因此,利益争议的本质是为劳动者集体劳动条件之改善、福祉之增进以及社会发展成果之分享,更符合集体劳动关系平衡协调,构建和谐劳动关系的目标。

第三节 集体劳动关系法律规制的法理基础

集体劳动关系既然是现代社会调整劳动关系的关键和普遍的方式,就必然需要相应的规则对此加以调整,毕竟,"规则和秩序是社会本身所固有的属性,离开了必要的规则,社会便不能正常运行"。② 本部分主要对集体劳动关系法律规制的必要性、功能、价值、理念及原则等基础性问题进行分析。

一、集体劳动关系法律规制的必要性

集体劳动关系的正式出现和运行,应是工业革命和资本主义发展的产物,也是长期的工人运动的产物和主要表现形式。但不可否认的事实是,无论是工业革命前由手工业者组成工会团体,还是工业革命后,伴随资本主义社会、政治、经济的发展,工会运动、集体谈判渐成普遍现象,集体劳动关系都需要政策、法规的调整,只是其调整手段和方式因所属区域及发展历程等因素的不同而侧重点不同罢了。比如,1890 年美国《谢尔曼法》规定工会是劳动力垄断组织,其活动被认为是阴谋犯罪,而 1962 年第 10988 号总统令却鼓励公共部门的集体谈判等。③ 纵观世界各主要国家劳动法的发展历程,关于工会、集体谈判、集体

① 参见黄越钦:《劳动法新论》,中国政法大学出版社 2002 年版,第 319 页。

② 朱景文主编:《法理学》,中国人民大学出版社 2007 年版,第 44 页。

③ 参见[美]哈里·C. 卡、托马斯·A. 科钱、亚历山大·J. S. 科尔文:《集体谈判与产业关系概论》(第 4 版),李丽林、吴清军译,东北财经大学出版社 2010 年版,第 44 页。

合同等集体劳动关系的运行最终都会由宪法、劳动基本法、集体合同法或团体协约法等专门法加以立法。其原因不外是法律对集体劳动关系进行规制确有其必要性。

（一）政治、经济发展环境决定了必须对集体劳动关系加以法律规制

邓络普首次将系统论引入劳动关系的研究，认为劳动关系是社会系统中的一个子系统，劳动关系受政治、经济及社会环境等系统的影响和制约。[①] 从工会的发展历程可知，工运从来都与政党、政治有千丝万缕的联系，[②]政权更迭、政党选举甚至直接决定了工运形势的起伏。资本主义民主政治的深入发展，直接影响到集体劳动关系的集体协商、谈判的民主、选举、程序等法制精神的形成和拓展。此时，在依法执政条件下，世界各国的政府职能范围和效率必然进一步萎缩和提升，执政方式必然适时加以转换，由管理、管控社会到治理、服务社会可以大致概括这一发展趋势。所以，在社会不断发展的情况下，必须释放协约自治空间，将部分职能交给相关的团体或机构。集体劳动关系的运行正符合这一环境，但必须有相应的立法加以确认和引导，对集体劳动关系中的“劳动三权”及其运行的程序规则等加以立法规制，否则，社会必然陷于混乱和无序。资本主义社会进入垄断资本主义阶段后，[③]世界经济复兴、民主政治发展，工人运动也不断兴起，劳资矛盾也日益恶化，但劳动立法特别是针对集体劳动关系的立法也日渐勃兴，便是对这一因果关系的诠释。

集体劳动关系是市场经济体制下，调整劳动关系的基本手段，其根本原因在于，集体劳动关系的劳资自治、平等协调的特征契合了市场经济的平等、公平、协商自治的精神。西方国家具有悠久的工运发展和集体劳动关系的历史，除了其政治体制、法律及文化环境外，根本上在于其长期实行市场经济体制。市场经济是法制经济，市场主体之间的自治行为必然有相应的法律、政策、习惯等手段和机制加以引导，而不是绝对的不受任何限制的自由和自治。在自由资本主义发展阶段，个别劳动关系下的劳权保护被自由主义思想和理

---

① 参见常凯：《劳动关系学》，中国劳动社会保障出版社2005年版，第85页。

② 如英国工党政治经费，大部分来自相关的工会，虽然近年来比例在逐渐下降，而工党的执政目标和理念也与工人权益的保障有关。美国的劳工运动普遍与民主党关系较为紧密。

③ 集体劳动关系运行的真正普遍化和规范化，是第二次世界大战以后。

论狂潮侵蚀殆尽，随着资本主义发展至垄断资本主义阶段、产业技术的不断更新、劳动条件相对恶劣，个别劳动关系时代随之进入集体劳动关系时代。劳动者为改善劳动待遇，组成工会以集体的力量与雇主或雇主组织交涉，从而形成书面的集体合同或团体协约，劳动关系的调整进入集体自治时代。但自治不等于无治，劳动者"劳动三权"的行使，特别是集体谈判和罢工权的行使具有高度的政治敏锐性，涉及社会的安定和有序，必然需要相应的立法进行规制。

（二）集体劳动关系的构成和运行需要法律的确认和保障

已如前述，集体劳动关系的出现和发展需要具备政治、经济、社会等条件，并且会伴随相应的诸如立法、政策、判例、习惯等调整手段。换言之，相关立法的出现既是对集体劳动关系的认可又是调整集体劳动关系的方式。在很长的一段历史时期中，对工会、团体协约并未予以立法保护，[①]集体劳动关系需要法律规制，是"劳动三权"的产生和发展所必需的前提。通说认为，劳动权属于宪法规定的人权或基本权利范畴，以团结权为中心的"劳动三权"，是集体劳权又称为劳动基本权或"生存权的基本权"[②]对劳动者"劳动三权"进行宪法和基本法的确认和保护，是社会发展法治进步之表征。团结权作为生存权，在个人主义、自然主义法权体制下，属于自由的、消极的自然权利，其目的在于防御公权力的干预和侵害，尚未积极诉求国家和政府履行保护生存权的具体职能。随着社会的发展，劳工、贫富分化等社会问题日益严峻，消极的自由权利逐渐转变为积极权利，国家和政府负有维持社会基本公平之义务。相应地，传统的公法、私法二元法律体系被突破，以社会本位为基本理念的第三法域社会法开始出现，作为典型的社会法，劳动法在宪法的基础上进一步明确"劳动三权"及其形式的条件和程序等，从而为集体劳动关系的有序运行提供保障。

二、集体劳动关系法律规制的功能和价值

法律是社会关系的调整器。"法律的目的都是要起到一种制度性手段的

---

① 如德国对基本权中的团结权的保护始于《魏玛宪法》；美国直到1933年《国家工业复兴法》才规定工人拥有组织起来、自主选择代表进行集体谈判的权利。

② 参见常凯：《劳动关系学》，中国劳动社会保障出版社2005年版，第19页。

作用，即用人际关系的和平形式去替代侵略性力量。”[①]对集体劳动关系进行法律规制，除了具有一般的法调整社会关系的功能外，还有一些特殊的功能和价值。

（一）化解劳资冲突，协调劳资关系

由于劳动、劳动力、劳动过程等因素的特殊性，加之劳动双方的利益、目标的不一致，劳动关系的运行始终存在冲突和合作。特别是在个别劳动关系中，由于劳动者的弱势地位和用人单位利润最大化的目标加上经营管理权的手段，冲突便呈常态化。正如西方研究劳动关系的学者所言：“无论是否接受剥削的论点，对利润的追求都意味着雇主和工人之间的利益存在着根本的、本质的冲突。”[②]此时，需要劳动法、劳动合同法及集体合同法等法律法规加以调整，但这些法律都有各自不同的调整理念、调整机能及调整模式，最终的法律效果和社会效果也不尽如人意。作为基本的劳动立法，劳动法只在宏观上或整体上给予底线或基准式调整，劳动合同法虽然释放了部分劳资自治的空间，但在没有改变劳资双方经济地位和组织结构的前提下，也无法真正释放和利用所谓的自治空间。唯有集体合同法[③]能弥补前两者之不足，最大限度地释放劳资谈判协商的空间，从而在制度上最大可能地保障劳资和谐。在此意义上来看，“集体劳动关系是为矫正个别劳动关系的从属性而产生的，劳动者要求改变劳动的从属性以及不对等性的诉求和行动，是推动个别劳动关系向集体劳动关系转型的原动力”。[④] 规制集体劳动关系的相关立法，就是在程序上保障劳资双方以和平的方式对双方的权利和义务进行协商，即使劳动者有罢工权，立法也明确规定罢工的条件和程序，而不能任意为之。由于集体劳动关系的运行通常与“三方机制”紧密联系，规范集体劳动关系运行的立法，也有利于劳、资、政三方及其相互关系，特别是对雇主而言，实行集体谈判和集体合同制度可以给雇主提供合理的预期，在集体合同有效期内能避免劳动者的怠工、罢工所带来的经济损

---

① ［美］E. 博登海默：《法理学：法律哲学与法律方法》，邓正来译，中国政法大学出版社 1998 年版，第 410 页。

② 程延园：《劳动关系》（第 3 版），中国人民大学出版社 2011 年版，第 12 页。

③ 从各国立法的名称看，一般是集体合同法或团体协约法，而非集体劳动关系法之类，因为集体合同法也必须对“劳动三权”及其运行加以规范。

④ 常凯：《劳动关系的集体化转型与政府劳工政策的完善》，载《中国社会科学》2013 年第 6 期。

失,还可以利用集体合同约定的劳动条件的标准化条款,降低人力资源管理的成本等。从劳动立法的宗旨看,劳动立法的终极目标并不是为了保护劳动者权益,保护劳动者权益只是手段,立法通过保护劳动者权益的手段,最终实现建立和谐、稳定的劳动关系的目标。[①] 集体谈判和集体协商以及集体合同的相关立法规定,正是对这一立法宗旨的直接体现。

(二)保障弱者权益,实现社会正义

如上所述,劳动立法的终极目标就是通过保护劳动者的权益,进而构建和谐劳动关系。所以,规范集体劳动关系的立法同样具有保障劳动者的权益的任务,只是具体方式不同而已。立法对集体劳动关系进行规制的时代背景、目标、理念及方式等问题颇值深入研究。法律的发展经历了由公法一统天下到公、私法二元并行的历程,正如英国法学家梅因所指的"所有进步社会的运动,到此为止,是一个'从身份到契约'的运动",[②]这一经典表述深刻揭示了人类社会法制文明的进步。自 19 世纪中叶以来,随着第二次技术革命,社会经济进一步发展,同时诸如贫富分化加剧、劳工问题、弱势群体、环境破坏等社会问题也日益严重,传统公、私法二元法律体系疲于应付,社会法应运而生,人类社会进入公法、私法和社会法三元法律调整体系的时代。社会法的调整以社会本位和维护社会整体利益为目标和理念,以扶持弱者和倾斜立法为基本原则,以"抽象正义具体化、意志表达群体化、团体契约优位化"[③]为典型特征,体现的是实质正义和实质公平。传统私法下强调人格抽象平等的"人"变成具体的、具有不同"身份"的"社会人"。[④] 这种具有不同"身份"的"社会人"是现代社会基于等权体制下的一种强调实际地位的强、弱之分的身份关系,但以人格平等为前提。社会法的调整就是通过倾斜关注弱者权益,从而实现整个社会的公平和有序,

---

① 从《劳动法》和《劳动合同法》的立法宗旨的相关条文(都是第 1 条)可以看出,保护劳动者权益均不是最终目标,最终目标是建立和谐稳定的劳动关系。

② [英]梅因:《古代法》,沈景一译,北京商务印书馆 1984 年版,第 97 页。

③ 参见董保华:《社会法——对第三法域的探讨》,载《华东政法学院学报》1999 年第 1 期。

④ 有学者归纳,现代契约法中出现了这样一种倾向,即近代社会中"从身份到契约"的运动在现代社会中正转变为"从契约到身份"的运动。参见傅静坤:《二十世纪契约法》,法律出版社 1997 年版,第 60 ~ 62 页。

进而实现社会的实质正义。① 法律对以“劳动三权”的运行为核心的集体劳动关系的规制,便正好契合了社会法的目标、理念及其调整模式。

(三)规范劳资自治,促进产业民主

在经济全球化过程中,人类社会民主政治、市场经济的发展方向和趋势不会改变,政府对社会的治理将更趋于人性化,关注弱势群体,强调社会自治,劳动关系将更加和谐。这一发展趋势和美好的社会生活画面需要制度和规则的保障。集体劳动关系中,立法对“劳动三权”的确认和保护,对集体合同的签订和履行等加以规范,对集体争议提供相应的解决机制等,符合民主政治、市场经济及劳动力市场的发展趋势和要求,也顺应了全球化背景下,国际劳动立法和劳动实践的发展趋势。对集体劳动关系加以法律规制的目标就是规范劳资自治,从而促进产业民主(工业民主)。工业化社会理论的支持者认为,工会和集体谈判将劳资冲突控制在经济领域内,以规范劳动关系,其本身就是引入并完善了工业民主机制。工业民主不仅保证了工业的稳定,还能有效地防止冲突演变为大规模的政治运动。② 如从广义上来界定工业民主的话,工会和集体谈判作为劳动者集体表达不满和诉求的渠道及劳动者以团体的力量要求分享社会进步和经济发展的成果等都属于促进工业民主的范畴。尤其是集体谈判作为劳动者表达不满和诉求的渠道,不仅满足了劳动者体面劳动、有尊严劳动的心理需求,而且有利于社会矛盾的疏通和克减,防止群体性劳动纠纷和社会矛盾的爆发。恰如约翰·W. 巴德教授所指:“雇佣关系的目标是效率、公平和发言权,且发言权概念有两个要素:根植于政治自主理论的工业民主以及源于人性尊严自治之重要性的员工决策。”③

三、集体劳动关系法律规制的原则

“法的原则就是指反映法律制度的根本性质,促进法律体系的协调统一,为其他法律要素提供指导,保障法律运作的动态平衡并证成其法治理念的基础

① 关于实质正义和形式正义的区分,可参照亚里士多德关于正义分为矫正正义、分配正义的划分,实质正义或分配正义是指按人们在社会中的地位以确定其所分配的利益的一种社会化的分配观。

② 参见程延园:《劳动关系》(第3版),中国人民大学出版社2011年版,第43页。

③ [美]约翰·W. 巴德:《人性化的雇佣关系:效率、公平与发言权之间的平衡》,解格先、马振英译,北京大学出版社2007年版,第34页。

性原理和价值。"①法律原则是法律价值、理念的体现,是立法、司法及守法的准则和基础。从法理学和法律经验的角度看,法律原则具有层次之分,有一般法的或整体法的原则,有宪法和部门法的原则,还有分支部门法的局部性法律原则。目前,学界对提炼劳动法基本原则的标准和要求没有统一意见,劳动法以及调整集体劳动关系的集体合同法或团体协约法等法律的基本原则的具体内容也有颇多争议。劳动法基本原则贯穿劳动立法及其实施的全过程,为其提供根本准则的指导,必须体现规范劳动关系的共性且具备一定的抽象性和概括性的形式规格。笔者查阅了关于劳动法基本原则的相关文献,很多表述并不符合上述要求,②部分学者的概括比较符合劳动法基本原则的实质和形式要件,如"维护劳动者合法权益与兼顾用人单位利益相结合的原则;贯彻按劳分配与公平救助相结合的原则;坚持劳动者平等竞争与特殊劳动保护相结合的原则;实行劳动行为自主与劳动标准制约相结合的原则";③"劳动关系协调的合同化;劳动条件的基准化;劳动者保障的社会化;劳动执法的规范化";④"劳动既是公民权利又是公民义务;保护劳动者合法权益;劳动力资源合理配置";⑤"劳动自由;劳动协调;劳动保障"⑥等。

如上所述,法律原则有层次之分,调整集体劳动关系的相关法律,作为劳动法部门的一个分支,在劳动法基本原则的统摄下也有符合自身特点的原则,或称为劳动法的具体原则。结合现有文献,笔者认为,集体劳动关系法律规制的基本原则为"劳资自治原则和平衡协调原则"。⑦

(一)劳资自治:体现集体劳动关系法律规制的基本理念

纵观劳动关系的运行和发展,可以大致得出劳动关系经历了"个体自治—

---

① 朱景文主编:《法理学》,中国人民大学出版社 2007 年版,第 148 页。

② 如"公民有劳动的权利和义务"只是对宪法条文的复述;"劳动者有受职业培训教育的权利和义务"只是表述劳动者部分的权利和义务,应属于法律规则的范畴等。参见关怀主编:《劳动法学》,法律出版社 1996 年版。

③ 郭捷等编:《劳动法学》,中国政法大学出版社 1997 年版,第 45~53 页。

④ 董保华:《"劳工神圣"的卫士——劳动法》,上海人民出版社 1997 年版,第 38~50 页。

⑤ 王全兴主编:《劳动法学》(第 2 版),高等教育出版社 2008 年版,第 71~73 页。

⑥ 林嘉:《劳动法和社会保障法》,中国人民大学出版社 2011 年版,第 17 页。

⑦ 三方机制又称三方协商机制,是一种从宏观上调控劳动关系的制度,以市场经济为基础,以民主制度为依托,构建劳方、政府与资方共同管理和处理劳动关系的平台。

基准法干预—集体自治”的发展过程的结论。自由资本主义时期,处于劳资双方意思自治和私法自治时代,劳动者权益无法得到保障。因此劳动立法开始介入,对劳动者进行倾斜保护,但囿于资本和劳动天然的不平等格局、基准法的刚性干预,以及立法、执法资源的有限性,劳资矛盾依然无法有效解决。于是,劳动者便开始团结起来,以集体的力量与资方展开交涉,进而形成集体自治的机制或格局。严格来说,劳动关系第一阶段的个体自治时代,因尚未处于劳动立法框架之下,尚不能称为劳资自治,故此处的劳资自治原则,仅指集体劳动关系运行中的团体自治。只有在劳资双方力量相对均衡的条件下自治才有可能,只要立法给予原则性或框架性的指引和规范,劳资双方就可通过谈判、交涉等方式“一揽子”解决利益冲突和矛盾,从而真正实现劳资和谐。因此,劳资自治是集体劳动关系运行的动因,也是法律规制集体劳动关系的基本方式或表现形式。无论是工会的组织体系、职能建设,还是集体谈判进而签订、履行集体合同,以及集体劳动争议的解决等无不体现劳资自治的理念。故在集体劳动关系时代,将劳资自治作为法律规制集体劳动关系的基本原则,实为劳动立法、理论及实践发展之必需。

(二)平衡协调:贯穿集体劳动关系法律规制始终

“平衡协调”①原则实际上是一种以市场经济为基础,以民主机制为依托,劳、资、政三方共同协商的机制或制度。因此,平衡协调可以作为劳动法的基本原则,但严格来说,“平衡协调”更适合作为集体劳动关系法律规制的基本原则。

第一,平衡协调原则贯穿集体劳动关系法律规制的始终。法律调整个别劳动关系时,在日常劳动关系管理及个别劳动争议的协商和诉讼过程中无法体现平衡协调原则,但该原则却贯穿集体劳动关系法律规制的整个过程。工会、雇主及其组织、政府部门三方各自的目标、行为及其所在的组织结构,均体现了平衡协调各方利益关系,从而形成整体上的劳动关系的和谐环境。如国家和行业级别的劳资谈判离不开政府的引导和协调;企业级别的集体谈判虽然没有政府

---

① 平衡协调原则,也可称为劳动协调原则,在劳动立法和实践中与“三方协商机制”或“三方机制”具有密切关系,平衡协调是过程或结果,“三方机制”是载体或平台,两者相辅相成,有时甚至作为同等概念使用。本书将两者合二为一,平衡协调原则涵盖“三方机制”,并作为集体劳动关系法律规制的基本原则进行探讨。

的直接参与，但谈判遇到障碍时，政府会出面调解；集体合同的订立、生效及履行等也需要政府的参与；罢工及集体劳动争议的处理等环节无不体现平衡协调原则。

第二，集体劳动关系的集体性和群体性的特征决定了平衡协调原则为集体劳动关系法律规制的基本原则。平衡协调意味着劳、资、政三方力量的博弈，并形成三方力量及各自利益的相对均衡。劳动者在争取集体的力量与雇主方抗衡的过程中，政府相关部门有帮助、引导的义务，这不仅是因为劳动权作为生存权、基本人权，应受优先保护，而且是出于市场经济条件下，政府转变职能更新执政理念的需要。市场经济和民主政治是三方机制运行和平衡协调的经济和政治条件，因为只有在市场经济条件下才有不同的利益群体，只有通过自由民主协商才能建立相关机制，以协调和平衡不同利益主体之间的利益需求。诚如学者所言："三方协商机制是社会利益关系的实现方式，体现了劳动关系领域的民主化，是平衡各方利益、保持和谐统一的重要机制。"[①]集体劳动关系良好运行是企业内部及社会层面的劳动力市场形成和发展的关键，其动力和保障就是对三方机制的有效运用和平衡协调方式的贯彻。从国家对社会管理的变化和发展看，随着社会政治、经济及文化的发展，国家和政府对社会的管控由直接的管理转变为依法治理，社会治理的目标、理念、方式及范围都有根本变化，但这并不意味着政府职能的取消和义务可以不履行。集体谈判和集体协商便是在这样的社会背景下，在劳、资双方势均力敌的条件下产生的，政府作为规范、指引和协调一方，共同协商处理劳动关系，从而实现和谐劳资关系的目的。所以，在集体劳动关系运行中，政府虽然释放自治空间，推动劳资自治，但政府始终会以一方主体身份搭建三方协商机制的平台，并将三方行为纳入制度化和规范化体系。

四、中国集体劳动关系法律规制的特殊意义

本节上述三部分是从一般意义上对集体劳动关系法律规制必要性、功能价值及原则的阐述。若从中国实际出发，考虑到我国社会经济发展的背景和趋势以及劳动关系调整方式的转变等环境因素，对集体劳动关系进行法律规制则更

---

① 程延园：《劳动关系》（第3版），中国人民大学出版社2011年版，第284页。

具有理论和现实意义。具体可以从以下几个维度进行观察。

(一)集体劳动关系运行及其法律规制的制度环境

就传统劳动法基本理论来看,大多数国家的劳动法制,基本上是植根于自由市场经济与生产资料私有两大支柱之上。不过,随着现代企业制度的确立和完善以及所有权和经营权之间逻辑关系的明确,生产资料私有已经不是现代劳动关系的决定性因素,决定劳动关系的建立和运行的是企业经营权。因此,无论是生产资料公有还是私有或是混合所有,只要有企业的生产经营就会有劳动关系的建立和运行。据此,可以断言前述两大支柱在当代各种社会经济发展的体制和环境下,真正起决定作用的是市场经济体制。换言之,只要坚持市场经济,就必然要应对劳动关系的调整和规制。集体劳动关系建立和运行的一个典型特征就是其具有“市场性”或“市场化”,具体体现为劳资双方团体力量的对抗和博弈,以最大限度地释放协商自治的空间。故集体劳动关系的运行真正体现了市场经济的作用,对集体劳动关系的法律规制才是真正意义上的、普遍的对劳动关系的调整,这无疑也为“市场经济是劳动关系的根基”这一基本理论做了最好的注脚。

纵观我国社会经济发展历程,改革开放和市场经济堪称我国社会发展的两条主旋律。党的十八大以后,坚持中国特色社会主义市场经济道路的信念进一步加强,民主法治和市场经济成为党和国家长期执政的基本理念和方针。在此政策理念和导向下,关注民生发展、保障体面劳动、构建和谐劳动关系便是具体的施政目标,这种社会发展背景和制度环境,与集体劳动关系的运行不谋而合,且两者的契合度越来越高。2015 年 3 月 21 日中共中央和国务院发布的《关于构建和谐劳动关系的意见》(以下简称《意见》)足以证实党和国家对当前劳动关系运行现状的关注与构建和谐劳动关系的决心。事实上,早在 2006 年党的十六届六中全会上就通过了《中共中央关于构建社会主义和谐社会若干重大问题的决定》(以下简称《决定》),对发展和谐劳动关系作出了“完善劳动关系协调机制,全面实行劳动合同制度和集体协商制度,确保工资按时足额发放”的具体规定。这是党中央从构建和谐社会的高度对集体合同制度所作出的重要论述。另外,值得一提的是,党的十八大报告首次提出“健全社会主义协商民主制度”,对我国集体劳动关系运行中的集体谈判或集体协商具有重要的指导意义。

（二）当前我国集体劳动关系运行的无序化迫切需要法律规制

根据我国劳动立法和实践的发展脉络，大致可以2008年为界将劳动立法分为新旧劳动法时代。2008年以来，先后有多部重要的劳动法律法规开始施行，基本满足了劳动关系的调整需求。然而，不可回避的事实是，2008年以后劳动争议，特别是集体性或群体性劳动争议频发，日益健全的劳动立法体系并不能应对高发的劳动争议，劳动关系的运行及其法律调整在整体上呈现无序状态。究竟是何种原因导致这种乱象局面颇值思考。笔者认为，随着我国社会经济的发展，劳动关系的运行已经到了个体劳动关系和集体劳动关系并行，并逐步以集体劳动关系运行为主的时代。2010年"南海本田罢工事件"堪称其典型代表。然而，我们的劳动立法、理论、实践及劳动争议处理机制却依然停留在个体劳动关系的时代，诸如工会的职能和角色的要求、劳动者"劳动三权"、集体劳动争议的处理机制等集体劳动关系运行的相关要素尚不具备，根本无法应付相应的集体劳动争议。故实践中大量出现的集体劳动争议，便自然按照群体性劳动事件予以处理，要么就是部分劳动者"自下而上"地、无组织地、无程序地进行抗争；要么就是政府和上级工会"自上而下"地、行政命令式地、形式化地达成集体合同。但不管采取什么方式，集体劳动关系的"法外运行"进而导致"乱象丛生"已是学界的共识，迫切需要相关立法的完善、理论研究的跟进和实务处理的优化。

第四节　集体劳动关系法律规制的目标定位与模式选择

鉴于历史发展、政治、经济及法律体制等因素的作用，各国在不同的历史发展阶段，对集体劳动关系的法律规制都有着基本相同的目标定位，这些目标也是各国集体劳动关系法律规制的重点所在，指引着集体劳动关系的立法和实践。同时，法律对集体劳动关系的规制也遵循相应的、能达致目标的规制模式或基本路径。

一、集体劳动关系法律规制的目标定位

法律调整某种社会关系需具备一定的目标、条件和规程，其中目标定位尤为重要，其直接决定了法律的公平程度和有限法律资源的使用效率。集体劳动

关系的构成及其运行十分繁杂,在集体劳动关系立法资源有限的条件下,必须通过把握集体劳动关系法律规制的目标进行具体定位。关于目标定位的含义和范畴,学界并无统一认识,既有从宏观或理念、原则层面上使用的,也有在微观、具体层面上使用的。事实上,上述关于集体劳动关系法律规制的"劳资自治""平衡协调"理念或原则,也可视为在宏观层面上对集体劳动关系法律规制进行的目标定位。此处所述的目标定位便是从微观和具体的层面上阐释,即着重回答法律规制集体劳动关系所要达到的效果。

(一)确权:效率、公平及话语权的平衡

劳动关系的本质是"资本雇佣劳动",资本和劳动天然的本质差异,导致两者在结合过程中形成天然的不平等格局。劳资双方权利基础、位阶的差异和利益诉求的不同,必然使冲突和合作成为劳动关系永恒的主题。故有学者将冲突和合作视为劳动关系的实质,也并无不妥。[①] 如何在冲突和合作中实现劳资和谐,也就当然成为各国劳动立法和政策的首要目标。约翰·W. 巴德认为,劳动关系是围绕效率、公平和话语权三个目标,并寻求三者之间的平衡而展开的。其中,效率是资方利润最大化的目标;公平是劳方劳动报酬、条件方面的合理诉求;话语权则是劳动者实际影响决策的能力和民主参与的程度。[②] 笔者认为,效率、公平和话语权大致可分别对应于雇主的经营权、劳方的具体劳动权和基本劳动权。这一研究视角,不仅明确指出了劳动关系冲突的根源,还提出了解决冲突的具体方案,即通过保障公平和话语权以制衡资方效率目标的最大化。话语权基于产业民主和以人为本理念而产生,故对话语权的保障是劳资平衡的核心,"如果我们不认为工作只是一种经济交易的话,公平和话语权必须被列为劳动关系的核心目标"。[③] 话语权的获取必须在集体劳动关系运行过程中,通过立法对团结权、谈判权及行动权进行确认和保障,否则,劳动关系依然停留在效率和公平的价值维度,依然无法突破资本和劳动的天然不平等格局。故对劳动基本权的确认,不仅可以塑造劳动者团体力量,支撑集体劳动关系的运行

---

① 程延园:《劳动关系》(第 3 版),中国人民大学出版社 2011 年版,第 10 页。

② 参见[美]约翰·W. 巴德:《劳动关系:寻求平衡》,于桂兰、于米译,机械工业出版社 2013 年版,第 4 页。

③ Stephen F. Befort and John W. Budd, *Invisible hands, Invisible Objectives: Bringing Workplace Law and Public Policy into Focus*, Stanford, Stanford University Press, 2009.

及其法律规制,而且为雇主方的规范经营和管理提供合理的预期。正如一项对美国工人的调查显示,“有63%的人表示如果能在工作中拥有更大话语权,他们将更加享受工作,企业将更具竞争力”。[①] 故集体劳动关系法律规制的首要目标定位便是确权。

(二)规则指引:集体劳动关系法律规制的重点

集体劳动关系的法律规制经历了100多年的发展,特别在工业化市场经济发达国家已经非常成熟和规范。但集体劳动关系主体的团体性、利益的多元性、运行的动态性和对等性以及国家的中立性等特征决定了集体劳动关系的法律规制极具复杂性,相关立法只能根据当时的社会、经济、政策及法制环境,对集体劳动关系中重要的,且具有一定共性的行为或事项加以规制。结合集体劳动关系运行的劳资自治理念,笔者认为提供规则指引是法律规制集体劳动关系的又一目标定位。具体可从两个层面观察:第一,在劳资自治的基础上,相关立法提供原则上的、程序上的指导,而对集体谈判、集体争议等具体操作层面不予细化规范。如前所述,“劳动三权”是集体劳动关系运行及其法律规制的前提,对“劳动三权”的立法确认和保护本身就是对集体劳动关系的规制,这也是法律规制集体劳动关系的目标之一。“劳动三权”中,团结权是工会立法的重点,集体行动权具有偶然性,而以劳资自治为典型特征的集体谈判则是集体劳动关系法律规制的长效机制,法律规制集体劳动关系的主要形式便是为集体谈判提供规则指引。因此,在集体劳动关系法律规制中,“国家是在迫不得已的情况下才介入,而其基础是鼓励双方以平等协商、对等谈判的方式解决利益对立的困局,维持稳定的均势”。[②] 换言之,集体谈判启动后,劳资双方究竟该如何谈判法律不予细究,以此体现劳资自治理念。第二,从法律运行的规则来看,权利的行使必须依靠法律规范予以保护和救济,在集体劳动关系运行中,集体谈判是核心和关键,立法所涉之处,必以促进和保证集体谈判顺利开展之必要为原则,以最大限度平衡劳资利益。集体谈判是劳动者集体谈判权的行为方式,只有通过实质意义上的集体谈判,劳资利益冲突方能平衡。因为“集体劳动关系

---

① Richard B. Freeman and Joel Rogers, *What Workers Want*, New York, Cornell University Press, 2006.

② 刘焱白:《劳动关系稳定的分层法律调控》,载《江西社会科学》2010年第8期。

的调整原理主要体现为集体谈判制度的建构,通过集体谈判形成集体合同和相关的劳资双方之间的利益均衡分配,从而缓解劳资双方的利益冲突”。[①] 集体谈判的目的在于缔结集体合同,集体合同的签订是团结权和谈判权的目标和结果,是集体谈判达成一致内容的书面形式,集体谈判和集体合同是权利表现的不同侧面。故在立法和理论上,有时将集体谈判纳入集体合同予以探讨。从集体合同的性质和作用上看,集体合同本身就是调整劳动关系的一种方式,是劳资双方集体自治的体现,但集体合同的签订主体、生效规则及其内容等必须有法律作指导。集体合同中劳动条件方面的约定是劳动合同的基础,也是对劳动基准法的补充,故集体合同的部分条款具有规范性效力,至少可称为准法律。正如学者所言:“劳资合同(集体合同)预见或者吸收了一系列的规则和准则,因此与其说劳资合同(集体合同)是个双边协议,不如说它是一个法规或法典。”[②]这正是在集体劳动关系运行中,运用市场的力量均衡、平等协商的机制,实现消除劳资矛盾,共建和谐劳动关系的目标。同时,这一目标定位也契合了社会法的理念和调整方式,“社会法在对第三法域进行规制时,是通过某种基准法对当事人进行最低限度的严格制约,在法定限制的范围内又给当事人留下协商空间,这种以法定内容限定约定内容,以团体的约定内容限定个别的约定内容的层层限定方式使之成为区别于司法与公法的调整方式,而成为社会法的独特的调整模式”。[③]

(三)劳资和谐:集体劳动关系法律规制的核心

前已所述,通过确权和规则指引,解决了集体劳动关系法律规制的前提条件和重点目标,但无法实现权利义务的有效配置和预防劳资争议并实现劳资和谐的目标。“无救济,无权利”,权利得到救济,正义方能实现,“人们为了克服自然状态下保障其自然权利所存在的缺陷而建立了国家和政府,其目的在于实

---

① 段礼乐:《劳动关系的选择性干预与集体劳动关系的制度逻辑》,载《中国劳动关系学院学报》2011年第5期。

② [美]罗伯特·A.高尔曼:《基本教程——劳工联合与集体谈判》,马静等译,中国政法大学出版社2003年版,第540页。

③ 董保华:《论事实上的契约关系——对第三法域的探索》,载《南京大学法律评论》2000年第9期。

现人民的和平、安全和公共福利”,[①]即“国家权力对权利的保护,构成了‘保护权利的正义’的核心问题”。[②] 因此,集体劳动关系法律规制的核心或归宿是集体劳动争议的预防和争端解决机制的建构,从而实现劳资和谐的目标。劳动关系的基础性、普遍性、经济性等特征决定其与和谐社会有着莫大的关联性,集体劳动关系对劳资和谐的重要性也决定了“集体劳动关系的和谐是整个社会和谐的基石”。[③] 集体劳动争议的处理机构及其职责的设置和框定、争议处理的程序及其相应的法律责任等规定是确保集体谈判顺利开展,预防集体劳动争议的有效保证。基于不同的社会背景和历史发展阶段,各国对集体劳动争议解决机制的设计有很大差别,其中不乏有很多制度创新,但对集体劳动争议处理在立法和司法实践中给予足够的重视,却是各国的共识,这是由市场经济体制决定的。鉴于集体劳动争议主要解决的是利益争议,即针对未来利益分配的争议,而不同于个别劳动争议的权利争议,即针对法定或约定的,既有的权利的争议。我国台湾地区学者黄越钦认为权利争议是债务不履行或违约问题,利益争议是就劳动条件的改善,目标在于修改协议或重新缔约的问题。[④] 利益争议的本质是为了劳动者集体劳动条件之改善,福祉之增进以及社会发展成果之共享,更符合集体劳动关系平衡协调,构建和谐劳动关系的目标。因此,构建体现集体劳动争议本质特征的争议解决机制,是法律规制集体劳动关系,实现劳资和谐目标的核心。

二、集体劳动关系法律规制的模式选择

法律调整模式大致是指法律调整社会关系的方法、手段或机制的一种统称。法律调整社会关系的本质是资源或利益的分配,即通过一定的方法或手段规定相关主体之间的权利和义务,以实现社会关系背后的利益平衡和协调。这种方法或手段我们称为法律调整模式。“基于不同的标准,可对法律调整方法进行不同的分类,其中以主体的相对关系,可分为使用平权或使用隶属的法律

① [德]黑格尔:《法哲学原理》,杨东柱、尹建军、王哲编译,商务印书馆1962年版,第253页。
② 程燎原、王人博:《权利及其救济》,山东人民出版社1998年版,第157页。
③ 石美瑕:《集体劳动关系与和谐社会构建》,载《法学家》2007年第2期。
④ 参见黄越钦:《劳动法新论》,中国政法大学出版社2002年版,第319页。

调整方法。”[①]这是国内学界的主流划分。随着社会法的出现和发展，法律调整进入私法、公法及社会法三元法律调整模式。一般认为，社会法调整具有公、私兼容性，“从法域地位看，劳动法既不属于公法，也不属于私法，而是具有公私兼容的社会法”。[②] 也有人将劳动关系三层法律规制模式大致分为劳动基准法的公法调整模式，劳动合同法的私法调整模式及集体合同法的社会法调整模式。[③]

学界对劳动关系法律调整模式的分析，主要是以个别劳动关系为样本进行归纳总结。但集体劳动关系作为劳动关系的主要组成部分，不仅体现了劳动法的属性和劳动关系调整模式的特征，集体劳动关系法律规制领域本身也有具体的规制模式之分，学界尚未对此予以充分关注。尽管平等协商、劳资自治是集体劳动关系运行及其法律规制的共性，但基于不同的政治、经济、历史、文化等环境，各国法律在规制集体劳动关系时依然体现各自的特质和模式。据笔者观察，如果从劳动关系法律调整的思想渊源，集体劳动关系立法的集中程度，政府干预或介入程度及谈判主体的自治程度上分析，集体劳动关系法律规制可大致分为以美国为代表的自由分散模式、以德国为代表的多元合作模式及以日本为代表的企业协调模式。

(一)自由分散模式

集体劳动关系法律规制的自由分散模式，可简单概括为在集体劳动关系的法律规制过程中，以劳资双方自由谈判和协商为原则，相关立法及司法机构、组织的设置和功能的发挥比较分散，国家和政府只是针对集体劳动关系运行过程中的劳资自治容易出现纠纷的环节进行重点干预。推崇自由市场经济，历来是美国的治国之本，也是对美国精神的最好诠释，其集体劳动关系法律规制模式也必然体现这一宗旨和精神。当然，自由分散模式也并不意味着完全的放任自由，只是法律在规制集体劳动关系时的方式和侧重点比较自由分散而已。其典型特征包括：(1)源于新古典学派[④]的劳资关系理论。该学派崇尚市场力量，关注经济效率，认为市场力量不仅能使企业追求的效率最大化，还能确保雇员得

---

① 孙国华、朱景文：《法理学》，中国人民大学出版社1999年版，第231页。

② 林嘉：《劳动法和社会保障法》(第2版)，中国人民大学出版社2011年版，第31页。

③ 这种划分只是一种笼统的划分，劳动法整体上属于社会法，社会法调整是其主要调整模式。只是劳动法的调整具有浓厚的公法色彩，劳动合同法具有较强的私法因素而已。

④ 又称新保守派或新自由派，基本由保守主义经济学家组成。

到公平合理的待遇。美国集体劳动关系的运行及其法律规制，无不体现和诠释这一理论。① (2)集体劳动关系立法比较分散。宪法层面上缺少相关规定，也没有统一的专门立法，但一般有针对集体谈判方面的专门立法。如美国与集体劳动关系有关的主要立法有《国家工业复兴法》、《国家劳资关系法》(《瓦格纳法》)、《塔夫脱—哈特莱法案》等。即使是专门针对集体谈判的立法，其条文的设计也并不集中，如《国家劳资关系法》关于集体谈判的内容被分散在几个部分中规定。(3)工会组织率及集体合同覆盖率不高，集体谈判以企业层级为主，②谈判内容部分由法律规定。在美国多元工会体制下，工会组织率不高，并以企业工会为主体。劳联—产联虽然是全国性的工会联盟，但其主要任务是协调下属分会活动，不直接参与集体谈判。对于谈判主体的雇主方，美国也没有统一的雇主联盟，仅存地区性或全国性的商会。故这种模式下，立法强调对工会组织成员资格的相关集体劳动权利及工会组织代表权的确认显得尤为必要。如美国《国家劳资关系法》确认了工人的团结权、谈判权及罢工权，标志着联邦政府对工会权利的认可。其后该法的两部修订案③也对工会的不当行为进行限制。为避免在完全自由的劳资自治条件下，可能缺乏的谈判内容的确定性和针对性，美国《国家劳资关系法》规定集体谈判的内容为强制性、非强制性和不合法内容。(4)集体劳动争议处理体现行政主导、司法辅助特征。由于美国集体劳动关系立法和政府干预的环节和侧重点比较分散，集体谈判的结构也比较分散，从而形成了集体劳动关系的动态规制的独特方式。相应地，集体劳动争议处理机构及程序的设置也必然体现出行政处理为主、司法解决为辅的分散化特征。如劳资关系委员会专门处理工会代表权和不当劳动行为案件，如投票人资格和谈判单位的确定，选举的有效性等。劳资关系委员会还被授权对雇主不

① John W. Budd and Devisees Behave, "Values, Ideologies, and Frames of Reference in Industrial Relations," in Paul Blanton et al., eds., *Sage Handbook of Industrial Relations*, London, Sage, 2008, pp. 92 – 112.

② 一般认为，工会组织率与集体谈判的层级之间有正相关且互为因果的关系，工会组织率高，集体谈判的层级就越高，反之亦然。

③ 美国《国家劳资关系法》的两部修订案分别为：1947 年的《塔夫脱—哈特莱法案》和 1959 年的《劳资关系报告与信息披露法案》。参见[美]哈里·C. 卡、托马斯·A. 科钱、亚历山大·J. S. 科尔文：《集体谈判与产业关系概论》(第 4 版)，李丽林、吴清军译，东北财经大学出版社 2010 年版，第 48 页。

当劳动行为等干涉、侵扰雇员选举工会等情形发布谈判令等。[①]

(二)多元合作模式

以德国为典型代表的多元合作模式,是指政府对集体劳动关系的运行不直接介入,而是采用各种方式,最大限度地促成工会与雇主或雇主组织之间的谈判、协商。其主要特征有:(1)基于正统多元学派的劳动关系理论。这一理论"强调弱势群体的工会化,强调更集中的、在产业层次上的集体谈判,提出用工人代表制度等形式来保证劳动标准的推行"。[②] (2)集体劳动关系立法相对集中但较为原则,不仅在宪法层面上有相关规定,在基本法层面及专门立法层面上也都有规定。如德国《基本法》第 9 条对工人和雇主的组织权利进行了规定,德国《集体协议法》规定了集体谈判主体和协议当事人资格等。(3)工会组织率和集体合同覆盖率较高。"德国工会在产业层面上,具有相当强的调整劳动关系的能力。集体谈判的覆盖面很广,10 个工人中有 8 个被集体协议覆盖"。[③] 虽然,"近些年来,集体协议的覆盖率有所下降,工会和雇主组织都经历着成员减少的局面",[④]但集体劳动关系法律规制的传统和制度惯性决定了该模式下的工会组织率和集体合同覆盖率必然维持在较高的水平。(4)集体谈判以产业层级为主,并实行独特的企业委员会制度,从而形成特殊的工人二元利益代表机制。在《集体协议法》的框架之下,以产业层级为主的集体谈判制度在整体上有效解决大部分工人的利益诉求,是德国维持稳定和谐劳动关系的关键。同时,在企业层面上工人和雇主之间主要通过企业委员会形式进行民主协商以协调企业内部矛盾。企业委员会对企业的生产、经营管理拥有广泛的参与、共决权,以此保证企业内部的劳资和谐。二者取长补短、相得益彰,共同推进集体劳动关系的稳定运行。正如学者归纳:"行业层面集体谈判的法理基础是集体谈判自主权,规制的是诸如工资、工时等劳动力的出卖条件;而企业层面的谈判或协商的法律依据是德国《企业组织法》,规制的是诸如工作时间的状

---

① 参见[美]罗伯特·A. 高尔曼:《劳动法基本教程——劳工联合与集体谈判》,马静等译,中国政法大学出版社 2003 年版,第 8~11 页。

② 程延园:《劳动关系》(第 3 版),中国人民大学出版社 2011 年版,第 33 页。

③ 同上。

④ 刘燕斌:《国外集体谈判机制研究》,中国劳动社会保障出版社 2012 年版,第 246 页。

况和分配，工作岗位的建构等劳动力的运用条件。"①谈判内容完全由双方协商确定，充分体现劳资双方的团体自治。如德国的集体谈判制度属于典型的"平等协商型"，工资、工时及就业岗位等问题由工会和雇主平等协商确定。②(5)集体争议处理的调解、仲裁自治，司法处理主导。由于工会组织率高，工会谈判能力强及相关立法集中规范，政府无须直接干预集体劳动关系的规制，劳资双方基本可以实现团体自治。因此，在这一模式下，法律并不强调集体争议的行政处理机构及程序，对劳资斗争的细节也没有专门规定。如德国在处理集体劳动争议时，没有设立常设性的处理争议的机构，也没有相应的调解或仲裁法规。如双方陷入谈判僵局，则按事先约定的组织和程序进行调解，调解失败可进行产业行动。③ 如前所述，正是因为对团体自治的强调，司法终端解决机制才显得更加必要。德国劳动争议处理制度的特色便是其独特的司法处理机构和处理程序。德国设立三级劳动法院，专门处理劳资争议。在解决集体争议时，独创性地将处理程序区分为判决程序和决议程序。④ 不过需要指出的是，多元合作模式虽然强调立法的完善、工会的力量、集体谈判结构的集中等，但并不意味着政府在集体劳动关系法律规制中"无为而治"，如德国政府在劳资关系管理中便以间接的方式，通过建立一整套以经济利益和经济权力两大社会平衡系统为主要内容的社会运行机制和企业组织制度，以集体谈判制度和共同决策制度为主要手段，在劳资之间建立了稳定的"社会伙伴关系"。⑤

(三)企业协调模式

企业协调模式，是指以企业内部协商和员工参与劳动关系管理为主要方式，政府间接干预的规制模式，以日本为典型代表。其主要特征体现为以下几

---

① 参见[德]鲁道夫·特劳普－梅茨、张俊华编：《劳动关系比较研究——中国—韩国—德国/欧洲》，中国社会科学出版社2010年版，第54～57页。

② 德国没有法定最低工资制度，也没有法定的周工作时间等规定。政府一般通过间接的方法给出参考意见，主要是通过劳资双方协商。参见刘燕斌：《国外集体谈判机制研究》，中国劳动社会保障出版社2012年版，第245～247页。

③ 为避免劳资冲突，集体谈判各方可建立联合解决争议委员会，解决利益争议。委员会有优先于法定调解或仲裁程序的权利。

④ 判决程序主要涉及集体协议违约及违法行为的诉讼，类似于通常所说的"权利争议"；决议程序则涉及企业委员会公决权争议和集体协议范围的纠纷，类似于通常所说的"利益争议"。

⑤ 罗宁：《中国转型期劳资关系冲突与合作研究——基于合作博弈的比较制度》，经济科学出版社2010年版，第89页。

点:(1)企业协调模式源于管理主义学派的劳动关系理论。该学派关注劳动关系中员工的动机,以及员工对企业的认同度、忠诚度问题,主要研究企业对员工的管理政策、策略和实践。[①] 管理主义学派的理论是研究如何从人力资源管理的角度,最大限度地消解员工因被动和从属地位所引致的不满,从而实现劳资和谐。因此,该理论对工会、集体谈判持模糊甚至抵制的态度。事实上,日益精细化的人力资源管理实践的发展是导致工会力量下降的原因之一。[②] (2)集体劳动关系立法相对集中且多为原则性的规范。日本的集体劳动关系主要由《宪法》(1946 年)、《工会法》(1946 年)和《劳动关系调整法》(1949 年)调整。这种立法框架与上述以德国为代表的多元合作模式相近,其原因可能是发展中国家和一些转型国家的集体谈判制度建立较晚,主要依靠详尽的立法来规制相关方面问题,而发达国家集体谈判立法时间较早,尚没有形成国际公认的、成熟的集体谈判立法模式,只能原则性地根据自身情况进行规范。[③] (3)工会组织率不高,集体谈判或协商只在企业层级进行。众所周知,日本劳资关系调整的三大支柱分别为"终身雇佣""年功序列""企业工会"。这与日本特有的政治、历史、经济发展及企业管理文化等因素有关,日本的家族企业传统模式和精细化的人力资源管理造就了其独特的集体劳动关系法律规制模式。日本劳资关系最典型的特色当属"企业工会主义"的盛行,即仅在单个企业内,工会和单个雇主进行集体交涉达成企业层面上的集体协议,其优点在于"工会不必受制于范围广泛的同业或政治性议题"。[④] 正是由于"终身雇佣""年功序列"等管理制度和文化,日本企业形成了高度有效的内部协调机制,使企业工会主义的功能优势得以发挥。正如学者所言:"在这种高度内部化劳动市场下,行业及全国层面的交涉作用甚微,企业工会和企业层面的集体交涉是满足劳动者需求、调节内部劳动力市场最有效的机制。"[⑤]当然,日本"企业工会主义"也有诸如交涉力不足、影响力局限性等缺陷,为弥补此等缺陷,企业工会建立了"春斗"及

---

① 参见程延园:《劳动关系》(第 3 版),中国人民大学出版社 2011 年版,第 30 ~ 31 页。

② [美]托马斯·寇肯、哈瑞·卡茨、罗伯特·麦克西:《美国产业关系的转型》,朱飞、王侃译,中国劳动社会保障出版社 2008 年版,第 180 页。

③ 刘燕斌:《国外集体谈判机制研究》,中国劳动社会保障出版社 2012 年版,第 37 页。

④ [澳]班贝尔(Greg J. Bamber)等编著:《国际与比较雇佣关系》,赵曙明、李诚等译,南京大学出版社 2008 年版,第 201 页。

⑤ [日]荒木尚志:《日本劳动法》,李坤刚、牛志奎译,北京大学出版社 2010 年版,第 126 页。

更广范围的联合磋商形式。所谓“春斗”制度,顾名思义就是春季加薪斗争,即每年春季由企业工会组成的产业工会和各个全国性工会联合会确立加薪目标,约定各企业及各行业的加薪谈判及罢工的日程。[①] 故“春斗”在日本的集体劳动关系运行中具有特殊的地位,其既不是传统意义上的罢工、怠工、设置纠察等集体行动,也不是典型意义上的集体谈判制度。其实质是对企业工会主义功能的延伸和补充,意在指导企业层级的谈判。至于在产业和全国层面成立的劳资磋商会或共同协商,一般以“三方委员会”的形式推动劳动立法和劳动政策制定,从而使相关的劳动立法及劳动政策能反映劳工的声音。所以,企业工会主义与更广范围的集体协商或共同协商之间呈现优势互补的关系。诚如学者所言:“日本基于企业工会主义的产业关系,是靠现行的准联合主义机制来支撑的,这一点不能忽略。”[②]尽管也有学者认为在日本的劳资关系中,集体谈判和共同协商的区别从来都不是很清楚。[③] (4)集体劳动争议处理机构及程序上遵循“自愿为主,强制为辅”原则。日本《劳动关系调整法》规定各地及中央劳动委员会按“三方原则”设置,经授权依法通过斡旋、调解、仲裁等方式解决一般的劳动争议和对不当劳动行为进行行政救济。设置专门机构处理不当劳动行为这一点与美国模式相似,主要的区别在于日本劳动委员会是三方组成的机构,而美国的劳资关系委员会是行政机构。从两国集体劳动关系法律规制模式的比较中便可解释这种区别,日本政府在集体劳动关系的法律规制中扮演着协调者、调解者和仲裁者的第三方角色,而美国政府扮演的则是自由的、分散式的、有选择性的干预者角色。

总之,集体劳动关系法律规制除了有基于集体劳动关系运行及其法律规制的本质特征而体现的共性外,还应当有基于不同制度环境而体现的不同模式或特征。学界应对此予以充分关注。上文对三种模式的划分只是从宏观的角度,立足于对集体劳动关系立法特点、集体谈判实践、集体劳动争议处理的机构及程序的设置以及政府在其中的作用力大小等因素的考察,而进行的笼统划分。就实质而言,模式的选择与该国家和地区政治、经济、文化及法制传统有关,如

---

① 参见[日]荒木尚志:《日本劳动法》,李坤刚、牛志奎译,北京大学出版社2010年版,第126页。

② 同上书,第127页。

③ 宋湛:《集体协商与集体合同》,中国劳动社会保障出版社2008年版,第88页。

自由分散模式与美国一贯的“自由主义”相契合；多元合作模式体现了德国“统合主义”理念；企业协调模式则与日本“企业工会主义”相吻合。

比较而言，我国集体劳动关系立法和实践与日本的模式相近，尤其是其“春斗”制度对我国具有借鉴意义，即集体行动并不一定要采取停工、罢工等具体行为，甚至宪法或劳动基本法也不一定明确劳动者享有罢工权，只要结合我国劳资关系的实际情况，真正贯彻落实对劳资双方的约束机制，充分利用劳资协商的各种机制便能达致劳资和谐目标。“工会可结合当时政治、经济情势，采取联合磋商、沟通的方式进而平衡劳资利益，实现劳资共赢”。[①] 当然，更需要从微观的角度进行更加深入细致的研究，从而得出更加科学的、符合我国实际的具体模式。

---

① 参见田思璐:《日本劳资集体谈判中“春斗”的发展与启示》，载《温州大学学报》(社会科学版)2011年第6期。

第二章　中国集体劳动关系法律规制的现状评析

众所周知，我国劳动立法起步较晚，理论研究尚不成熟，集体劳动关系的实际运行基本处于行政化、碎片化、形式化等不规范状态，集体劳动关系的法律规制也尚处于起步阶段。因此，对我国集体劳动关系法律规制的立法与实践现状及其存在的问题进行系统、全面的描述和分析，并深入探究其原因所在，是实现中国集体劳动关系法律规制的本土化研究的前提。

第一节　中国集体劳动关系法律规制立法框架

根据法律规范概念的内涵及外延相关理论，集体劳动关系立法有广义和狭义之分。广义的集体劳动关系立法泛指一切与调整和规范集体劳动关系的建立和运行有关的规范性法律文件；[①]而狭义的集体劳动关系立法则仅指专门调整和规范集体劳动关系运行的法律规范。鉴于本书研究论题和领域的广泛性和全面性，笔者

---

① 广义的集体劳动关系立法除了传统意义上的规范性法律文件外，还可以包括中国共产党、国务院及全国总工会的政策、方针，乃至国家领导人的重要讲话等。如中共中央、国务院发布的《关于构建和谐劳动关系的意见》(2015 年 3 月 21 日)以及全国总工会发布的《关于进一步加强企业工会建设充分发挥企业工会作用的紧急通知》(2010 年 6 月 4 日)等。

主张,从广义的角度对中国集体劳动关系的相关立法予以分析。中国集体劳动关系立法可溯源至20世纪20年代、30年代。新中国成立之前,无论是《工会法》(1929年颁布,1942年、1947年修订)、《团体协约法》(1930年)等,还是《中华苏维埃共和国劳动法》(1931年),都呈现出中国集体劳动关系立法零星化、断裂化的特征,且多属于对当时混乱的政治和经济环境的一种对策性和回应性立法,且基本没有得到执行。新中国成立以后,尤其是改革开放以来,随着我国社会主义市场经济体制的建立、健全,劳动力市场体制也日趋完善,集体劳动关系的立法也获得较快发展。以下从立法主体或立法层次和立法内容两个角度分析中国集体劳动关系的立法框架。

一、立法层次:自上而下,从无到有

从立法层次上看,我国集体劳动关系立法自上而下或效力层级的自高向低,呈现从无到有、由简单到复杂的态势。

(一)宪法层面——"劳动三权"的间接确认

在国家法治事业中,宪法的效力和地位毋庸置疑,在此无须赘述。基于宪法的"根本性"和"母法性"特征考量,宪法应否以及能否对现存的某种社会关系予以直接的规范或调整,则需要考察宪法对该社会关系及其相关主体权利的重要程度以及宪法与该部门法的关系。就集体劳动关系的运行来看,由于涉及劳动者的基本权利,即"劳动三权",世界上大部分国家均在其宪法层面上予以关注。学界对我国在宪法层面上,是否对"劳动三权"及其运行规则予以部分确认,依然存有争议。大致有两种观点:第一,由于宪法的实施机制不足,宪法中所规定的权利只能通过具体部门法的实施方能实现,故宪法对规范劳动者基本权利存在不足;第二,虽然宪法没有直接规范诸如"劳动三权"等基本权利,但也规定了公民的基本权利,可视为间接规范。笔者以为,可基于不同的视角进行观察,从宏观或广义的角度看,基于团结权、谈判权及行动权的人权或基本权利性质,世界各国的宪法无不以直接或间接的方式对"劳动三权"予以规定;但若从直接或直观的角度看,部分国家的宪法的确没有对集体劳动权利进行确认。如只是直观地看宪法对集体劳动关系的相关内容有无直接规定,则必然得出有些国家的宪法及其宪法性文件对集体劳动关系没有做出规定的结论。[①]事实上,现有文献也几乎一致认为,并非所有国家的宪法对集体劳动关系的构成及其运行都予以规定。宪法的根本法定位决定其规定的公民基本权利更具有宣誓性因素,还须依赖基本法的具体落实。故我国《宪法》关于公民结社权的规定,应理解为宪法上的一般结社权,从宏观或广义上看当然包含了劳动者的劳动结社权,即团结权,但从直观或狭义的角度看,并非是对团结权或其他集体劳动权利的确认。

(二)基本法层面——对集体劳动关系的构成和运行进行较为全面的规范

根据立法法的一般理论,基本法是对具体调整社会关系的主要法律规范,基本法的重要功能就是结合部门法调整对象,分解和落实宪法规定的,并具有一定宣誓意义的基本权利。由于我国《宪法》是从宏观和广义的角度,间接规定或认可了劳动者的团结权,因此必须在劳动基本立法层面上全面、系统、直接地予以规范。从这个角度观察,宪法的制定和修改其实是国家政治、经济、社会等多种因素的综合权衡的产物,其具有天然的合理性。换言之,无论宪法是否如我们所愿对一些基本权利进行明确规定,或对某种社会关系进行调整,在最终意义上均不妨碍对上述权利的保护和社会关系的规制。问题的关键其实是在基本法层面是否有相应的规定,并有相应的措施予以具体落实。

针对"劳动三权"及集体劳动关系的运行,在基本法层面上,主要有我国《工会法》《劳动法》《劳动合同法》《调解仲裁法》等法律予以较为全面的规范。其中,《工会法》(2001 年)[②]对工会的权利、义务,团结权和集体协商(集体谈判)、平等协商、集体争议权等予以具体规定。作为实质意义上的劳动法典,《劳动法》也仅有三个条文对集体合同和集体劳动争议的解决机制予以笼统规定。《劳动合同法》对集体合同虽然予以专章规定,但仍然极为笼统和抽象。《调解仲裁法》也仅对集体劳动争议纠纷解决机制作了部分规定。从整体上观察,集体劳动关系的构成及其运行的关键要素均有相关立法规定,正是基于此点考虑,我国集体劳动关系的构成和运行有"较为全面"的立法规范。但实际

① 参见刘燕斌:《国外集体谈判机制研究》,中国劳动社会保障出版社 2012 年版,第 33 页。

② 新中国成立伊始的 1950 年,就颁布了《工会法》,1992 年又颁布新的《工会法》,该法又分别于 2001 年、2009 年进行了两次修订。

上，当前劳动基本立法对集体劳动关系的规范并不理想，不仅缺乏系统性，更主要的是体现为重要立法的缺位或缺失，而且有意或无意地避重就轻。比如，虽然《工会法》(2001 年)对工会的权利、义务，团结权和集体协商(集体谈判)、平等协商等予以具体规定。但与《劳动法》相比，《工会法》显然处于边缘地位，且我国工会制度运行的效果历来差强人意，即使《工会法》作出较为全面的规定，在当前的法制环境下也属于避重就轻甚至本末倒置。

(三)法规、规章[①]层面——对集体劳动关系基本立法的细化和补充

从立法的位阶层次上看，“宪法—基本法—法规、规章”是一种层次递减、效力递减，由笼统、原则到具体、细化的关系。由上所述，由于我国集体劳动关系的基本立法不足，法规、规章层面则自然呈现缺失状态。比如，在法规和规章层面上，缺乏关于工会制度的细则规定，也无关于集体劳动争议处理机制的细化规定。相较于宪法及基本法层面上的集体劳动关系立法，法规、规章层面上的立法体现更多是集中立法和专项立法。特别是 2004 年劳动和社会保障部颁布《集体合同规定》，对集体协商和集体合同的签订等进行了详细的规定。同时，也出现了很多的专项立法，如 2000 年劳动和社会保障部颁布的《工资集体协商试行办法》，对工资谈判或协商的相关方面进行了规定。当然，近年来地方立法呈现蓬勃发展的态势，很多地方关于集体协商和集体合同立法已初具规模，且取得了很好的法律和社会效果。典型的如《广东省企业集体合同条例》(2014 年 9 月 25 日)、《上海市集体合同条例》(2015 年 6 月 18 日)等地方立法，对集体协商、集体合同、争议处理、法律责任等均有详细规定，不仅是对基本法的细化和补充，也为集体劳动关系的立法完善提供了优质的地方立法资源。

二、立法内容：自下而上，由集中、明确到分散、模糊

如前所述，完整意义上的集体劳动关系的法律规制，包括对“劳动三权”的确认，工会的性质、地位及其权利、义务的分配，雇主及雇主组织的资格确认和权利义务分配，集体谈判的具体规则和程序，集体合同的签订、效力及履行，集体行动权行使的条件和程序，集体劳动争议的解决机制等内容。但由于我国市场经济体制及劳动力市场机制有待进一步完善，加之多种社会因素，我国集体

① 出于行文方便考虑，法规、规章包括国务院行政法规、规章和地方行政法规、规章两个层面。

劳动关系立法主要集中在集体协商和集体合同领域，且主要集中于规章层次。基本法及行政法规层面对其他制度规定得较为分散、模糊且欠缺法律责任追究机制和权利救济途径。

（一）围绕集体协商和集体合同的集中立法

我国集体劳动关系立法在集体协商和集体合同方面较为集中，除了《工会法》《劳动法》《劳动合同法》对集体协商（集体谈判）和集体合同的分散规定外，劳动与社会保障部2004年颁布的《集体合同规定》是目前针对集体协商和集体合同唯一的集中立法。《集体合同规定》对集体协商原则和主体，集体合同的签订程序、内容，集体合同的变更、解除和终止，集体合同的效力和法律责任等均予以规定，实为我国集体劳动关系立法的一大进步。然而，相应的立法技术也较为粗陋，对相关概念未能进行明确的界分和统一，导致理论和实务界任意理解和适用，如并没有对集体谈判、集体协商及平等协商作区分，《工会法》《劳动合同法》称为"平等协商"，而劳动部的相关规章中称为"集体协商"等。[①] 总之，基本法层面的分散性、笼统性立法和法规、规章等低层次的专门、集中立法的并存的立法格局，注定了我国集体协商和集体合同立法的权威不够，无法得到有效实施。相关的地方立法同样集中在集体协商和集体合同方面，这一集中立法现状一方面与国家倡导集体协商和集体合同立法有关，另一方面也是因为诸如团结权、工会制度、集体谈判、罢工等集体劳动关系运行的其他要素本身比较模糊，且立法政策导向不明，故无法获得应有的关注。

（二）针对其他集体劳动关系领域的分散、模糊立法

我国社会经济的发展以"国家本位"思想为主导，劳动关系的调整体现为劳动政策主导模式。在这种体制下，企业人格、工会人格、劳动者人格，均未在立法上充分体现。劳动立法被行政管理所制约。在这样的体制环境下，团结权的明确、工会体制的改革、集体谈判机制的确立、集体行动权的认可等总是处于若隐若现、模棱两可的状态。故除了对集体协商和集体合同的集中立法外，对集体劳动关系其他领域的立法都比较分散，尤其是基本法层面上的相关立法在很大程度上体现出有意或无意的模糊性。如针对团结权，除《宪法》在宏观层

---

① 参见《工会法》（2001年）第20条、《劳动合同法》第51条、《集体合同规定》第7条。

面上作了间接性和宣誓性的规定外,《工会法》和《劳动法》也只作了原则性的规定。针对以罢工权为典型代表的集体行动权,以及不当劳动行为及其救济途径等集体劳动关系运行的核心问题,目前仍然没有立法明确规定。尤其是关于集体行动权,我国现行《宪法》并未禁止罢工,但《工会法》《劳动法》等立法均未置明文,只有《工会法》第27条有类似的关于"停工"的模糊规定。而且,即使其他领域针对集体劳动关系有相关立法规定,其立法技术也较为粗糙,缺乏强制性规范,也缺少相关责任追究机制。另外,对集体劳动争议的解决机制尚处于立法的探索阶段,只在《劳动法》中原则性地规定:因签订集体合同引发的争议,通过行政调解方式解决;因履行集体合同引发的争议按照一般劳动纠纷解决途径解决。[①] 至于集体劳动争议如何分类,集体劳动争议处理的机构设置、具体程序及处理规则等没有进一步规定。

第二节　中国集体劳动关系法律规制制度运行现状与不足

上文主要从立法框架的角度对我国集体劳动关系法律规制立法成果和立法缺陷进行了一般分析。虽然立法缺陷本身也属于制度运行现状的不足,但立法内容和实际制度的运行并非一一对应关系,在立法不明确或缺失的状态下,很多制度也会在"灰色地带"实际运行,故本部分将从微观的角度,具体对我国集体劳动关系法律规制相关制度运行的现状和问题加以具体分析。

一、团结权及工会制度

团结权与工会制度紧密相关,两者可以概括为实体和形式的关系。作为集体劳动关系的一方主体,工会是劳动者行使团结权的表现形式和结果,工会制度的运行状况直接决定了劳动者"劳动三权"的实现程度。以下结合我国现行工会立法和实践现状进行分析。

(一)团结权与工会成立:"组建"模式下的工会

如前所述,我国《宪法》只是宣示性、概括性地规定公民的结社权,从广义或宪法释义学的角度推论,理应包括劳动者的团结权或称劳动结社权,这为团

---

① 参见《劳动法》第84条。

结权立法提供了宪法上的保障或宪法基础。在基本法层面上，主要是我国《工会法》对团结权进行了确认。[①] 但从立法技术上看，《工会法》多是权利性、任意性规范，而缺乏义务性和强制性规范，即使是对工会相关职责的规定，也缺少相应的法律责任和权利救济途径的规范。另外，对工会很多权利没有规定相应的义务主体，违背法理学的逻辑规律。[②] 这些原则性的、缺少可操作性的规定不可避免会导致工会履行职责的"形式化""被动化"。相较于发达国家，我国劳动立法对团结权的规定显得较为模糊、抽象，缺少团结权实现的操作程序、权利救济途径及相关责任划分的具体规定。由于团结权立法的模糊性和笼统性，劳动者缺少团结的权利意识、主体意识和集体意志，多是被动地附和着上级工会或党政部门组建工会的要求。这一立法缺陷是导致我国工会制度及集体劳动关系运行不畅的重要原因，主要体现在以下几点冲突或矛盾方面：

第一，工会"组建率"高，但"组织率"低。在经济全球化和世界经济一体化的趋势和条件下，劳动力、资本市场的全球化进程不断加快，引发的后果之一就是各国的工会组织率、会员人数等不断下降。但就我国现实而言，我国工会组织率、覆盖率及会员人数总体上始终保持"繁盛"状态，这与我国的劳动力人口数量当然有很大关系，但与我国工会的立法实践有必然的联系。虽然在相关立法中规定，劳动者有参加和组织工会的权利，但在我国工会运行实践中，基层工会主要是在党政部门及上级工会的领导下组建而成，劳动者多是被动参加而非主动组织。"组织"与"组建"看似没有实质区别，但结合团结权和工会的本质来看，两者大异其趣，"组建"（set up）一词带有被动的、自上而下的含义，必然体现上级工会或相关组织以协助、审批等不同方式进行不同程度的介入，劳动者集体意志也被不同程度侵蚀。"组织"（organize）一词带有自发的、自下而上的含义，该词在相关文献中的普遍使用，足以说明该词较为精准地反映了工会成立的本原状态，当然体现了工会的劳动者团体意志。所以，我国工会运行态势的"繁盛"靠的是自上而下的"组建率"，而非自下而上的"组织率"。就应然意义或习惯而言，应用"组织率"，下文如无特别说明均称"组织率"。

第二，工会组织率及会员人数的差异性和失衡性。纵观我国工会的发展历

---

① 参见《工会法》第3条。

② 参见李英、王棣、瞿彬彬：《中外工会法比较研究》，知识产权出版社2011年版，第58页。

程,我国的工会在不同的历史发展阶段,被赋予了不同的期望和职责,这种对工会的主观期望遇到不同阶段的政治、经济及社会发展的客观现实,便会出现工会的组织率、会员人数等方面的差异性和失衡性。如国有企业及大中型企业的工会组织率比较高,工会制度运行比较规范,但民营企业及小微企业的工会组织率很低,工会的运行也不规范;经济比较发达的地区工会组织率较高,但经济欠发达的地区工会组织率较低等。这种工会制度发展和运行的差异性和失衡性,当然有政治、经济及社会发展的现实原因,但主要应该归责于我国工会自上而下的“组建”模式,及工会承担的“促进企业发展”“维护社会稳定”的功能。国有及大中型企业与我国经济和社会发展息息相关,且这些企业的劳动者在某种意义上属于既得利益者,没有团结起来争取更大利益的意识和动力,再加之其自身的工会系统也较为完善,组织率自然就高。相反地,党政部门及上级工会对民营及小微企业工会的组建就很难予以足够的关注,民营及小微企业的劳动者也缺乏团结的意识和动力,工会组织率自然比较低。

(二)工会的组织体系:“一元化”体制的不足

我国《工会法》以“工会各级组织按照民主集中制原则建立”为基本组织原则,①这就决定了我国工会的群众性及其组织体系的“一元化”。这种“一元化”不仅体现工会内部系统主体、利益及其组织体系的单方性和一元性。“一元化”工会组织体系下,中华全国总工会处于最高层面,在其领导下建立地方工会和产业工会两大系统,有学者认为,中国这种“一元化”的工会体制,具有“国家统合主义”性质。② 这种带有典型中国特色的、自上而下的、集中的、行政化的工会组织体制,与我国政治、经济及文化体制的历史发展与变迁有着密切关系,在我国的社会经济发展中曾经起过不可磨灭的作用。如这种自上而下的工会领导体制,能基本保证工会的组建速度和组建率,在不违背工会原则的条件下,也能集中力量处理重大事项。然而,在新时代背景下,这种工会组织体系越

① 参见《工会法》第4条和第9条。其中,“民主”是指通过会员大会或会员代表大会民主选举,反映大多数人的意志;“集中”则是指由选举出的工会委员会作为工会的日常工作机构,对工会各项事务进行统一领导、安排。

② 简言之,国家统合主义是指某一团体由国家认可并赋予其对同行的垄断性代表权,同时国家对该团体的领导人的选择及其他一些重要事项进行一定程度的控制。参见赵明华等主编:《中国劳动者维权问题研究——中国工会法60年与劳动法15年》,社会科学文献出版社2011年版,第139页。

发显示其与民众社会权利意识崛起、劳动者集体意识增强并不断诉求利益增进的劳动力市场环境的不相适应性。一元化工会体制的根本缺陷在于其无法真实回应和落实劳动者的团结权，因为组建的工会是劳动者集体意识和团结权的外生力量，欠缺代表性和独立性，无法担当与雇主方博弈的重任。实际上，“中国工会工作的传统着力点主要是集中在企业层面，地方工会领导下的企业工会是工会工作的基础”。[①] 只有自下而上组织和选举工会及其领导机关，才是内生于劳动者集体意识的团结权，也才能发挥工会的应有力量。

（三）工会职能的尴尬与冲突："代表性"和"独立性"的缺失

学界在检讨我国工会的现状及其存在的问题时，无不将重点放在工会履行职责时所体现的“虚无”和“附庸”。工会作为一个团体组织，对内与其会员之间无法完全体现其代表性，对外与雇主及雇主组织之间无法完全独立，代表性和独立性的缺失是我国工会发挥职能时遭遇的尴尬。现有文献一般多将工会的代表性和独立性分别加以检讨，实际上笔者认为，两者具有互为因果、不可分割的联系。代表性体现工会对内的组织性和团体性，工会的代表权是源于工会组织成立的合法性，属于工会的本质属性，即依法成立的工会组织天生具有代表其会员的权利。独立性体现工会对外的防御性和对抗性，工会的独立性基于立法赋予的组织交涉能力，属于工会的功能属性，即工会作为组织所具有的，能与雇主及其组织进行博弈的各种力量集合。代表性需要独立性作为保障，独立性以代表性为前提和基础。我国工会在实践中难以有效发挥其作用，主要在于代表性和独立性出现冲突。

我国《工会法》和《劳动法》均规定我国工会代表职工的利益，依法维护职工的合法权益，[②]即赋予了工会代表劳动者的权利。如何真正体现和落实工会的代表性，《工会法》及相关立法也作了进一步的规定。[③] 但在工会实践中，代

---

① 赵明华等主编：《中国劳动者维权问题研究——中国工会法60年与劳动法15年》，社会科学文献出版社2011年版，第397页。

② 参见《工会法》第2条、《劳动法》第7条。

③ 参见《工会法》第9条规定：“企业主要负责人的近亲属不得作为本企业基层工会委员会成员的人选。”《企业工会工作条例》第24条规定：“企业行政负责人、合伙人及其近亲属不得作为本企业工会委员会成员的人选。”《企业工会主席产生办法（试行）》第6条规定：“企业行政负责人（含行政副职）、合伙人及其近亲属，人力资源部门负责人，外籍职工不得作为本企业工会主席候选人。”

表性问题尤为突出,主要体现以下两点:

1. 工会成员的广泛性降低了工会的代表性。工会成员极具广泛性是我国工会的特色,我国《工会法》及《中国工会章程》规定,工会是工人阶级的群众组织,凡以工资收入为主要生活来源的人,均有资格成为工会会员。[①] 显然,我国工会立法是从阶级性和群众性出发界定工会会员资格的,工会会员不仅包括劳动者,还包括雇主;不仅存在于劳动关系领域,还存在于非劳动关系领域等。工会成员的极度广泛性,必然降低其代表性,淡化工会为劳动者实现团结权的本质。当然,工会成员的广泛性也必然导致工会职能的多重性,即不仅要代表和维护劳动者的利益,还要维护用人单位的利益,更要维护国家和人民的利益。立法中就体现为"参与、维护、组织、教育"四项基本职能,其中,维护职工的权益为工会的基本职能。[②] 当工会无法担当其被赋予的多重职能时,工会职能的多重性反过来也会减损其代表性。

2. 工会实际代理权的行使取代了工会的代表权。当工会被定位为共产党领导的工人阶级的群众组织和党联系职工群众的桥梁和纽带时,当中华全国总工会以"维护职工合法权益,共谋企业健康发展"作为指导思想时,劳动者与企业的利益必然出现混同,工会必然会出现无法有效代表劳动者,而倾向于选择代理劳动者的局面。所谓代理,是指代理人以被代理人的名义实施的,其法律效果直接归属于被代理人的行为。[③] 代理和代表的典型区别是,代表人实施的行为不产生效力归属问题,而代理人实施的行为效力归属于被代理人。如上文所述,我国工会实践中,自上而下的一元化的工会体制格局下,全国总工会具有最高领导力和运行效率,被领导的基层工会却比较孱弱。与之相反的是,处于基层的用人单位凭借强大的资本控制力,显得很强势,但在更高的层面上却缺少有效的代表。所以,我国工会立法及其运行,契合了"上强下弱"的工会格局,工会更愿意将其视为代理人,其实施行为的法律责任由被代理人(劳动者)来承担,工会代理人的角色"割断了工会与劳动者之间的天然的联系,使工会在实际生活中有了选择被代理人的可能"。[④] 因此,工会代表并维护劳动者合法权益的

---

① 参见《工会法》第3条。

② 参见《工会法》第5条、第6条。

③ 王利明:《民法总论》,中国人民大学出版社2009年版,第265页。

④ 董保华:《名案背后的劳动法思考》,法律出版社2012年版,第224页。

基本职能,很容易被维护企业利益并选择作为企业代理人的表象所掩盖。

与工会代表性互为因果的便是工会的独立性问题。工会代表性的缺失,加剧了工会的不独立;反之,工会的不独立也降低了工会的代表性。工会独立性问题向来受到学界的密切关注,只是论述的角度和侧重点不同。就笔者归纳,影响工会独立性的主要因素是工会的财权和人事权两方面,而这正是从经济和政治的角度在根本上把握了工会的命脉。

1. 工会财政经费由企业控制,"利益一体化"导致"立场一致化"。工会的经费来源和保障,是决定工会是否具有独立性的根本标准。我国工会经费的来源有四种,①除了会员缴纳的会费、工会自己的创收及政府补贴外,值得商榷的就是企事业单位、国家机关按每月全部职工工资总额的2%向工会拨交的经费。我国工会经费的行政拨款与工会"不得接受资方自助"的原则和理念相悖,也足以反映我国工会与雇主的利益共同性,体现工会浓厚的政治性色彩。工会和企业"利益一体化"必然导致两者的"立场一致化"。

2. 工会干部人事由企业主导,"双重管理"导致"双重职能"。工会的本质特征和功能决定其领导干部必须经过民主选举产生,否则无法体现劳动者团体意志及工会的代表性。我国工会主席的选举接受同级党委和上级工会的双重管理,实际上是一种"嵌入式"产生,即工会主席是党委和上级工会的直接安排,而非经过真正的、自下而上的民主选举产生。而在现实中党委和企业行政领导常常是重叠的,这就使其在企业工会主席人选的决定中能发挥实质性作用,从而削弱了民主选举在工会主席人选决定中的作用。"双重管理"背后是工会必须体现"双重职能",即既要在形式上维护、代表职工权益,又不得不维护企业发展和党委领导乃至社会的和谐。虽然相关立法对工会主席在劳动待遇、人事变动、劳动合同的终止和解除的限制及经济补偿和赔偿等方面给予了相应的保护,②但这种保护依然是在现有的工会体制和工会干部产生机制的条件或框架下进行的,主要是基于党政部门和上级工会对基层工会的管理和指导的方便考虑,而不是从尽力保持工会自身的独立性角度出发的,因此工会主席

---

① 参见《工会法》第42条。

② 参见《工会法》第17条关于工会主席、副主席工作调动和罢免方面的规定,第18条关于劳动合同主动延长至工会主席任职期间的规定,第52条关于非法解除劳动合同的法律责任的规定等。

是否得到保护以及得到多大程度的保护，基本与自下而上的民主选举和代表机制无甚关联。

二、集体谈判和集体合同制度

我国目前集体劳动关系的立法、实践及相关理论文献主要集中在集体协商和集体合同方面。但如上所述，作为劳动者基本权利之一的集体谈判或集体协商权在我国《宪法》这一根本法层面的立法阙如，使我国集体协商和集体合同实践缺少宪法基础。基本法层面上的分散性、笼统性立法和低层次的专门立法并存的立法格局也决定了我国集体协商和集体合同的法律权威不够，无法得到有效实施。加上立法技术粗糙，可操作性不强，充斥大量权利性、任意性规范，缺乏强制性规范和相关责任追究机制。正是因为缺少对集体劳动关系基本构成要素如“劳动三权”等的明确规定和充分关注，我国的集体协商和集体合同制度显得混乱和模糊，常背离于集体劳动关系的基本理论和基本逻辑。20世纪以来，特别是第二次世界大战后，在工运和劳动法制比较发达国家的集体谈判机制或模式已趋成熟，市场化、法制化、多元化等是其典型特征。而中国的集体谈判制度，在立法上只是在工资集体协商方面予以关注，对集体谈判的程序及条件等并未予以关注。20世纪90年代初，我国虽然在实践中开始引入集体协商制度，然而目前在立法上却相当疏简，我国现行《劳动法》中仅仅简单规定了集体协议制度的基本轮廓和框架，还没有建立起一个内容系统全面、具有可操作性的集体谈判制度，故显得极为单薄无力。[①] 在理论研究上，尽管近年来频出研究成果，但均没有体系、深入地研究，特别是对一些诸如“罢工权”等问题的研究浅尝辄止。实践层面上更是显得不足，一方面，依照法律规定和工会的职能，无法推动实质的集体谈判；另一方面，群体性劳动争议却层出不穷，劳动者自发组织工会，要求提高劳动条件，并以停工、罢工方式相对抗，从而开展实质的集体谈判。[②]

---

① 《劳动法》(1994年)较为原则地规定了集体协商和集体合同制度，原劳动和社会保障部通过《工资集体协商试行办法》(2000年)和《集体合同规定》(2004年)以及《劳动合同法》的颁行，为集体谈判制度奠定了一定的基础。

② 以南海本田罢工为标志性事件，工人通过罢工得以和企业方开展增加工资的集体谈判，并取得在原有1544元工资的基础上加薪500元的突出效果。

（一）集体谈判与集体合同主体:“缺位”与“越位”并存

一般而言,劳资双方的集体谈判,劳方以工会为主体,而资方以雇主或雇主组织为主体,且谈判主体与集体合同的签订主体是一致的。但工会有企业工会、行业工会、区域工会乃至国家层面的总工会等层级结构,而雇主或雇主组织也有类似的层级结构,故集体谈判主体与集体合同主体并不是完全一致的。但从集体劳动关系运行的角度看,集体谈判主体更重要。集体谈判主体和集体合同主体必须符合相应法定要求和法定资格,并履行相应的法定义务,是建立集体谈判或协商机制的首要条件,而集体谈判主体的独立性和平等性的确立,是谈判得以有效推进的必要前提。如前所述,我国《工会法》及相关立法缺乏刚性的、强制性规范,导致雇主或雇主组织不愿意与工会进行谈判。比如,立法只确认了实行工资集体协商的“可为”而非“应为”,难以对雇主方形成约束力。同时,鉴于我国当前的工会性质、职能定位及体制框架,工会与雇主方协商、谈判时总是战战兢兢、如履薄冰,故无法真正代表劳动者与雇主方协商。工会在集体谈判中所处的被动、次要地位,也决定了作为工会的谈判代表无法顺利完成其协商或谈判任务。因此,由于我国工会立法、工会体制等各种原因,在集体谈判的实践中出现了雇主方“不愿谈”、工会方“不敢谈”的尴尬局面,从而导致集体谈判主体的“缺位”状态。此时,党和政府又越俎代庖出面组织“协商”,并签订集体合同,这又呈现集体谈判主体的“越位”状态。集体谈判主体“缺位”和“越位”并存,必然导致所谓的集体谈判或集体协商都无法代表真正的利益主体。

（二）集体谈判和集体合同内容:“形式化”与“工具化”并立

集体谈判的内容范围很广,双方可以就劳动报酬、工作时间、劳动安全卫生等内容进行谈判,达成一致后签订综合性的集体合同。也可以就某一方面的内容集中谈判,并签订专项集体合同。集体谈判和集体合同的签订本来应该是工会自发提出谈判要求,并与资方谈判的结果,但现实情况是国家和各地政府以政策和行政命令的方式推动集体合同的签订,①其结果必然就是集体合同签订率很高,但却流于形式,并且被当作工具。在目前集体劳动关系的运行实践中,

① 2010 年全国总工会推行的“彩虹计划”便是其典型代表。

很多企业特别是非公有制企业普遍出现集体协商“走过场”、集体合同“搞形式”的现象。这一局面难免导致集体谈判和集体合同显性效果凸显，但实际效果和社会效果并不明显的矛盾。这种显性效果虽然满足了党政部门推行集体协商、促进劳资和谐，从而得以提升政绩的需要，但实际效果差，也使劳动者集体意识和诉求的表达渠道无法真正畅通。因此，我国的集体谈判和集体合同呈现“形式化”和“工具化”的严重倾向。在这种条件下，企业不是为协调劳动关系和维护劳动者权益而协商并签订集体合同，而是将签集体合同作为目的，为签合同而签合同。实际工作中，“重合同，轻协商；重数量，轻质量；重形式，轻内容；重文本，轻履行，集体合同内容不能满足职工的实际需求，集体合同的履行不能令人满意。劳方权益得不到应有保护”。[①] 当然，我国集体谈判和集体合同的“形式化”和“工具化”与集体谈判和集体合同集中在企业层次有密切关系。根据我国《劳动法》《集体合同规定》及《劳动合同法》的规定，我国的集体合同制度从建立之初，就把集体协商、签订集体合同的层次放在了企业层面。[②] 立法是对现实的回应，基层工会地位的虚化和职能的弱化必然导致其谈判地位沦落，集体谈判也就必然会形式化。

值得一提的是我国的工资集体谈判(工资集体协商)。2010 年以来，党和国家高度重视工资集体谈判和集体合同的签订，在此政策导向和行政命令环境下，各地、各行业纷纷开展工资集体谈判，并取得可喜的成果。这一方面说明劳动报酬在劳动关系领域中的重要性；另一方面也说明我国在经济社会转型条件下，劳动报酬与劳动者集体利益的增长始终是劳资博弈的主要对象，故突出强调工资集体谈判实为现实的需要。尽管这种集体谈判主要依靠自上而下的党政政策和行政命令推动，尚未达到真正意义上的集体谈判标准，但以工资集体谈判为突破口和切入点，逐步建立健全我国的集体谈判机制，确也值得尝试。毕竟，工资集体谈判是最初的、最主要的、也是最重要的集体谈判领域，这也符合我国集体劳动关系立法多集中在工资集体谈判领域的实际情况。在这一轮集体合同签订的大潮下，很多地方也逐渐探索出自己的工资集体协商的模式。比如，武汉餐饮业集体合同的签订被学界总结为“武汉模式”，浙江温岭羊毛衫

① 范和生：《转型期安徽劳资关系实证研究》，安徽人民出版社 2012 年版，第 78 页。

② 参见《劳动法》第 33 条，《集体合同规定》第 3 条、第 4 条，《劳动合同法》第 51 条、第 52 条。

行业的工资集体协商和集体合同的签订被业界总结为“温岭模式”等，均值得研究和思考。

（三）集体谈判和集体合同的现实路径：“非常规”与“体制外”

上文所述的集体谈判和集体合同的形式化现象，是在我国现有集体劳动关系运行体制和立法框架下的常规反映。但随着时代的发展变化，在经济全球化、世界经济一体化的背景下，我国市场经济体制和劳动力市场机制改革不断深入，随着社会转型期经济结构的调整、产业结构的升级，以及社会管理的创新，在劳动关系领域也正酝酿着一场深入的变革。即部分劳动者群体，开始自下而上地、自发地表达集体的利益诉求。自 2008 年以来，我国出现多起集体怠工、停工及罢工事件，尤以南海本田罢工事件为典型。这些被称为群体性的突发性事件，均通过不同形式的集体谈判或协商达成协议的方式解决，且均是以劳动者群体的不同程度的胜利而告终。相对于常规化的集体谈判和集体合同的形式化现象，笔者将这种频繁出现的，劳动者群体自发的所谓的突发性劳动事件，称为“非常规”或“体制外”模式。其与正常的“提出谈判要求—对方答应并进行实质谈判—达成集体合同”的运行逻辑不同。非常规运行意味着不正常、不合理甚至不合法。如发生的多起群体劳动事件中，怠工、停工及罢工等集体行动被置于协商和谈判之前，作为要挟条件，这不符合正常集体劳动关系运行逻辑，尽管符合我国当前的实际。换言之，“怠工、停工及罢工——协商或谈判——达成协议增加工资”的“体制外”模式，是我国劳动者集体意识表达路径选择的困惑与无奈。同时，非常规也意味着合理和创新。这一模式深刻揭示了我国集体劳动关系领域的状况，并预示了我国集体劳动关系时代的来临。如何总结群体性劳动事件的处理经验，特别是应对具有一定政治敏锐性的怠工、停工及罢工等集体行动，完善相关劳动立法，将集体谈判和集体合同纳入正常的集体劳动关系运行逻辑，是新时期劳动关系领域的重要课题。“存在就是合理的”，从某种意义上来说，这种符合我国实际的、本土化的集体劳动关系运行模式，是我国未来应当要选择的路径必须要考量的因素。

（四）我国当前集体谈判集体合同立法现状与问题

自 1995 年我国《劳动法》施行至今，集体合同基本法律框架已经构建起来，集体合同主体、内容、程序、争议处理和法律责任等诸多方面，在相关立法上均有体现。近年来,随着各地群体性劳动事件的频发,党和国家更加重视集体合同立法,地方立法更是"高歌猛进",无论是从立法的规模或数量上说,还是从质量上说都已上到一个新的台阶。但不可否认的是,我国集体合同立法依然存在很多问题,而且不发一些根本性、体制性障碍问题。主要体现在以下几点。

1. 缺少体系性和关联性

众所周知,团结权、谈判权及行动权是传统意义上的集体劳动三权,也是集体关系运行的三大支柱,被学界称为"密切相连,不能分割的劳动基本权"。[①]集体合同一般被纳入集体谈判的范畴予以探讨,而集体谈判与团结权、行动权以及整个集体劳动关系又密不可分,故探讨集体合同的相关问题必须在集体劳动关系整体制度框架下方能精准把握。但遗憾的是,我国的集体合同立法最根本的问题就是缺少与集体劳动关系整体制度架构的关联性和体系性。典型体现在如下两个方面:第一,在劳动者团结权在立法上并未明确且工会制度存在先天不足,工会职能无法有效发挥的前提下,劳资双方形成的集体合同必然缺失真实有效的博弈;第二,集体合同形成过程中,欠缺压力机制的立法赋予或明确,致使集体合同的形成过程呈现两种极端:要么就是体制内且符合政策目标理念的集体合同,体现出自上而下性、和平性及统一性等;要么就是体制外运行且并不符合政策目标理念的集体合同,体现出自下而上性、非和平性及非统一性等。前者如温岭模式、武汉模式等,后者如南海本田模式等。

2. 缺少立法的严肃性和罚则性

我们知道,立法是一项极具严肃性、严谨性及程序性,且需要遵守相应的立法规则和技术的活动。法律规范在立法文件中的呈现,需符合相应的表述规则,如条件、假设、罚则,权利性(倡导性)规范、义务性规范等。我国集体合同相关立法中,对资方的谈判或协商义务并没有严格规定,也没有罚则性的制度安排。如我国《劳动法》第 33 条规定,企业职工一方与企业可以就劳动报酬、工作时间、休息休假、劳动安全卫生、保险福利等事项,签订集体合同。这里的"可以"一词将本应该是义务性的规范变成了权利性规范。

法律的执行力度,取决于其规定的罚则是否清晰。综观我国集体合同相关立法不难发现关于集体合同立法的罚则总体上呈缺失、模糊及罚责过轻的状

① 黄越钦:《劳动法新论》,中国政法大学出版社 2003 年版,第 45 页。

态。比如,我国《劳动法》基本没有关于集体合同的法律责任规定;我国《工会法》虽然规定了无正当理由拒绝进行平等协商的,由县级以上人民政府责令改正,但并非真正意义上的罚则;我国《劳动合同法》第56条规定,用人单位违反集体合同,侵犯职工劳动权益的,工会可以依法要求用人单位承担责任,但承担什么样的法律责任以及如何承担不得而知。显然,我国集体合同立法规定的罚则明显不足以形成压力或违法成本以对抗资方,必须与时俱进完善相应的立法规定。诚如学者所言,"中国集体合同法律制度的建设与发展,必须伴随社会环境的变化、劳动关系的现实需求不断推进"。①

3. 集体合同签订的形式化和格式化现象严重

我国集体合同立法最为显现和普遍的问题就是其形式化和格式化现象很严重。实践中,集体合同的形式化主要体现为集体合同的形成以及签订过程由政府主导和推动,地方工会及企业"走过场";集体合同的格式化,主要体现为集体合同文本的统一化、同质化,且大量条款直接照搬法律条文,没有任何企业特点和行业特色。集体合同的形式化其实也包括集体合同的格式化,或者说格式化是形式化一种体现,形式化侧重于从动态的角度观察,格式化则侧重于从静态的角度观察。集体合同的形式化和格式化导致在实践中颇令人尴尬的局面或矛盾的现象:一方面,集体合同数量、规模及其覆盖面都呈上升趋势;但另一方面,人们对集体合同的认知度、信任度却很低,被覆盖的许多劳动者根本不知道有集体合同存在,甚至不了解集体合同为何物。

三、集体行动立法与实践的困惑

劳动关系领域内的集体行动(collective action),又称产业行动或工业行动(industrial action),广义的集体行动或产业行动是指劳资双方为实现自己的主张和要求,依法采取罢工或闭厂等方式进行对抗的行为。狭义的集体行动主要是指工人的罢工行动。② 工人集体行动的目的是对雇主或雇主组织施加压力,从而使双方能签订集体合同,故集体行动的本质是"制约手段"或"压力机制"。

---

① 郑桥:《中国集体合同制度法律建设的思考——从地方立法看发展走向》,载《中国劳动关系学院学报》2011年第2期。

② 参见常凯主编:《劳动法》,高等教育出版社2011年版,第514页。

在工人运动和劳动法制发达的国家和地区，集体行动及其相关立法、理论和实践已十分成熟，是市场经济条件下调整劳资关系，实现劳资自治的主要方式。集体行动有诸如怠工、停工、设置纠察及罢工等不同的行为类型，其中以罢工最为激烈、敏感，但也最为有效。故各国对罢工均予以不同程度的规制、限制甚至禁止。但在我国，罢工及罢工立法经历了由支持、禁止、限制到模糊的发展历程，至今仍是学界争议的焦点之一，实务中更显混乱，有学者将我国目前的罢工概括为“现实型罢工”，其主要特点是罢工混合性、群体性及非法性。① 但无论如何争论，鉴于我国特色社会主义政治、经济及文化体制等因素的影响，从宪法到基本法层面没有罢工权及罢工行为的明确规定也是不容否认的事实。但立法对怠工、停工确有明确规定，这足以说明我国立法对罢工持模糊态度，即立法未置明文，但又没有明确禁止，且对怠工、停工及罢工的行为方式未作具体区分。即便如此，罢工权的立法阙如，无疑在很大程度上阻碍了集体劳动关系的畅通运行。虽然当前频繁出现的所谓“罢工潮”有其值得肯定的一面，但从规范的角度看，无论立法和实践如何模糊化处理，都不免引起实践中的各种问题。

此处，笔者从宏观和整体的角度，分析我国集体行动的现状、问题：

（一）集体行动的无组织性

集体行动的无组织性，主要体现为罢工的无组织性。如果不要求立法和实践有明确规定，而是从集体行动的实质意义上来看，我国当前频发的劳动者群体为了工资增长而引发的停工事件，完全可称为罢工。罢工的无组织性俗称“野猫罢工”，即没有相应的工会组织，不遵守相应程序和规则的罢工，在“劳动三权”立法健全的国家，立法不但不保护野猫罢工，还会对相应的违法违规行为依法予以处理。由于基层工会代表性和独立性的缺失，我国当前的停工或罢工就是典型的无组织罢工，即部分劳动者群体基于共同的利益诉求，在无法通过其他途径表达并实现诉求的情况下，选择自发的罢工。集体行动权属于“劳动三权”，是集体劳动权利之一，必须依托组织力量，表达集体意志，实现集体利益诉求。简言之，即由工会代表劳动者组织发起，是罢工的首要条件。但是，我国的无组织罢工现状及其存在的问题有其现实的无奈，其具有非法性和破坏

① 参见王全兴、倪雄飞：《论我国罢工立法与罢工转型的关系》，载《现代法学》2012年第4期。

性的一面，因为无组织罢工欠缺组织章程、纪律及相关立法的约束，具有更强的政治敏锐性，对社会安全、稳定也有不确定的破坏性；但另一方面，无组织停工、罢工又是当前我国客观存在的排解劳资矛盾的一个渠道，无论立法是否承认罢工权，当前的无组织停工、罢工对缓解当前我国群体性劳动争议事件及其矛盾，完善集体劳动关系的立法和实践都有必要。

(二)集体行动目的及其性质的混合性

缺乏工会组织的罢工必然影响罢工目的和罢工性质，即除了提高和改善劳动条件和劳动待遇的目的外，还有其他目的，从而使经济性罢工变为混合型罢工。同时，由于我国的集体谈判和集体合同尚处于起步阶段，特别是对集体劳动争议缺乏类型化的立法规定和理论研究范式，因而实践中对权利争议和利益争议基本不作区分。故而在实践中，我国主要侧重于权利争议的解决，很多情况下停工或罢工是为了解决拖欠工资等权利争议问题，而很少关注劳动者集体利益的争议。因此，权利争议与利益争议，个别劳动争议与集体劳动争议、群体劳动争议等概念体系的不明晰，是造成混合性罢工的理论原因。立法的缺位、理论的不清，必然会导致实践的“乱象”。

若要揭示劳动者针对权利事项发动罢工的动因，需对其进行类型化分析。现实中，劳动者针对权利事项的自发罢工并非集体劳动关系意义上的罢工，有学者将其概括为“集体行使工作拒绝权”，并认为是多数劳动者同时行使基于劳动合同的履行抗辩权。[①] 但究其实质，“多数劳工之共同行使并不改其原本契约法上个别行动之法律本质”，“其行动之‘团体性’非如罢工之具有法律上质的意义，而只具有事实上量的意义”。且“集体行使工作拒绝权”与“罢工”产生完全不同的法律效果。劳动者行使履行抗辩权拒绝提供劳务，仍享有工资请求权，用人单位陷入受领迟延的境地；在劳动者享有罢工权的西方国家，劳动者在行使罢工权的同时，即丧失工资请求权。由于“集体行使工作拒绝权”与“罢工”的表现形式极为类似，要求劳动者在行动之时判明所主张之权利基础，无疑是强人所难的。因此，“纵使劳工本身自认为系在进行罢工，亦不应骤然认定其行动为罢工，若合乎履行抗辩权之要件已然存在，即应认定劳工之行动系

① 李干：《我国集体劳动争议的难题与反思——基于自发罢工向制度外的“涌出”现象》，载《宁夏社会科学》2017年第1期。

履行抗辩权之集体行使而非罢工”。[①]

（三）集体行动的“非和平”性

所谓集体行动的“和平性”或“非暴力”性，简单而言就是罢工的发起和进行必须基于法定或约定的程序和规则。换言之，罢工如果没有经过法定的程序或流程，并在法定的限度内采取法律允许的方式，就意味着罢工行动的“非和平性”或“暴力性”。在罢工的立法和理论中，其和平性或非暴力性并未受到应有的关注，原因在于传统罢工的定义认为罢工只是劳动者单纯不工作或消极不提供劳务的行为。事实上，罢工的历史与现实无不告诉人们，劳动者的消极不作为只是罢工的核心要件之一，罢工当然包括积极性的抗争行动。因此，积极性抗争行为的存在必然使“和平”和“非暴力”有存在的理由和价值。当然，实践层面上，罢工的“和平性”并非是与“暴力”简单对应的概念，而是在集体劳动关系和集体行动领域中具有特定含义的概念或称谓，其内涵和外延应大于“非暴力”，即罢工的“和平性”还应包括遵循法定的条件和程序。比如，在集体合同有效期内工会不得组织罢工，罢工的发起必须是在雇主方拒绝谈判的条件下进行等。据此，我国实践中的停工或罢工显然是“非和平”性的，罢工基本上是毫无征兆和预期的，并且不遵守相应的程序规则，从而使相关部门在处理时无法合理预判，事态容易极端化。

四、集体劳动争议解决机制的缺失

我国现行劳动立法针对集体劳动争议处理机制只笼统规定了因签订集体合同发生的争议，由劳动行政部门协调解决；因履行集体合同的争议，可通过调解、仲裁及诉讼渠道解决。[②] 理论界也未对劳动争议类型化及集体劳动争议处理机制的相关问题予以充分关注，故在实践中集体劳动争议缺少准确的界定标准，集体劳动争议的解决机制整体上处于缺失的状态。摘其要点，分析如下。

（一）集体劳动争议相关概念的厘清——集体劳动争议解决机制的前提

集体劳动争议解决机制建立健全的前提就是要将劳动争议、集体劳动争议

---

① 黄程贯：《由罢工权及工作拒绝权之法律性质谈劳工集体休假》，载《政大法律评论》1988 年第 37 期。

② 参见《劳动法》第 84 条。

等相关概念体系进行类型化处理并在立法上予以相应的规定。我国正处于社会转型期,具有特殊的制度环境、传统文化,中国新时代的产业工人经历着不同于其他国家的工人集体劳动权表达及组织形态发展方式。在劳动关系领域中,便体现为劳动关系的市场化转型,而劳动关系的市场化转型主要体现为个体劳动关系向集体劳动关系的转变,并且以集体劳动关系的运行及其法律规制为主的时代特征。在此过程中,现有的、传统的立法及制度资源必然无法回应和满足现实的需求。近年来,随着劳动争议数量的激增、争议种类的多元化以及非工会化工人团体①的形成,个体劳动争议、群体劳动争议、集体争议、权利争议、利益争议以及怠工、停工、罢工等争议"纠缠"在一起,呈现出"混合化"和"无序化"的特征。加之立法并不明确各自的界分标准,即使在理论上能够明确各自的判断标准,在实践中也无法有效辨识,从而使此等集体劳动关系领域中所谓的劳动争议"乱象丛生",更无法在对上述争议进行类型化处理的基础上,设计相应的争议解决机制。传统的个体劳动关系时代的立法理念及其制度设计正遭遇现实的挑战,特别是在"维稳"的党政思想和政策导向指引下,上述各种劳动争议或群体性劳动纠纷基本依靠非法律渠道解决。

(二)拒绝谈判行为的追责机制——集体劳动争议解决机制的关键

集体争议解决机制的关键,就是围绕集体谈判而设置相应的争议处理机制。所以集体谈判的启动和运行必是其不可或缺的要件,劳资双方的任何一方拒绝谈判或不诚信谈判便无法有效启动集体谈判,设置相应的责任追究机制就显得极为重要。反之,相应追责机制的缺失,便很难构建完整的集体劳动争议处理机制。就我国当前的立法和实践来看,我国《劳动法》第 33 条规定职工代表一方"可以"与企业"就劳动报酬、工作时间、休息休假、劳动安全卫生、保险福利等事项"签订集体劳动合同。我国《劳动合同法》第 51 条规定企业职工一方与用人单位通过平等协商,"可以""就劳动报酬、工作时间、休息休假、劳动安全卫生、保险福利等事项"订立集体劳动合同,代表劳动者订立该集体合同的主体是工会或者未建立工会的职工代表。上述立法条文在劳资双方订立集体合同方面使用的都是"可以"一词,也就是说,此类法律规定都属于赋权性规

---

① 非工会化工人团体,又称非正式工人团体。此类团体的形成是对我国传统工会体制弊端的一种克服,是劳动者自主意识的彰显,有利于劳动者个体劳权向集体劳权的转化。

范或授权性规范，劳资双方可以据此进行谈判，属于合法行为。如果劳资双方有意愿订立集体合同，并就此进行集体谈判，那么可以依照《集体合同规定》所确定的谈判内容、谈判程序来进行，但是，如果用人单位拒绝与劳动者进行集体谈判呢？用人单位并没有与劳动者进行集体谈判并订立集体合同的义务，其拒绝谈判也属于合法行为，无须承担任何法律责任。

（三）谈判僵局后的处理机制——集体劳动争议解决机制的核心

就集体劳动关系的运行及其法律规制的进程来看，集体劳动争议解决机制的核心无疑是谈判僵局或谈判不成后的处理方式问题。因为其不仅涉及罢工、闭厂等集体行动，还涉及劳资双方的集体劳动争议最终究竟该如何处理的问题。根据集体谈判理论，谈判或协商不成，在符合法定的条件和程序的基础上，劳资双方均可以采取集体行动。迫使对方妥协，进而达成一致、签订集体合同。我国目前罢工等集体行动权处于立法阙如的状态，对于谈判不成的是否可以罢工，立法未置明文。根据我国《工会法》第27条的规定，企业、事业单位发生停工、怠工事件，工会应当代表职工同企业、事业单位或者有关方面协商，反映职工的意见和要求并提出解决意见。对于职工的合理要求，企业、事业单位应当予以解决。工会协助企业、事业单位做好工作，尽快恢复生产、工作秩序。就该规定本身来看，似乎可以将停工视为罢工，但这也只是将停工、怠工事件作为一个存在事实来予以规定，而不是从法律的角度认定此类行动属于罢工的性质及其所具有的相应法律效力。故从总体上看，在我国的立法和实践中，集体谈判不成后该如何处理，依然没有明确。

第三节　中国集体劳动关系法律规制运行不畅之成因

上文从立法及实践的角度，分析了我国集体劳动关系运行和法律规制的现状及其问题所在。本部分将分别从内部和外部两个角度深入剖析我国集体劳动关系的运行及其法律规制存在问题的成因，为构建我国本土化的集体劳动关系法律规制的制度体系奠定基础。

一、内部体制原因：基于集体劳动关系制度本身的分析

必须承认，对某一问题的现状和问题进行分析的时候，已经对其中的原因

进行了部分分析，只是基于不同的角度观察罢了。同样，上文对集体劳动关系法律规制立法和实践所存问题的描述和分析，也在不同程度上作为解释相关问题的原因了。比如，我国罢工权的立法阙如，既是一种立法缺陷问题，又可以作为“野猫罢工”频发的原因来分析。权利争议与利益争议不分，个体劳动争议、群体劳动争议与集体劳动争议不分，也可作为集体劳动争议解决机制缺失的原因来分析。因此，有必要对成因分析的范畴和框架进行界定。具体而言，对内部体制原因的分析，必须立足于体制内的制度根源进行剖析，而不纠缠或满足于各种现象或问题之间表象上的因果关系。在此意义上，主要有以下两点原因：

（一）工会的性质和地位的偏离——无法承载其应有的功能和价值

如前所述，尽管我国有劳动者团结权、工会的集体谈判权（协商权）及一定程度上集体行动权的相关立法，但距离成熟有效的集体劳动关系运行及其法律规制，仍有很大差距。学界也基于不同的视角分析了其中的原因，如立法的缺陷、体制的缺失等。笔者认为，如仅从集体劳动关系运行的内部体制考察，其根本原因在于我国工会的地位和性质的定位问题。工会的地位和性质不能契合传统和真正意义上工会的要求，决定了其无法有效成为集体劳动关系的主体，从而导致一系列集体劳动关系中的问题。

根据我国《工会法》及《中国工会章程》的相关规定，我国工会的地位是“中国共产党领导的职工自愿结合的工人阶级群众组织，是党联系职工群众的桥梁和纽带，是国家政权的重要社会支柱”；[①]工会的性质是“阶级性和群众性”。[②]显然，相关立法对工会的地位和性质并没有明确区分，工会的地位决定其性质，工会的性质又体现其地位。故笔者认为，工会的地位和性质是一体两面的问题，应放在一起加以探讨。我国工会在实践中体现出来的“桥梁和纽带”“国家政权的支柱”的地位，以及“阶级性、群众性”的性质，决定了工会基本脱离了集体劳动关系领域，被定位为一般社会团体或政治团体，甚至沦为政治统治的工

① 参见《中国工会章程》总则规定。

② 参见《工会法》第2条、第3条。

具的现状，与原初意义上的工会性质和地位相去甚远。如果与“商业工会主义”[①]相比，我国的工会可概括为“工具工会主义”或“国家工会主义”。这种工会体制的典型特点是其角色定位的“双重性”及职能定位的“多重性”，即在理论上或应然意义上工会是劳动者利益的代表者和维护者；但在实践中或实然意义上又必须接受党政领导，维护企业乃至国家和人民的利益。因此，工会在实际运行中的人格分裂状态，必然使其依附于地方党政部门和企业，成为“党的体系内分工管理、协调职工群众的一个部门”。[②] 同时，工会的职能也必然体现出多重性特征，即工会为了满足其利益代表的角色任务，必须同时承担诸如教育、组织、协调等职责。[③]

据此，我国工会特有的地位和性质，是导致我国集体劳动关系运行不畅，法律规制不完善的主要原因。如工会的成立及其组织体系是自上而下的“组建”模式，而非自下而上的“组织”模式，体现了其领导和组织体系的一元化；工会成员极其广泛，体现了其群众性；工会在集体协商或谈判中，无法与雇主方进行实质性博弈；工会没有足够的动力和强硬的立场展开集体行动，无法彻底履行其集体劳动关系一方主体的职责等。

归根结底，我国工会体制是集体劳动关系法律规制运行不畅的根本原因。工业化市场经济国家在解决劳工问题上，主要有三条途径：一是靠市场自发调整；二是依赖国家立法和规制；三是通过劳动者自我团结和劳资自主博弈。但在我国，劳动行政执法加工人个体维权是当前工人维权的基本路径，工人有机团结、自我集体维权这一有效保护工人权益的机制缺乏。这是我国工人权利不断受损、劳资利益分配格局不断失衡的根本原因，也是劳资矛盾凸显并成为社会忧患的主要原因之一。在我国，工会被定性为工人阶级群众组织，但长期以来工会制度的党政体制化倾向非常明显，各级工会组织是中国党政体制下的一个官方机构或者说是作为“准行政机关”而运转的。这种工会体制运行的结果就是，一方面，工会的政治性明显高于其经济性，“维稳”的目标始终要高于“维

① 简言之，商业工会主义是工会的目的单纯，完全是为了提高劳动者的集体劳动条件和劳动待遇，商业工会主义以美国为代表。

② 赵明华主编：《中国劳动者维权问题研究——中国工会法60年与劳动法15年》，社会科学文献出版社2011年版，第179页。

③ 我国工会的职能主要有维护、教育、组织参与、建设职能。参见《工会法》第5条、第6条。

权”;另一方面,在经济和社会发展面临效率和公平的抉择时,工会的经济性(效率)又高于社会性(公平)。诚如学者所言:“市场转型期的中国劳动政策变迁的基本取向是服务于企业效率和国家经济发展”。[①] 可见,我国工会的使命不在于为了劳动者集体利益的增进而与雇主方展开集体谈判和集体行动,而在于维护国家安全、秩序稳定及经济发展。在“维稳”的大前提上,首要的是促进企业发展,“维护工人合法权益”的目的也只是“促进企业健康发展”。这样,处于“维权”“维稳”和“促进企业发展”多重目标下的工会是不可能无条件地代表和维护工人利益的。当然,我们必须承认,我国的工会制度与西方工会有很大的不同,我国工会是在中国共产党的直接组织和领导下投入反帝反封建的革命斗争和社会主义建设。自其产生之初,就不只是单纯追求经济利益,而是具有远大的政治目标,即争取民族独立和解放。故以当时情势论之,我国工会制度有其历史的必然性和价值。但时至今日,社会经济、政治、法治等已发生巨大变革,工会制度必须与时俱进,在劳动关系调整和规制中发挥工会的应有功能和价值,而不能始终依靠劳动政策、劳动行政予以调整。正如有学者所言,“在当代中国,当市场经济出现的时候,国家就存在控制工人动员的劳动体制,特别是对工人的组织方式有着特定的制度安排。虽然在经济转型中这一体制已经经历了一系列的改革,但其核心的控制机制没有变化,有着防止工业关系变动影响社会和政治稳定的明确意识和目标”。[②]

(二)劳动者主体意识尚未形成——缺少推动集体劳动关系运行的原动力

纵观发达国家悠久、发达的工运历史,不难发现其中存在很多共通的地方。比如集体劳动关系发展的原动力问题和集体劳动关系运行及其法律规制的大致发展脉络均大致相同或相通。就集体劳动关系发展的原动力而言,西方国家劳动关系运行及其法律规制根本上是依靠劳动者的主体意识,并在主体意识的作用或指引下,采用不同手段和方式与资方抗争,从而不断满足自身生存和发展的诉求。一部劳动关系发展史,首先是一部劳工血泪抗争史,其次是工运发

---

① 岳经伦、庄文嘉:《转型中的当代中国劳动监察体制:基于治理视角的一项整体研究》,载《公共行政评论》2009 年第 5 期。

② 陈峰:《国家、制度与工人阶级的形成——西方文献及其对中国工人问题研究的意义》,载《社会科学研究》2009 年第 5 期。

展史，最后才是劳动立法和实践的发展史。在资本原始积累和自由资本主义时期，资本的利益被优先考虑和保护，劳动者的利益几乎被侵蚀殆尽。劳动者为了生存和发展，必须主动与雇主或资方进行长期的博弈。于是，在资本主义生产方式确立，现代意义的劳动关系开始运行的同时，劳动者的抗争行动就开始了。劳动者从最初零星的、松散的捣毁机器行动，到团结起来有组织、有规模的罢工运动，不仅体现了抗争运动的形式和规模的发展和变化，更重要的是劳动者的主体意识及其集体意志的逐渐形成，其主要的表现形式是团结权和工会制度的有序运行。可见，团结权形成的原动力是劳动者为了生存利益而自我觉醒的主体意识。对劳工而言，团结不但是其伦理上的义务，亦是其生活与劳动状况的必然结果。所有国家的劳动立法，特别是关于团结权、工会、集体谈判、罢工等方面的立法，都不过是对劳动者抗争行动所取得成果的立法认可。换言之，国家立法不会也不可能为了保护劳动者或劳资双方的利益而主动进行相应的立法。

反观我国劳动关系的运行历史不难发现，我国劳动关系的运行经历了长期的行政管理模式，即使近年来基本完成了市场化的转型，但劳动者的主体意识始终没有形成。缺少主体意识，便意味着无法团结起来形成集体或团体意志，从而影响其最终的主体地位。正如学者所指出："劳动者的主体地位与主体意识是有机统一的，主体意识对主体地位具有推动作用，只有确立了主体意识，劳动者才能主动地、自觉地行使自己的权利，使民主法治落到实处，从而从根本上确定自身的主体地位。"①因此，劳动者主体意识是推动集体劳动关系运行的原动力。只有劳动者的主体意识觉醒了，才会有团结权的落实，工会制度也才能有效运行，集体劳动关系及其法律规制才能有序开展。

（三）"劳动三权"及其运行的认知逻辑尚未得到充分关注——集体劳动关系法律规制欠缺相应的制度逻辑

从某种意义上说，我国集体劳动关系法律规制运行不畅的一个重要原因，就是劳资双方及整个社会对"劳动三权"的运行逻辑缺乏应有的认知和关注。上文已析，我国长期以来习惯于人力资源的行政管理模式，即使随着社会主义市场经济体制的不断深入和劳动法制的不断推进，我国对劳动关系的调整依然

---

① 参见刘永佶：《劳动社会主义》，中国经济出版社2007年版，第36页。

侧重于个体劳动关系和个别劳动立法体系的架构。集体劳动关系、劳动三权、集体行动、集体劳动争议等概念体系及其相关的理论基础，在我国劳动法领域尚未形成成熟的制度运行体系，甚至我们连劳动三权的逻辑关系的认知都未能统一，如何通过理论研究指导立法和实践？发达国家劳动法制发达的一个重要原因就是其"实践—立法—理论"三者的密切互动，互相促进。我国关于集体行动权立法的不明确，显然是立法者基于国情的考虑，但理论界并未充分关注，并未从罢工这一集体行动的本质论述停工与罢工的同质性以及功能上的异曲同工之处。我国劳动法学界关于集体劳动关系的探讨多集中于个案研究和相关问题的分散式研究，而缺少系统的、全面的、基础性的深入研究。比如，我们并不关注团结权的立法问题，也不关注工会体制及其集体谈判的基础理论研究，而只满足于对职工代表大会、集体协商、三方机制等制度的缝缝补补，以代替工会运行制度的缺陷等。

二、外部环境原因：以政治、经济、文化体制的历史发展为视角

劳动关系系统理论[①]是分析劳动关系的经典理论模型之一，将政治、经济、社会等环境因素纳入劳动关系的研究，是劳动关系系统理论研究的创新。劳动关系的环境，"是指一个社会的劳动关系系统所处的具体的社会条件和社会背景"，"劳动关系的环境包括经济环境、政治环境和社会环境"。[②] 对我国集体劳动关系运行及其法律规制问题原因的探究，除了上述集体劳动关系体制内的直接原因外，必须跳出集体劳动关系体制，从劳动关系的外部政治、经济及文化等环境入手，方能探寻其根本原因。

（一）国家统合主义劳动关系模式：政治视角

中国特色社会主义党政领导体制是分析和研究我国很多社会问题的根本，劳动关系特别是集体劳动关系的调整问题自不例外。从执政党与国家、政府及人民的关系的角度看，以工会为一方主体的集体劳动关系的运行及其法律规制必然处于党政领导体系和政体架构之下。中国共产党自成立以来，便以解放劳

① 该理论由邓洛普在1958年出版的名著《劳动关系系统》中形成，认为在劳动关系系统中，行为主体、环境及意识形态是构成劳动关系的基本系统。

② 常凯：《劳动关系学》，中国社会劳动保障出版社2005年版，第5页。

苦大众为己任,领导全国各族人民,经过长期斗争,最终取得革命胜利。"坚持党的领导"便是在长期革命斗争过程中总结出来的基本原则和成功经验。工人阶级代表先进生产力,是领导阶级,而中国共产党是工人阶级的先锋队组织。因此,无论是革命斗争过程中的工会的政治运动,还是工会为了劳动条件的提高而开展的集体行动,都必须接受党的领导,这是历史经验的总结。

笔者认为,在长期的革命斗争和历史发展过程中形成的特殊的党政领导体制,是民主革命和社会主义革命时期的历史经验总结,是中国共产党的伟大目标和先进理念的实现。但这样的体制具体到集体关系领域,工会组织的成立和运行完全被置于党政领导体制下的一般社会团体,是党群工作的一部分。正如1958年时任全总主席刘宁一和书记处书记刘澜涛所言:"工会是工人阶级群众组织,是党在职工群众中进行工作的一个部门";"工会工作是党的群众工作的一部分,各级工会实质上应该同时是各级党委的工会工作部"。① 因此,工会的性质、地位及其运行的现状和问题的根源之一在于我国特有的党政领导体制。这种党政对社会、公民的自上而下的直接的领导和管控的模式,决定了工会的"中介性"和"辅助性",并起着"桥梁和纽带"的作用,从而也决定了工会的"代表性"缺失和"独立性"的丧失,并最终决定了工会无法彻底履行其维护劳动者权益的职能。

(二)经济视角:计划经济体制的局限

计划经济体制曾经为我国的社会经济发展立下汗马功劳,但随着改革开放的深入,计划经济体制的弊端和阴影也给很多社会经济问题埋下了"祸根",这在劳动关系特别是集体劳动关系领域中体现得尤为明显。计划经济的典型特征可大致概括为"资源配置的行政性和计划性"及"党政直接参与经济活动"。计划经济体制下,市民社会无法形成,社会自治无从谈起,从资源配置到纠纷解决完全依赖党政领导和直接管控。计划经济体制运行的结果必然是公权力的滥用、经济发展的停滞、社会活力的丧失等。由此观之,计划经济体制的特质与集体劳动关系的品性可谓格格不入。集体劳动关系强调以组织团体表达集体利益诉求,与雇主方进行实质性的对抗和博弈,从而实现劳资自治,这种制度逻

① 转引自赵明华主编:《中国劳动者维权问题研究——中国工会法60年与劳动法15年》,社会科学文献出版社2011年版,第179~180页。

辑完全契合了市场经济体制的竞争、自治、博弈等理念。故计划经济体制是长期以来我国没有形成集体关系的根源所在。

因而，改革开放进行经济体制改革成了我国社会经济发展必然的选择，并开启了中国快速稳定的发展道路。从 1986 年实行有计划的商品经济到 1992 年小平讲话实行社会主义市场经济体制，中国经济体制改革不断深入，逐渐形成有中国特色的社会主义市场经济体制。然而，由于体制的历史遗留和制度的惯性，计划经济体制的影响并未完全消失，加之我国特有的党政领导体制，中国的市场经济体制的改革具有先天性不足。在某种意义上，中国特色的社会主义市场经济体制就是党政主导的市场经济体制。国有资本完全的控制力和垄断力、市场法规的缺失和执法力度的孱弱等无不是对这一体制的有力注脚和说明。随着市场经济体制的深入及劳动力市场机制的建立和日趋完善，集体劳动关系在实践中也开始运行并进入立法视野。但中国特色社会主义的经济体制，依然无法完全嵌入集体劳动关系的运行：制度运行极不规范，立法阙如现象十分普遍。因此，完善集体劳动关系的立法和实践，必须有成熟的市场经济体制为依托，两者存有内在的逻辑自洽关系。

（三）社会文化视角："和"为贵与集体劳动关系

集体劳动关系立法和实践，不仅与党政及经济体制有内在关联性，在更深远、更宏观的角度上，与社会文化特色也有密切联系。与集体劳动关系立法和实践有联系的社会文化视角具有多维性，无法逐一阐释。本书主要从社会结构的发展变化路径及"以和为贵"的文化特点进行分析，试解释或说明我国集体劳动关系所存问题之根源所在。

如果从法律的视角看社会结构的发展变化，东、西方国家经历了不同的甚至截然相反的社会结构变化历程。而这一发展变化对集体劳动关系的形成、发展和成熟有深远的影响。西方社会具有悠久的法制传统，其经历的社会结构变迁典型地体现了人类社会发展的内在规律。西方社会先后经历了"公法调整模式下的一元社会结构""公法和私法并行调整模式下的二元社会结构"及"公法、私法、社会法共同调整模式下的三元社会结构"。笔者以为，这一社会结构的发展路径，实际上也是以"保障私权、限制公权"为精髓的宪治文明的发展路径，其最大的成果是市民社会得以不断的发育，社会自治机制较为成熟；具体体现为公民为了表达利益诉求，自发组织社团、工会以形成压力集团，即社会团体内生于公民的集体意识;目的是在不同利益群体间达成力量均衡,并对国家和政府公权力进行有效制约和有限替代,从而形成整个社会的利益平衡机制,进而在整体上和宏观上保持社会有序发展。比较而言,社会主义国家也有"公法调整的一元社会结构"的发展阶段,但社会主义国家普遍缺少私法发达和私权保障的历史,而是应时代发展的要求,多从公法时代直接过渡到社会法调整的时代。这一发展历程必然导致两大后果:第一,市民社会得不到充分发育,社会团体无法勃兴;第二,国家和政府管理整个社会的运行。显然,这一社会结构的发展路径及其体现的社会法权结构与集体劳动关系的成熟运行所要求的权利意识、利益表达机制、团体自治等条件或状态相去甚远。我国的发展历程无不体现这一特点,在强大的党政领导体制下,社会力量无法发展,个人及群体利益诉求缺少有效的表达渠道。虽然近年来,民间社会团体也不断发展,但其显示的博弈力量始终薄弱,工会及集体劳动关系运行不畅便是典型的例证。

另外,中华民族在儒家文明熏陶下形成的特殊的"以和为贵"的文化特色,也是集体劳动关系立法实践所存在问题的根本原因。"劳动关系的实质就是冲突和合作",[①]劳动、劳动力及劳动过程的特殊性决定了,只有冲突或只有合作的劳动关系是不存在的,必然是既有冲突又有合作,才能维持均衡发展。合作或"和"的前提是两者利益互相独立且能够实现合作双赢,如果失去这一前提,所谓的"和"实质是服从的、被动的甚至是被迫的利益整合。中华民族"以和为贵"的特色,多体现为这种个人利益服从集体和国家利益,个人权利被国家权威和政府权力压制下的、被动的"合作"。通常,"以和为贵"体现为厌诉、息诉、容忍、包容等特点,是无条件的忍让和退步,"息事宁人"能很好地概括其内涵。因此,在这种文化的浸润下,在集体劳动关系的运行体制中,工会代表利益群体是模糊的,党政目标、企业发展及劳动者权益保护等利益彼此纠葛,无法形成独立的博弈力量。

---

① 程延园:《劳动关系》(第3版),中国人民大学出版社2011年版,第10页。

第三章 团结权及工会制度的改革与创新

前文关于团结权及工会制度的基本理论问题的探讨以及对我国团结权及工会立法和实践现状及问题的描述,为我国团结权和工会制度的改革和创新提供了理论和现实依据。社会各界均在呼吁对我国的工会制度进行改革,但究竟如何改革却见仁见智。鉴于工会问题的敏感性和复杂性,我国工会的变革一向进程缓慢,不仅需要工会自身性质、职能的转变和组织体系的变革,还需考量其与党政的互动关系并对经济、社会发展的时代性予以回应。本章以本土化研究为要旨,秉承理论结合实践的理念,在遵循劳动法基本理论的同时,充分考虑我国政治、经济、社会等现实环境,提出相应改革建议。

第一节 团结权的由来及其本质属性

本书第一章基本理论部分对团结权概念已有概述,但基本理论部分的概念分析只是在现有的理论框架下的描述或介绍。至于团结权因何而来、有何时代功能和价值、其本质属性究竟是什么等问题,需要在中国国情和语境下深入分析。

一、团结权的由来及其时代价值

团结权的起源或由来,决定了团结权的时代功能和价值,也决定其法源基础和本质属性。故深入了解团结权,首先应交代团结权的由来及其体现出来的时代价值。

(一)团结权的由来

一般而言,团结权又称劳动者团结权或劳动结社权,是指劳动者组织和参加工会的权利。但若探讨团结权究竟因何而来,则必须对劳动关系的起源及其发展脉络做个系统考察。众所周知,现代意义上的劳动关系是资本主义工业革命的产物,随着资本主义生产方式和市场经济的运行而不断发展。由于资本雇佣劳动的客观存在,在初期的个体劳动关系阶段,必然呈现劳资不对等的天然格局,导致劳动从属于资本,劳动者的权利无法保障。自由资本主义时期的政治、经济、法律及社会文化等总体上倾向于资本优先,个体劳动者也无法获取外部力量的有效保护。但普通劳动者人数多却是其天然的优势,个体劳动者组织起来以集体力量与资方进行对抗和博弈,成为劳动者必然的、理性的选择。当劳动者的集体抗争行动越来越普遍、越来越频繁、规模越来越大、社会反响也越来越强烈的时候,国家在立法层面上便不得不考虑加以规范,承认劳动者有这样团结起来对抗资方的权利,于是团结权开始诞生并获得蓬勃发展。

从上述劳动关系的发展脉络以及团结权的动因和起源中,可以大致得出如下结论:第一,团结权是劳资博弈及劳动关系发展的必然结果,属于劳动者的应然、天然或自然权利,或者说是劳动者与生俱来的权利,法律只是对个体劳动者组织起来展开集体行动的行为加以认可,进而将其发展或上升为法定权利。第二,团结权的出现最初是为了劳动者的生存利益,在广大劳动者权益普遍受到侵害、生存利益受到威胁的情况下所作出的必然选择。故正是在此意义上,团结权被定性为劳动者基本权利。第三,最初的团结权是一个整体的或宏观的概念,泛指个体劳动者组织起来,与资方进行抗争行动。显然,这一定义包含了现代意义上的"劳动三权",在学理上与劳动者结社权或同盟自由权并无实质区别。故在此意义上,学界在探讨团结权的时候依然将其分为广义的团结权,即通常所指的"劳动三权"和狭义团结权——劳动者组织和加入工会的权利。

(二)团结权的时代价值

英国法学家梅因曾指出,"所有进步社会的运动,到此为止,是一个'从身份到契约'的运动"。[1] 这一经典表述深刻揭示了人类社会法制文明的进步:从传统公法一统天下迈入彰显私权的时代,契约、平等、自由、意思自治等成为私权盛行的时代关键词。然而,随着社会经济的发展,如贫富分化加剧、劳工问题、弱势群体、环境破坏等社会问题开始出现并有愈演愈烈之势。于是,为了整个社会的有序推进,以关注社会整体利益,强调实质公平,关注分配正义[2]的社会法日益勃兴。私法视野下的"人"从人格的抽象平等变为具体的、具有不同"身份"的"社会人"。正如学者所归纳,现代契约法中出现了这样一种倾向,即近代社会中"从身份到契约"的运动在现代社会中正转变为"从契约到身份"的运动。[3] "从身份到契约"中的"身份"是传统社会中,基于特权体制下的一种人身依附和等级关系,强调人格绝对不平等;而"从契约到身份"中的"身份"却是现代社会中,基于自由、平等、公正等法权体制下的一种实际地位的强势和弱势之分的身份关系,以人格平等为前提。虽然学界对此种理论上的概括莫衷一是,但"从契约到身份"的提法同样刻画了现代社会的运行轨迹和特征,正如梅因的经典表述所刻画的社会发展轨迹一样,应在理论上得到回应。笔者认为,两者有因果联系,但后者不是对前者的简单回归和取代,而是一种社会进步的体现,或者说是一种"否定之否定"的过程,符合社会发展的辩证逻辑。

团结权是集体劳动关系运行和调整的前提,正好契合了社会法这一时代精神。因为个别劳动关系"强资本,弱劳动"的核心特征决定了劳动者个人在其与用人单位的博弈中始终处于弱势。我国《劳动法》和《劳动合同法》分别从宏观和微观角度进行了调整,但尚不能全面、系统、充分地保障劳动者的权益,也不能保证劳动者的长期利益能跟进和适应社会经济的不断发展。而在集体劳动关系中,以"团结权"为前提的"劳动三权"的目标是签订集体合同,集体合同的劳动条件和标准不得低于劳动合同,且集体合同还会关注劳动者利益的增进

---

① [英]梅因:《古代法》,沈景一译,商务印书馆1984年版,第97页。

② 按照亚里士多德的划分,正义可分为交换正义、分配正义和衡平正义。其中,分配正义是指按人们在社会中的地位以确定其所分配的利益的一种社会化的分配观。

③ 傅静坤:《二十世纪契约法》,法律出版社1997年版,第60~62页。

并与社会经济发展水平相适应。因此,劳动者团结起来组成工会,以群体的力量与雇主博弈,才能真正体现双方的势均力敌和实质上的平等,从而实现实质公正。因此,团结权的出现体现了社会法时代法律调整社会关系的社会法和社会本位理念,即通过协约自治满足集体利益增进的诉求,这是团结权的时代价值。

二、团结权的法源基础

学界目前就团结权的法源基础或权利基础争议较大,特别是在团结权、结社权或结社自由权、同盟自由权、劳动权或工作权等概念体系之间的关系尚未完全厘清的情况下,更需要就各种概念和观点加以甄别。

(一)德国、日本宪法相关规定

《德国基本法》(相当于德国宪法)第 9 条共 3 项规定,第 1 项:"所有德国人有结社的权利";第 2 项:"如社团的目的和活动与国家刑法相抵触,或导致违反宪法,或违反国民间协商精神,得予以禁止";第 3 项:"结社权利之目的在于保障和改善工作条件。各行各业中,每人的经济条件得予以保障。限制或导致妨碍行使此项权利的种种协议均属无效,据此协议而采取的措施均属违法"。[①] 显然,与团结权有关的是第 1 项和第 3 项。

日本《和平宪法》第 21 条、第 27 条、第 28 条集中规定了劳动者权利及团结权。其中,该法第 21 条规定:"集会、结社、言论、出版及其一切表现之自由均保障之";第 27 条规定:"人民有劳动的权利和义务";第 28 条规定:"团结权,团体交涉权及其他集体行动的权利,受保障"。[②] 显然,只有第 21 条和第 28 条与我们探讨的论题有关。

(二)宪法相关规定与学界观点之评述

结合德国、日本的立法、理论和实践,笔者认为,与团结权法源基础有关的概念可以大致分成三种或三组,分别是结社权或结社自由权、同盟自由权或同盟自由基本权、生存权或工作权。对三者的概念及其相互之间关系评述如下。

1. 结社自由权是团结权间接的法源基础

综观德国、日本宪法的相关规定,无不有关于公民或人民结社自由的规定。

---

① 参见黄越钦:《劳动法新论》,中国政法大学出版社 2002 年版,第 46 页。

② 同上书,第 47 页。

这是现代国家宪法"保障私权,限制公权"基本理念的体现。如德国《基本法》第9条第1项,日本《宪法》第21条。有部分学者主张以结社自由权作为团结权的权利基础,认为"团结权是由公民结社自由权发展而来"。[①] 那么,这种主张是否正确?结合宪法的基本理论和团结权的基本权利属性,作出非此即彼的回答似乎过于武断。笔者认为,一般意义上的结社自由权可以作为团结权的法源基础,但却是间接的法源基础。主要有两点理由:

第一,一般的结社自由与劳动者的结社自由或团结权,具有共通性。德国《基本法》将结社自由(该条第1项)与同盟自由或"劳动三权"(该条第3项)纳入一个条文予以规范,其本意在于以结社自由为上位概念和一般概念,而以同盟自由或"劳动三权"为下位概念和特殊概念。事实上,国际劳工局(International Labour Organization,ILO)第87号公约即直接称为劳工的结社自由,而国际劳工局的组织中专门处理工会、集团协商与争议行为等事务的委员会亦被称为结社自由委员会,并无"劳动三权"的用法,而仍援用传统宪法基本权中之结社自由权的称谓。

第二,宪法规定的人民享有一般结社自由,包含劳动者群体享有的劳动结社权,符合人们通常的认知逻辑,完全可以在理论上予以补强。正是在这样的理论背景下,对于尚未在宪法中规定劳动者结社自由或"劳动三权"等类似权利的国家,也可以在宪法中找到团结权间接的权利基础,即一般的结社自由。比如,我国宪法并未规定"劳动三权",但却按照宪法惯例规定了一般的结社自由权,则在理论阐述中可以退而求其次,将一般结社权作为团结权的法源基础。

2. 生存权、工作权等基本权是团结权的直接法源基础

关于团结权或"劳动三权"的权利基础问题,劳动法学界的主流观点是将团结权与劳动者的劳动基本权利联系起来考察,认为"团结权源于宪法规定的社会基本权即生存权、工作权、财产权,属社会权范畴"。[②] 这种认知更符合劳动、资本及劳动关系的运行逻辑。宪法及宪治较为发达的国家和地区,一般会特别规定劳动者的结社权或团结权乃至"劳动三权"等类似权利。早在《魏玛

---

① 常凯:《劳权论——当代中国劳动关系的法律调整研究》,中国劳动社会保障出版社2004年版,第221页。

② 黄越钦:《劳动法新论》,中国政法大学出版社2002年版,第54页。

宪法》时代,就已开始单独对劳动者团结予以规范。如在《魏玛宪法》中,一般结社自由规定在"公共生活"一章中,而同盟自由权则规定在"经济生活"一章中,并将"同盟"定义为任何人、任何职业以维护并提升劳动及经济条件为目的之结社。德国《基本法》第 9 条第 3 项,日本《宪法》第 28 条,无不如此规定。尽管德国《基本法》将结社自由权与同盟自由权纳入一个条文予以规定,并体现了两者的隶属关系,但生存权、工作权与团结权之间的关联度显然更高。

3. 团结权及"劳动三权"与同盟自由基本权大致相同

所谓同盟自由基本权,乃是劳资双方当事人之劳动生活中的结社自由,亦即劳资双方当事人各自组成劳工团体或雇主团体,进行集体协商与集体性争议行为(如罢工、怠工、锁厂等)等集体性行动之基本权利。同盟自由权或同盟自由基本权是劳动法学界在探讨团结权及其权利基础以及团结权与相关概念界分时经常提及的一个概念。事实上,同盟自由基本权的立法根据可以追溯至《魏玛宪法》时代,在《魏玛宪法》"经济生活"一章中,就规定了"同盟自由权",且将同盟自由权界定为劳动者的团结权或集体行动权。不过,德国、日本在法律移植和传承过程中,对同盟自由权的概念和范畴的界定有一定的出入。尤其是在将同盟自由权与团结权或"劳动三权"加以比较时,其差异程度更大。但综合德国、日本的立法、理论和实践,可以得出同盟自由基本权大致等同于"劳动三权"的结论。

综上,可以将团结权、"劳动三权"、结社自由权、生存权、工作权、同盟自由基本权等权利的关系如图 1 所示。

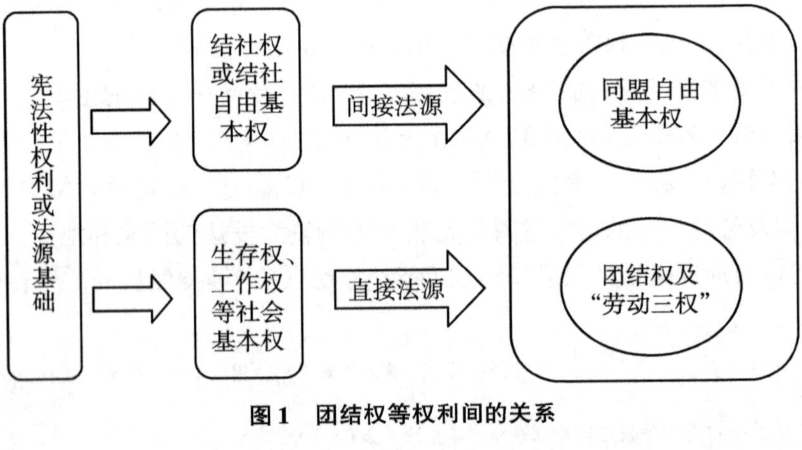

图 1　团结权等权利间的关系

三、团结权的本质属性及其与工会的关系

上文探讨了团结权的由来及其权利的法源基础问题，但对于团结权的本质、其与工会的关系等重要问题需要进一步研究。弄清楚团结权的本质属性是完善和重构团结权立法的前提和基础，也是完善“劳动三权”立法和实践的基础。结合宪法和劳动法及劳动关系基本理论，笔者认为，团结权的本质属性可以归结为劳动者享有的基于生存和发展需要的经济性权利，或简单而言就是经济权利。具体言之：

（一）团结权是经济权利——区别于一般结社权

从团结权的由来及其法源意义上看，团结权源于宪法上的生存权、工作权及财产权等社会基本权，而非政治性或自由性的基本权利。从权利的实施机制和效果看，团结权的功能和价值在于推动和调整劳动关系的运行，本质上属于经济权利。当然，团结权也属于劳动法上的规定，必须依靠劳动法的实施机制予以具体落实。诚如学者所言：“劳动者组织工会之团结权乃是生存权、工作权之落实，并非追求远大的理想目标，而是通过工会组织与雇主立于平等地位，借由协商形成合理的劳动条件。”[①]某种意义上说，团结权是为了衡平和克服劳动关系天然不对等格局而逐渐被立法认可的权利，故团结权是基于20世纪以来宪法强调的生存权、工作权及财产权而衍生出来的。团结权的这一本质属性，不仅体现了劳动关系运行的本质特征，也将宪法意义上的基础性权利框定在劳动关系和经济领域中，更是将与团结权有关的“劳动三权”限定在经济领域中，从而在最终意义上决定了集体劳动关系运行选择市场化路径的必然性。

团结权的经济性权利的本质属性不同于一般结社权的政治性权利。从宪法发展的历史角度看，宪法产生的最初目的是保障公民基本人权和限制王权，后来“保障私权，限制公权”便成为其基本理念和原则。尤其是对现代民主法治国家而言，宪法的核心价值就是保障人权。但从法律的框架体系角度考察，宪法上关于各种基本人权保护的规定，首先具有宣誓性和政治性特点，即宣扬国家的民主法治和标榜人权保护的精神，其背后是需要宪法确认“国家的政治

① 黄越钦：《劳动法新论》，中国政法大学出版社2002年版，第275页。

统一性和社会秩序的具体的整体状态";[1]其次才具有法律的权利保护功能,即通过宪法司法化或将权利部门法化等手段将宪法上的人权保护具体落实。考察结社自由权和宪法的关系及其历史背景时,不难发现结社自由权是西方国家近代,尤其是18世纪、19世纪以来"自由""平等""天赋人权"等思想引领下的宪治文明的产物,其功能主要在于"鼓吹""标榜"人权平等和自由。故结社权或结社自由权虽然是宪法性权利,但其在整体上属于政治性权利或自由基本权。

(二)团结权只能是劳动者享有的权利——有别于雇主联合

团结权是否只能是劳动者独有的权利,而不包括雇主的团结权?学界目前看法不一,有人基于集体劳动关系主体及其运行的客观角度,想当然地认为雇主也有团结权,且相关的立法表述及理论研究似乎支持这一观点。但通过对团结权的本质属性的研究,必然得出团结权只能由劳动者一方享有的结论。其根源依然在于劳资不对等之天然格局,雇主方基于生产资料所有权及劳动过程的主导进而拥有经济上、社会上之强势力量,劳动者必然具有人格上的从属性。人格从属性直接影响了劳动者作为"人"所应有的尊严和个人自决能力。而人类尊严与个人自决原则之落实与贯彻,对劳工而言,具有极为重大之意义,乃是克服、降低、消除劳工被物化现象、回复劳工完整人格之最基本、最主要手段之一。在资本主义和市场经济条件下,个别劳工无法达成个人自决,唯有团结起来,通过同盟、工会之集体运作,始能完成这一目标。

由上文分析可知,团结权纯粹是为了落实劳动者之尊严和自决原则而形成的基本权。至于雇主团体或雇主联合的目的和功能并非在于参与决定,并形成雇主本身之劳动条件,而主要在于扩充或防卫其目前已取得的经济地位与力量。质言之,"强资本、弱劳动"决定了雇主方因本身属于强势的一方,无须团结起来以争取劳动条件的改善等诉求。雇主团体的产生及其目标任务完全是被动的、防御的、对等的财产和经营权的保障而已,与劳动者团结权的本质功能全然不同。因此,团结权在本质上必然是劳动者一方享有的权利。这一点对进一步认识团结权及其权利结构、范畴及权利运行的逻辑关系极为重要。当然,立法和理论上也可以将团结权作广义和狭义之分,"广义的团结权是指,劳动者组织、参加工会,通过集体谈判和集体争议等手段维护自身利益,包括组织、

---

① [德]卡尔·施密特:《宪法学说》,刘峰译,上海人民出版社2005年版,第5页。

参加工会的权利,集体谈判权及集体行动权。狭义的团结权专指劳动者组织、参加工会的权利"①。广义的团结权是从整个集体劳动关系的运行的角度界定的,其包括集体谈判和集体行动权,而集体谈判和集体行动当然包括雇主及雇主组织一方为了防御劳动者一方的集体行动而应该享有的权利或行动。从这一意义上说,广义的团结权可以包括雇主及其组织的谈判或行动权。不过,我们通常所提的狭义的团结权则仅指劳动者一方的权利,体现了团结权的本质。

(三)团结权与工会的关系

长期以来,学界对团结权与工会的关系问题并未予以充分关注,其主要原因当然是团结权与工会具有一种天然的"融合"关系,两者互为体现、互相依存,团结权的实现要依靠工会的组织力量,而工会的主体意志及其行动力量来源于团结权。事实上,从团结权的本质及"劳动三权"的运行逻辑来看,有必要在理论上交代并廓清团结权与工会的关系。笔者认为,团结权和工会的关系可从以下两个维度予以考量:

第一,内容与形式的关系。团结权是劳动者组织和参加工会的权利,工会本身不是团结权,只是团结权的组织形式,故两者的关系极为密切,可概括为内容和形式的关系。团结权是劳动者组织参加工会的权利,则作为组织机构的工会的行动,便是对团结权的具体落实。从团结权及"劳动三权"运行的逻辑关系角度看,团结权是集体谈判权和集体争议权的前提和基础,集体谈判权和集体争议权则是团结权的实现方式或制度保证,这典型地体现了团结权与工会的内容与形式的关系。正如学者所言,"不通过劳动结社权即无以行使团体交涉权;无团体交涉权,争议权即无着力之处。如果只就劳动结社权,而不将之与交涉权、争议权合并观察,则工会组织将与劳工之其他联谊性组织无何区别"。②

第二,目的和手段的关系。团结权的目的和宗旨就是劳动条件的维持和改善或劳动者集体利益的增进。为了达到这一目的,劳动者组织起来成立工会组织,并通过工会组织的集体力量达成目标,故工会不仅是团结权的组织形式,更是实现团结权的手段。故在此意义上,团结权的经济性权利本质与工会的目标

---

① 常凯:《劳权论——当代中国劳动关系的法律调整研究》,中国劳动社会保障出版社2004年版,第221页。

② 黄越钦:《劳动法新论》,中国政法大学出版社2002年版,第254页。

和宗旨是一致的。这在一些国家和地区的立法中也有明确体现,如德国《基本法》第9条第3款规定,工会章程中的目的必须指向"劳动和经济条件";[①]日本《工会法》第2条也明确规定,工会组织的目的是"维持和改善劳动者的工作条件以及提高劳动者经济地位"。[②]

团结权与工会的关系,无论是内容和形式,还是目的与手段的关系均与团结权的本质有关。只有抓住团结权的本质属性,才能正确认识工会的属性、功能和价值。简单而言,团结权目的的单一性,决定了工会成员的纯粹性,也决定了工会任务和职能的单纯性。任何超越这一目的和形式的所谓团结权和工会均不是真正意义上的团结权和工会。史尚宽先生给工会的定义和表述堪称经典,其认为工会是以劳动条件之维持和改善为目的之永续的结合团体,不得以政治运动、社会改造运动为目的,且工会应为纯粹受雇人团体,由受雇人、雇用人或代表雇用人利益之第三人混合组成之团体不得为工会。

第二节 我国团结权的立法完善

已如前述,我国对劳动者团结权已有相关立法,只是立法不够明确,且立法技术较为笼统而已。现行立法多是从抽象的角度,对团结权进行原则性或宣誓性的规定。笔者认为,完善团结权立法必须基于团结权集体性和组织性要求,即不仅要满足团结权、谈判权及争议权的逻辑自洽关系,还要关注作为团结权组织形式和活动主体的工会的属性和作用。团结权是为保障劳工得自由结合、组织并保障其团体之存在及活动自由而设,无团结权即无集体交涉及争议权,故广义团结权也包含二者。可见,必须将团结权置于团结权、集体谈判权、集体争议权及该"劳动三权"特定逻辑关系运行过程中,方能发挥其立法价值。在劳资对立且不平等的格局下,仅从抽象、静态的角度观察团结权显然不够,故有观点指出:为促使劳资双方建立理性、合理、互动关系,多数国家将团结权的抽象概念予以具体、法制,建立工会法制,使劳动者组织得有合法运作基础。

鉴于上述理由,我国立法对团结权的重构和完善,可从以下几点着手。

---

① [德]W.杜茨:《劳动法》(第5版),张国文译,法律出版社2003年版,第182页。

② [日]荒木尚志:《日本劳动法》,李坤刚、牛奎志译,北京大学出版社2010年版,第122页。

一、强调团结权核心要义:“自愿”和“自主”

“整个法律和正义的哲学就是以自由观念为核心而建构起来的。”①简言之,所谓权利就是法律赋予的做或不做某事的自由。故从权利和自由的关系角度看,团结权的核心要义就是团结自由。工会存在的目的,是在争取劳工应有的工作尊严;劳动斗争的终极目标在于改善劳动处境,签订团体协约。换言之,劳动者团结权的实现必然是自发的集体意志表达。只有劳动者因劳动条件、待遇无法满足自身需要,劳动者才有自愿团结起来、以集体力量表达利益诉求并与资方博弈的动力,唯如此才能实现增进劳动者福祉,共享经济、社会发展成果的愿景。故劳动法制较发达的国家和地区,如日本、德国②等无不强调劳动者参加和组织工会的自愿性和自主性,并通过相应的立法和政策加以推动和保证。我国立法虽然也有“工会是职工自愿结合的工人阶级的群众组织”③的规定,但由于长期以来我国工会的特殊属性和地位及其在党政体制下形成的“一元化”“上强下弱型”组织结构,劳动者实现团结权的自愿性和自主性实际上无从保障。笔者认为,自愿性和自主性体现的不仅是组织力量形成的结果,更重要的是体现成立组织的内在需求及组织内生力量形成的过程。自愿性和自主性是组织内生力量和集体意志的源泉。工会如果不能建立在自愿性和自主性基础上,就只能依靠外生力量的干预和扶持才能运行,当然也就无法保证其独立性和代表性了。

我国工会实践中,上述问题较为明显。就劳动者自愿加入工会而言,立法的原则性规定、现行工会体制与工会制度的实际运行有很大出入,无法保障劳动者的“自愿加入和退出”,劳动者对是否加入工会持无所谓态度。实践中,各单位的工会成员一般是包括管理层在内的全部职工,这一“自动”甚至是“被动”加入工会的模式,生动体现了我国工会与劳动者之间“貌合神离”的关系。就劳动者自主组织的工会而言,长期以来饱受诟病:党政领导体制下的一元化工会,以及工会成员资格宽泛性和政治性表达的立法模式,成为限制劳动者团

---

① [美]E.博登海默:《法理学:法律哲学与法律方法》,邓正来译,中国政法大学出版社1998年版,第299页。

② [德]W.杜茨:《劳动法》,张国文译,法律出版社2005年版,第22页。

③ 参见《工会法》第2条。

结自由(团结权)的主要障碍。笔者认为,只要在立法中明确团结权和工会的主要目标,允许劳动者自主组织工会可能影响一元化工会体制,但并不影响工会的党政领导体制。因为党政领导是宏观的、间接的领导,是政治方向、政策导向及思想路线性的引导,即使出现多元工会体制也依然要接受党政领导。

二、明确团结权的"权利属性":"权利"与"救济"

"法律上的权利是指法律所允许的权利人为满足自己的利益而采取的、有其他人的法律义务作保证的法律手段。"[①]所谓权利属性,就是强调权利的规范性、可操作性、可诉性及法律保障性,正所谓"无救济,无权利",这是法律赋予公民权利的原本意涵。前文已述,我国《宪法》原则性地规定了公民享有的一般结社权,而没有规定劳动者团结权,这一立法模式为在基本法层面上完善团结权立法提供依据,是团结权在《宪法》意义上的法源基础。具体到基本法层面,我国《工会法》规定,"工会是职工自愿结合的工人阶级的群众组织","以工资收入为主要生活来源的体力劳动者和脑力劳动者……都有依法参加和组织工会的权利。任何组织和个人不得阻挠和限制"。[②] 但综观《工会法》及其他相关法规,对劳动者自愿组成或加入工会的限制和阻挠的情形、法律责任及责任追究机制等均没有明确规定,其"权利属性"的缺陷可见一斑。笔者认为,我国《工会法》关于团结权的规定,最大的缺陷在于没有规定劳动者如何组织工会,即对组织工会的条件和程序均未明确。《工会法》只是对已有工会的职责及其相应的权利义务进行规定,并没有顾及尚未成立工会的企业职工如何加入和组织工会的问题。因此,我国劳动者参加和组织工会呈两极状态,一方面,是国有企业、大中型企业,一般在企业成立伊始就成立了工会,劳动者加入工会不成问题;另一方面,作为改革开放和市场经济发展的产物的民营企业、外资企业及小微企业,由于没有工会及其基层委员会,劳动者无法加入工会,组织工会也因缺乏具体的立法规定而显得更为困难。

完善团结权立法,最重要的是在《工会法》中明确并保障劳动者能顺利参加和组织工会。依我国工会运行的现状,可从两个方面完善:第一,关于劳动者

---

① 朱景文主编:《法理学》,中国人民大学出版社2007年版,第439页。

② 参见《工会法》第2条、第3条。

参加和组织工会的权利。对已经合法成立工会的单位来说,劳动者可以自愿申请加入;对尚未成立工会的单位来说,劳动者既可直接向地方或产业工会申请,成为地方工会或产业工会的会员,也可依据相应的条件和程序自行组织成立工会。第二,关于劳动和参加和组织工会权利的保障措施。即《工会法》必须规定"不当劳动行为"的情形,并规定相应的处罚措施,具体见下文关于"集体劳动争议的解决机制"方面的分析。

三、进一步明确团结权的范畴:"主体"和"边界"

团结权的范畴在此处主要是指团结权的主体及其边界的问题。我国立法对团结权主体,即究竟什么人才享有团结权的规定似乎并不明确。我国《工会法》原则上规定,以工资为主要生活来源的劳动者均有参加和组织工会的权利。[①] 显然,立法对团结权主体采取广覆盖模式。这一立法模式具有特定的历史背景和政治、经济、社会、文化发展变化的现实根据。我国对劳动者及劳动关系的界定从来都不单纯从劳动关系本身,而是从更广义的、自上而下的。如《工会法》和《中国工会章程》均规定,工会是"工人阶级的群众组织",即强调工会阶级性和群众性。但我国劳动立法没有具体界定什么是劳动者,这导致实践中企业的高管、负责人都属于劳动者行列,从而引发司法实践的混乱。因此,《工会法》关于团结权主体的广泛性规定便源自我国劳动立法及实践思想。但团结权主体规定得如此广泛,与团结权的权利功能和价值似有冲突,一方面容易使工会沦为一般性的社会团体,有悖团结权的目标理念;另一方面会淡化团结权的主要功能,湮没团结权的价值。笔者认为,立法确定团结权主体时可依据两个标准:其一,需要团结权的人;其二,行使团结权是否损害公共利益。以下分别分析:

第一,以第一项标准来检视我国现有立法和实践,便发现在我国广泛的团结权主体中,很大一部分人根本不符合享有团结权的条件,如雇主、高管等,虽然他们也以工资收入为主要生活来源,但其是资本所有者或代表者,是劳动力的雇佣者和管理者,理论上必然被排除在劳动者团结权之外。当前社会上关于

---

① 参见《工会法》第3条。显然,我国立法关于劳动者和工会成员的范畴,大致等同于"就业者",并未明确规定享有团结权的劳动者的具体范畴。

私营企业主能否加入工会组织的问题尚存争论，笔者始终认为无论是从团结权的概念、本质还是从我国的立法本意看，私营企业主能否加入工会完全是个伪命题。之所以引起争议，是目前我国立法不严谨所致，必须予以纠正。工运和工会法制较发达的国家，均对劳资双方主体加以严格区分。如日本《工会法》规定，工会组织必须“主要由劳动者构成”，“劳动者”被界定为“依靠工资、薪金和其他相关福利而生活的人”。[①] 故立法应摒弃政治和意识形态的视角，单纯从劳动关系的角度予以明确，只有作为雇主的相对方，即依靠出卖劳动力获取劳动报酬，并接受雇主的管理和支配的劳动者才享有团结权。

第二，以上述第二项标准看，立法赋予相关主体团结权，须从动态和广义的角度加以考量，即集体谈判和集体争议权的行使是否会损害公共利益的问题。如果赋予该主体团结权，就必须赋予其集体谈判和集体争议权，否则该团结权便不完整，除非立法明确基于公共利益的考虑，赋予部分主体团结权但限制甚至禁止其部分或全部的集体谈判或集体争议权。换言之，赋予主体团结权，同时基于可能有损公共利益的考虑而做出的集体谈判和集体争议的除外规定，依然是团结权的体现。

综上所述，必须结合我国实际现状，在不违反现有法律和政治、经济体制框架下，对现行团结权和工会立法进行完善。确保团结权“自愿”和“自主”这一核心价值得以发挥，并且从立法技术上明确团结权的主体范围和团结权的规范性、可操作性及法律强制性，让团结权变成需要团结权的劳动者真正的权利。令人欣慰的是，近年来我国频繁发生的群体性劳动纠纷或突发性劳动事件，[②] 不仅预示了我国转型期社会背景下，对集体劳动关系的法律规制的呼声越发显得急迫和重要，也给劳动立法、理论及实务界提供了鲜活的素材及研究样本。更为重要的是，在对这些群体性劳动纠纷的处理中所累积的经验和教训，为我国团结权及工会立法和实践的改革和创新提供了借鉴思路。如“南海本田罢工事件”起因于劳动者对工资待遇的不满，要求增加工资，这是典型的集体利益诉求。劳动者自发组织罢工，要求并成功组织自己的工会，最终通过集体谈

---

① [日]荒木尚志：《日本劳动法》，李坤刚、牛志奎译，北京大学出版社2010年版，第122页。

② 主要是自2008年以来发生的较有影响力的群体性劳动争议，如“南航飞行员集体返航事件”“富士康员工跳楼事件”“南海本田罢工事件”等。其中以“南海本田罢工事件”最为典型。

判达成协议,充分显示出劳动者自主组织工会的重要性。笔者认为,本案的典型性及其核心意义在于证实或昭示了团结权、集体谈判及罢工完全是集体劳动关系领域内,劳资双方就劳动条件的提高进行的博弈和交涉。

第三节 我国工会制度改革思路:中国特色社会主义工会的构建

工会作为集体劳动关系的一方主体,贯穿集体劳动关系运行的始终,无论是团结权、集体谈判权还是集体争议权都离不开工会的组织参与。从某种意义上说,研究和规制集体劳动关系就是研究和规制工会的集体行动,因此,工会的改革和创新便成为集体劳动关系法律规制的重要任务。2012 年 1 月 8 日中华全国总工会作了《关于学习宣传实践中国特色社会主义工会发展道路的决议》(以下简称《决议》),强调了中国特色社会主义工会道路的重要性,阐述了中国特色社会主义工会发展道路的科学内涵和精神实质,并指出其核心是坚持自觉接受党的领导,根本是坚持中国工会的社会主义性质,关键是坚持维护职工群众合法权益。[①] 以下结合上文对我国工会的现状和问题的分析,主要从工会的外部环境(工会的属性、地位及其与党政即上级工会的关系)和工会的内部环境(在集体劳动关系内工会与劳动者、雇主或雇主组织的关系,以及工会的职能和组织体系)两个方面,进行深入探讨,提出相应的改革思路,构建有中国特色的社会主义工会发展道路。

一、工会外部环境的反思

如前分析,我国工会体制的缺陷源自于其属性和地位的不当定位,当然也与社会各界对工会体制、功能的错误体认有关。故工会制度的改革,首要任务就是重新思考工会的法律属性及其地位。基于"中国共产党领导的职工自愿结合的工人阶级群众组织,是党联系职工群众的桥梁和纽带,是国家政权的重

---

① 参见中华全国总工会:《坚持中国特色社会主义工会发展道路》,载 http://www.chinanews.com/gn/2012/01-08/3588740.shtml,最后访问日期:2013 年 4 月 25 日。

要社会支柱”的表述，工会的性质显然可概括为“阶级性和群众性”。[①] 笔者认为，在中国特色社会主义工会发展道路的语境和框架下，须梳理并厘清以下几种关系。

（一）法律属性的重新定位：工会“阶级性”和“群众性”须回归“团体性”

工会的“阶级性”和“群众性”性质定位，具有特定的历史和体制背景。是对我国近代以来，在革命、建设历史发展背景下，工会组织与党政体制的目标具有紧密关联性的充分体现。中国近代以来的社会经济发展脉络清晰地表明，我国没有经历资本主义社会及其生产方式，直接从封建社会过渡到社会主义社会，尽管期间有过一段所谓的半殖民地半封建社会。因此，基于劳资对立、对抗基础上的劳动关系无法在我国生根发芽。

集体劳动关系运行中，劳方以工会团体组织的形式体现集体意识，此处的“集体”拥有一定的活动范围，基于共同的经济基础、思想基础、政治目的和共同的社会利益。在这种组织形式中，其组织成员的结合对群体和个人都有意义，拥有共同价值、共同活动目的和任务。其人际关系对个人有意义、对社会有价值。从人类历史的发展来看，群体是从部落的一部分家庭中产生的。但是，并非任何群体都是集体，只有具有高度团结、高水平的整合能力、有集体主义倾向并且有高度组织能力的群体才能被称为集体。故工会的“阶级性”具有浓厚的政治色彩，工会的“群众性”不具有工会的集体意识，均与工会的法律属性相悖。

改革开放以后，随着社会的发展和时代的变迁，特别是社会主义市场经济体制的确立和逐步完善，我国劳动关系运行开始市场化、法制化，劳资双方的利益开始分化、对立，劳资矛盾也开始凸显。此时，对劳动关系的调整特别是集体劳动关系的法律调整的制度需求非常强烈，但现有的制度体系无法形成有效供给。最突出的问题要数工会的定性及其现有制度安排，曾经体现并有利于社会发展的工会属性及其功能定位并不能满足当下及未来集体劳动关系发展的需求。须对工会组织被扭曲的品性加以纠正，否则，必将面临集体劳动关系运行的无法可依局面，阻碍和谐劳动关系乃至和谐社会的构建。随着社会的发展和市场经济体制的深化，大量农民工进入城市成为产业工人，自主就业、灵活就业

---

① 参见《工会法》第 2 条、第 3 条，《中国工会章程》总则规定。

日益兴起，社会出现很多需要团结权的阶层，如依然将工会定位为“工人阶级的群众组织”便不符合工会制度的理念和发展趋势。笔者认为，必须在我国《工会法》中明确，工会是劳动者为提高劳动条件和劳动待遇而成立的组织，即必须强调工会的“劳动者团体”。立法对工会性质的明确，为实践中需要工会组织力量的劳动者提供了法律依据，从而规范了劳动者的团结权。中国特色社会主义工会发展道路的目标是要建设和谐劳动关系，进而构建和谐社会。和谐劳动关系是和谐社会的基础工程，和谐劳动关系的构建必须倚重市场经济体制下劳资双方的均衡力量。在劳资力量均衡的前提下展开充分的劳资博弈，必须重视劳动者增进集体利益、共享社会发展成果的集体意志及其表达渠道。只有将工作的重点放在满足劳动者群体利益诉求渠道的设置上，才能还工会组织以原初意义上的劳动者社团性，从而保障劳动者成立组织的活动的顺利开展。

不过，相关立法对工会性质的明确，并不是要取消“阶级性和群众性”的立法表述，而是逐渐淡化其在实践中的影响，直至最后完全成为宣誓性表达。具体来说，立法技术上可以采取有层次的立法表述，即在具体法律规范中将体现劳动者团体性的工会定义作为第一层次的立法，“阶级性和群众性”作为工会第二层次的补强性立法，且在《中国工会章程》中可以进一步对这种双层立法模式予以细化。比如，可将我国《工会法》的相关条文设计为：“工会是劳动者自愿组织和加入的，以提高劳动者集体利益为目标的组织形式。我国工会具有阶级性和群众性特征，是构建和谐劳动关系的关键。”

（二）工会与党政关系的厘清：“依法治国”背景下党政领导与工会法的统一

鉴于工会的政治敏锐性，学界鲜有深入分析我国工会与党政体制及其领导的关系。实际上，工会与党政的关系和工会与其他主体之间的关系没有实质区别。纵观中外工运发展历史，工会与党政的关系从来都是紧密相连的，甚至是无法切割的。如英国的工党、美国的民主党等无不与工会有着极深的渊源关系。鉴于中国特有的历史背景和政治、经济及文化体制，中国工会与党政关系更是如此。从民主革命到社会主义革命和社会主义建设，中国工会经历了波澜壮阔的历史发展过程。中国工会及工运发展总的特点是工运是政治运动、革命运动及群众运动的一部分，工运顺应当政时局的发展趋势，接受党政领导和安排，而非工人阶级为自身经济利益开展的自发性运动。正如学者所言，一般西方国家的工会属于“消费性工会”，即工会的主要任务在于代表工人与资方进行集体谈判协商,以提高工人工资待遇与生活水准;而大多数开发中国家(尤其是亚洲国家)的工会倾向"生产性工会",即工会的主要任务不在争取工人利益,而是配合国家机关的经济计划,提高劳动生产力,以促进经济发展。因此,体认并检视工会与党政的关系,是工会制度改革必须要面对的问题。

坚持党的领导是中国特色社会主义事业的核心,上述《决议》也强调,坚持党的领导是中国特色社会主义工会发展道路的核心和精神实质。党的十八大以后,依法治国已经成为党和国家长远的战略目标和治国方略。特别值得一提的是,党中央在提出依法治国的同时,对"党的领导"与"依法治国"的关系处理问题作了重要的指示与决策,提出"依法治党""党内法制"等重要的观点和精神,对我国工会制度的改革,具有重要的指导意义。具体到当前我国工会制度的改革,并非是要淡化甚至取消党的领导,而是要在理顺工会与党政关系的基础上,更加科学地坚持党的领导,即从"坚持党的领导"到"坚持党的正确、科学领导"。笔者将党的正确、科学领导概括为,在与党的事业密切相关的领域如政治领域应该直接领导,而在其他相关领域如经济领域应该间接领导,即在宏观上、思想路线上、政策方向上的领导。我国正处于社会转型阶段,随着市场机制的健全和市场力量的进一步增强,社会自治的需求和空间也进一步释放,经济领域内的很多问题,特别是集体劳动关系可由社会自治解决。市场和社会是工会运行的"土壤和环境",只有在宏观上、思想路线上接受党的领导,在规则和程序上有相应立法为指引,工会才能发挥其团体力量。

所以,厘清工会和党政之间的关系,不仅可以让工会回归其本来的角色,而且有利于党政领导和社会发展。

(三)工会与上级工会的关系界定:"一元化"工会体制下的"做大"与"做强"

我国工会属性及其在党政体制下的地位,决定了其一元化组织体系的格局。学界在探讨工会制度的改革时,一般都会对我国工会一元化体制的弊端进行分析,并指出应进行多元化改革。不可否认,多元化工会组织体系来源于立法对劳动者团结权的充分确认和保障,也是基于民主政治体制的影响。反之,一元化工会则多与立法对团结权保障的不充分和党政集权体制有关。但我们认为,工会的组织体系受工会所处时代背景和政治、经济、文化等环境的决定和影响,工会的一元化或多元化与工会性质、地位及其职能发挥之间没有必然联系。即使是一些劳动法制发达的民主国家,也有实行一元化工会体制的情形。

就工会与其上级工会关系的本质而言，上级工会只是基层工会包括企业工会、产业或职业工会的联合会。基层工会最能体现工会的功能和价值，只要确保基层工会的劳动者团体属性和独立的地位，整个工会组织体系便能维持有效运行。换言之，即使是一元化工会也能完成其基本使命，但必须满足相应的前提条件，即立法能确认并充分保障工会的性质、地位和职能。所以，我国工会制度改革的长期目标是实现一元化工会，短期目标或当前的任务是在维持一元化工会体制的格局下，完善一元化工会组织体系中基层工会与上级工会的关系。

我国一元化工会体制主要呈现以下特点：第一，上强下弱。中华全国总工会处于绝对的优势和领导地位，而基层工会却十分孱弱，总体上呈上强下弱的格局。第二，上级工会领导下级工会。虽然我国《工会法》规定，上级工会协助和指导下级工会活动，但实践中，上级工会处于领导地位，如基层工会的成立，必须有上级工会的批准。[①] 第三，下级工会特别是基层工会接受双重领导，既要接受党政领导又要接受上级工会的领导。这使最需要发挥工会职能的基层工会，无法体现其本质并发挥其应有的功能和作用。从我国现有的工会组织架构看，我国工会组织实行产业和地方相结合的原则，即在基层工会的基础上，建立各级地方工会和产业工会，[②]全国建立统一的中华全国总工会。因此，我国工会一元化体制改革，可遵循“做大基层工会，做强产业工会，坚持全总权威”的理念或原则。其中，做大基层工会是核心和基础，主要是依靠立法对劳动者团结权、集体谈判权及集体行动权的保障，以及对工会的独立性和代表性的确认与保护。工会是劳动者的集体组织，密切联系劳动者，维护、代表劳动者是工会的应有之意。所以，无论如何改革和创新，完善基层工会的组织和运行是工会制度改革的不二法门，没有基层工会的发展和完善，其他任何改革都是无源之水。就基层工会与其上级工会的关系而言，首要任务是取消基层工会成立的审批制。工会是劳动者自愿组成的团体，只要符合法定的条件和程序，自然可以组织成立，无须上级工会审批，否则可能影响劳动者自愿组织工会的积极性。

---

① 参见《工会法》第11条。

② 与产业工会相近的工会种类是职业工会，职业工会是同工种劳动者的职责，由于西方悠久的资本主义经济发展历史，职业分工较为细化，故职业工会多见于西方国家。产业工会则范围相关较宽，包括一个工业部门的所有工人，其优势在于充分发挥同一企业及同一产业内职工集体的力量。本书只探讨产业工会。

做强产业工会，在某种意义上是应对我国基层工会力量孱弱这一现实的无奈选择，很多学者对此倍加推崇，认为企业工会无法独立于企业，只能将集体谈判或集体协商的层次上升为产业工会。殊不知，没有一定数量和有效运行的基层工会，产业工会也无法做强。产业工会本质上是基层工会的联合会，在集体谈判比较发达的国家，产业工会与相应层级的雇主组织进行谈判或协商，但只是达成了纲领性或指导性的协议，最终还是由基层工会与雇主进一步细化并具体落实。尤其在像我国这样工会发展缓慢的国家，做强产业工会的意义在于指导和协助基层工会的活动，而不仅是产业级别的集体协商。所以，工会体制改革不能舍本求末，必须在做大基层工会的基础上，做强产业工会。坚持全国总工会的权威，是我国特有的历史发展和政治体制决定的，无论我国工会如何改革，坚持全国总工会的权威不能也无法改变。笔者认为，全国总工会作为全国工会的联合会和领导机构，其具有的功能和持有的价值理念已突破了其作为工会联合会的性质。但没有全国总工会的权威和作用，我国工会的发展状况将更加不堪。全国总工会不仅可以参与劳动领域内基本法层面的立法，也可以通过直接制定规范性文件及相关的劳动和工会政策以引导工会的活动。实际上，全国总工会的这一行为可视为国家层面上的、变相的集体谈判。全国总工会的地位及其承载的使命，决定其体现的政治性因素多于经济性因素，所以笔者认为，党对工会的领导更为直接地体现在党对全总的领导。全国总工会对各级地方和产业工会的领导，在理论上看也就成了间接领导。

二、工会内部环境及其制度体系的重构

从集体劳动关系的构成要素及其运行的内部环境看，工会的改革和创新不仅须考量工会与其成员之间的关系，还须考虑工会与雇主或雇主组织的关系，但最终都要归结为对工会职能建设的思考。工会与其成员之间的关系，主要应围绕工会是否能充分代表其成员利益，而工会与雇主或雇主组织之间的关系则重点探讨工会能否独立于雇主及其组织。只有在确保工会代表性和独立性的基础上，工会的职能建设才能真正回归本位。

（一）工会代表权问题：基于工会代表劳动者的制度逻辑

“工会的代表权是指法律确认工会有权或有资格作为会员或职工团体利

益的代表。”[①]工会的代表权问题也可称为工会代表性问题,工会代表性是从工会在成立过程中就具有的天然代表劳动者的属性和合法性的角度而言的,工会代表权则是从工会行使权利的角度而言的。学界一般只将工会代表权与集体谈判及集体争议或集体行动联系起来考察,认为工会代表劳动者与雇主进行集体谈判,便是工会代表权的行使。很少涉及对工会与其成员之间关系的探讨,而工会与其成员的关系才是工会代表权产生的基础所在,即工会代表权的真实意涵是工会对内代表劳动者。故笔者将工会代表权问题的探讨分成两个层面或两个阶段进行,即工会代表权的获取和工会代表权的行使。

第一,工会代表权的获取。工会代表权的获取是工会代表权的基础和核心,与劳动者团结权密切相关。如学者所言:“工会代表权合法存在的前提首先是工会本身的合法性,即法律对团结权的确认;然后是工会代表资格(代表权)的获得,包括公开选举、自由加入和退出。工会获得代表权之后才能行使代表权,包括代表交涉权”。[②] 因此,工会代表权的获取具有天然或与生俱来性、法定性,只要法律确认劳动者有组织和参加工会的权利,就必然承认工会有权利或资格作为劳动者的代表。就实质意义而言,工会组织其实就是劳动者或工人的代表。基于代表的法理解释,工人代表形成的制度逻辑必然是工人加入组织一定有其内在的利益动机,而将该动机付诸行动的根本条件必然是加入组织的福利要比不加入组织的福利大。因此,劳动者加入工会的原始动机,就是对工会组织有一种心理预期,即工会必能全权代表其并相应满足其利益诉求。当然,这一前提的基本假定是人们加入组织时不存在某些强制性规定。在实践中,我国《工会法》表述的工会代表权及其实际运行现状实际上是一种“法定代理”。[③] 换言之,即使工会代表了劳动者的利益,但工会也同时代表了用人单位的利益甚至要维护国家和人民的利益。工会利益代表角色的矛盾必然导致工会有选择性地以劳动者代理人的身份出现。这是工会代表权制度中,工会立场必须要予以明确的重要问题。

第二,工会代表权的行使。工会的代表权是劳动者团结权、集体谈判权及

① 杨汉平:《论工会的代表权》,载《工会理论与实践》(第16卷)2002年第6期。
② 颜辉主编:《中国工会·劳动关系研究·2011》,光明日报出版社2012年版,第53页。
③ 参见董保华:《名案背后的劳动法思考》,法律出版社2012年版,第223页。

集体行动权的集中体现。劳动者依法自愿组织工会,进而由工会代表劳动者与资方进行集体谈判,在谈判陷入僵局时组织劳动者进行集体行动。故工会代表权的行使,是工会在成立以后行使集体谈判权和集体行动权的体现。本部分主要谈工会的代表资格或代表权的获得问题,工会代表权的具体行使详见集体谈判及集体行动方面的论述。

工会代表权的获取和行使,必须满足相应的条件。其中,基于劳动者团结权目的的单一性而形成的劳动者利益诉求与工会目的的同质性、工会成员的自愿性、自主性及纯粹性等都是其必要条件。由于我国特殊的历史和政治、经济、文化体制背景,我国工会的法律属性及其地位决定其在根本上缺乏代表性。我国工会特别是基层工会的成立兼具“被动性”和“同时性”特点,工会成员更是缺乏自愿性、自主性及纯粹性。所谓“被动性”是指工会在党政部门和上级工会的领导和协助下组建而成,目的是完成或实现相关部门关于要求工会成立的数量、效率等指标和任务,这无法体现工会成立的自发性、自主性和自愿性;所谓“同时性”是指国有或大中型企业、事业单位及机关因自身占据的体制和政策资源优势,自成立伊始,工会便同时产生,无须考虑职工成立工会的现实需求。从我国《工会法》关于基层工会委员会的成立的规定便可见一斑。[①] 实践证明,这种体制下的工会必然具有“附属性”和“工具性”,即作为实现用人单位、党政部门远大目标的组成部分和工具。

现代国家集体劳动关系立法基本都强调工会代表权的法定性、积极性,我国《工会法》也规定“中华全国总工会及其各工会组织代表职工的利益”。[②] 笔者认为,工会代表权更关键的是其自然权利属性,即工会代表权是自然取得的或与生俱来的。其他国家关于工会代表权法定的立法表达是在尊重工会代表权自然权利属性的基础上,对这一属性的确认,是立法对现实的准确回应。而我国的立法和实践中,工会不具有工会代表权的自然权利属性,故立法缺少相应的社会基础,只是单纯的强调和表达而已。所以,工会制度改革首要的任务便是贯彻落实我国《工会法》中关于劳动者组织和加入工会的权利,并保障工

---

① 参见《工会法》第10条。这一规定的前提是工会已经存在或自然存在,只是根据职工人数的多少成立基层工会委员,以更好地开展工会工作而已。

② 参见《工会法》第2条。

会能切实代表劳动者的权利。笔者认为，实行工会会员的会籍管理，确保工会会员一定程度的纯粹性，是工会代表性问题的应有之义，也是解决工会代表性问题的关键。同时，当企业现有工会无法满足劳动者需要表达和主张集体利益诉求时，或者对尚未建立工会的企业或其他单位来说，立法应允许劳动者重新选举工会领导直至重新组织工会，且确保党政部门和上级工会只能斡旋、协助而不能阻挠甚至压制。实践证明，我国《工会法》等立法关于工会代表权，劳动者自愿组织和参加工会的权利等规定，只是文本意义上的立法条文，与劳动者团结权及工会运行实践相距甚远。近年来，频繁发生的劳动者停工、怠工、罢工事件等群体性劳动争议，无疑印证了发展变化的劳动力市场和劳动关系运行实践，需要立法的适时回应和调整。特别是在多起群体性劳动争议事件中，劳动者要求自行组织工会的诉求，更能说明现行立法框架下工会制度及其运行机制的缺陷。另外，在企业内部以不同行业划分、建立健全行业工会，无疑也是解决代表性问题的较好措施。

（二）工会的独立性：劳资博弈视角下的人事财权安排

上文是从工会与劳动者关系的角度探讨的工会代表权。与工会代表权问题密切相关的是工会的独立性问题，工会独立性问题是从工会与雇主及雇主组织的关系角度进行讨论的。“工会永远的、核心的立场是站在劳动者一边，独立于雇主和政府”。[①] 长期以来，我国工会不能独立于雇主，实际成了“企业工会”“附属工会”等现象一直饱受非议。同时，学界也基于不同的视角对工会独立性问题进行深入探讨，提出了很多改革思路和建设性意见。笔者认为，广义的工会独立性问题实际也包括工会独立于党政及上级工会的直接领导，鉴于上文对工会外部环境的独立性问题已有论及，故本部分只从狭义的角度，即工会如何独立于雇主进行分析。

1. 工会人事安排上的独立

简单而言，工会的人事独立是指工会领导层，主要是工会主席及相关工会委员负责人等不受雇主及其组织的控制。为方便起见，本书只以工会主席为例探讨工会的人事独立问题。从团结权的原初意义上说，工会主席当然是由劳动

---

① Chantal Thomas, “Should the World Trade Organization Incorporate Labor and Environmental Standards”, *Washington and Lee Law Review*, 2004 (winter), pp. 38 – 45.

者通过选举或其他方式产生的,典型地体现了社会契约的思想和理论。只有由劳动者通过一定的程序和方式产生的工会主席,才能获得劳动者的信任并使劳动者自觉让工会代表并维护自身权益。我国工会的一大根本缺陷是工会主席不是由工会成员通过直接选举产生的,而是由党政部门及上级工会协商推举并由企业工会间接选举产生的。具体而言,首先由会员大会或会员代表大会选举工会委员会,再由工会委员会选举产生工会主席。姑且不论这种方式产生的工会主席是否真的能带领工会维护劳动者权益,仅从工会主席产生的程序和方式上就足以判断工会主席与工会成员利益的差异性,工会主席待遇随着企业效益的提高而提高,工会主席受自身利益的驱使,无法完全代表劳动者的利益,工会主席及工会维护企业利益,怠于履行维权职责便成了理所当然的现象。故能否端正工会主席的身份,直接决定了工会组织能否真正发挥作用,是保证企业工会发展的关键。如何才能让工会主席独立产生,笔者提出以下建议:

第一,修改《工会法》及《中国工会章程》,工会主席采用成员直选方式产生。有统计显示,“有六成工会主席兼任其单位的领导职务”。[①] 杜绝企业相关高管人员兼任工会主席,进一步明确党政部门及上级工会在工会主席产生过程中的行为边界,即赋予党政部门和上级工会有限度的建议和参考权,只能从宏观上、政治上及思想路线上提供相应的建议,但没有决定权。笔者认为,这是确保工会主席及工会代表维护劳动者权益的治本之策,对保持工会的独立性至关重要。根据惯例,“凡通过财政资助或人事控制的方式企图控制工人组织,均应视为对工会独立性的‘干扰’”。[②] 实际上,我国立法及全国总工会的文件也有较为详尽的关于工会主席的保护规定,如工会主席的待遇、工会主席的劳动合同及非法解除合同的法律责任、工会主席的调动和罢免等,[③]但实际效果不尽如人意,其原因是对工会主席同自上而下的立法保护,无法契合和回应工会

---

① 孙德强:《我国工会制度的困境与出路——关于工会法实施情况的调查报告》,载《中国劳动关系学院学报》2012 年第 2 期。

② Richard Welford, “Corporate Social Responsibility in Europe and Asia”, *Journal of Corporate Citizenship* 13, 2004, p. 89.

③ 参见《工会法》第 17 条、第 18 条、第 51 条、第 52 条规定及《企业工会主席合法权益保护暂行办法》(总工发 2007 年第 32 号文)的相关规定。

应该具有的自下而上的代表机制。相反，如能真正做到工会主席由直选方式产生，即使立法对工会主席的保护规定不明确甚至没有规定，也不会从根本上影响工会功能的发挥。有学者认为，我国企业工会选举制度中的体制性问题的解决之道，有必要从劳动法的社会法属性中寻求答案。“社会法在对第三法域进行规制时，是通过某种基准法对当事人进行最低限度的严格制约，在法定限制的范围内又给当事人留下协商空间，这种以法定内容限定约定内容，以团体的约定内容限定个别的约定内容的层层限定方式使之成为区别于私法与公法的调整方式，而成为社会法的独特的调整模式。”①笔者认为，此观点可以借鉴，但需在理论上进一步深入研究。

关于工会主席直选，当前我国已经有地方开始了破冰之旅，而且收效甚好。比如，2012年5月27日欧姆电子深圳有限公司以直选方式产生了新一届工会主席及领导班子，而就在此次选举的2个月前，该公司职工发生罢工，工人提出“工会改选”的诉求，引起众多媒体关注。② 而要考虑该工会直选得到向前推进的动因，则不得不提及2012年4月19日时任广东省委书记汪洋、深圳市委书记王荣等视察“民主选举”的深圳理光公司工会后，要求推广理光工会经验，并且在深圳市当年163家到期换届的企业工会推行民主选举。上述新闻事件的背后其实隐含了工会制度改革的趋势，即使是工会主席的直选，也并非没有政策空间，只是需要合理的契机和条件。笔者认为，工会主席的直选只是开始，关键是工会主席直选产生后有无相应的制度体系来保障其独立地承担和代表劳动者的利益。这就需要长效机制的建设，如工会主席能否在任期内与企业解除或中止劳动关系、完全独立于企业就是值得尝试的典型制度。

第二，进一步明确工会主席职业化、专职化建设，且工会主席的待遇由工会经费列支，而不能由企业直接支付。如果仅有上述第一点改革，但工会主席由职工兼职担任，且工资待遇依然由企业支付，则基于工作的原因和利益的纠葛，必然会影响工会主席的立场，进而影响工会的代表性、独立性。因此，保持工会主席的职业化，并切断其与企业的直接利益关联，不仅是工会工作规范化、职业

---

① 董保华：《论事实上的契约关系——对第三法域的探索》，载《南京大学法律评论》2000年秋季号。

② 资料来源：http://jb.sznews.com/html/2012-06/18/content_2089672.htm，最后访问日期：2015年6月21日。

化、社会化的需要，更是保证工会主席及工会独立性的重大举措。当然，鉴于我国工会运行现状，这一改革举措须留有余地适时变通，而不能“一刀切”。故可修改我国《工会法》，并规定基层工会会员在一定比例以上的工会的工会主席必须专职化，达不到一定比例或有其他特殊情况的法律不作强求，同时规定工会主席工资待遇的列支渠道和支付保障。

关于工会主席的产生方式，也有观点指出“上级工会必须强势介入企业工会主席的配备，并建立可操作的责任指标体系和考核工作机制”。[①] 笔者认为，鉴于我国特殊的工会组织体制，上级工会强势介入直接配备工会主席，虽然能在一定程度上缓解工会主席与企业之间的利益纠葛，从而扭转工会主席双重身份的尴尬地位，但因无法解决工会主席与工会会员之间的信任关系，仍不是治本之策。且该方案并未涉及上级工会配备企业工会主席的工资待遇问题，如配备的工会主席的工资待遇依然由其所在企业支付，则实施效果必然大打折扣。所以针对工会主席的产生问题，长期目标是要确立其独立性、“内生性”，而非“嵌入”企业。

2. 保持工会财政经费的独立

工会财政经费的独立是工会保持独立性的核心和关键。根据我国《工会法》规定，建立工会组织的企、事业单位和机关每月按职工工资总额的2%向工会拨缴经费。[②] 首先，这一规定在一定程度上影响了工会的成立，即不建立工会则不需要支付该笔费用，而我国《工会法》及相关法规也没有对组织工会予以强制性规定，故企业为了避免额外支出，必然设法阻挠建立工会；其次，这种工会经费来源渠道的设置，从根本上影响了工会的独立性，强化了工会对企业的依赖性和附属性。因此，如何科学设计工会经费的来源渠道，从而保证基层工会的组织率以便将更多的劳动者纳入工会的保护之中，便成了工会改革的重要课题。学界对此已多有论述和建议，且多是从工会经费来源如何与工会所在企业进行利益切割，从而保证工会利益的独立性的角度进行分析。也有主张建议推广工会筹备金制度，即自企业设立时起的一定时期内，按月计提一定比例

① 姚仰生：《从南海本田罢工事件看企业工会发展进路之选择》，载《工会理论研究》2011年第3期。

② 参见《工会法》第42条第1款第2项。

的工会经费,支付给企业的上级工会,企业一旦建立工会,上级工会则将已缴纳的工会筹备金的固定比例返还给企业工会。[①] 笔者赞同这一建议,并认为结合我国的政治、经济体制以及工会运行的制度惯性,工会经费改革分二步走,更容易取得成功。第一步,修改工会立法,明确规定雇主向劳动行政部门按时缴存工会经费,再由劳动行政部门直接拨付给工会;第二步,在完善工会运行体制及其他相关制度的基础上,完全切断雇主对工会的经费资助,即工会经费完全由会员缴纳或通过其他途径筹集,但不得接受雇主及其组织的任何形式的资助,否则按不当劳动行为处理。

(三)工会职能建设:职能的重新定位

"所谓工会的职能,[②]就是工会通过职责的明确和履行所发挥的社会功能,即工会的社会职责和社会功能有机统一。"[③]工会职能建设是工会制度及集体劳动关系运行的基础和核心。上文分析的工会代表权和独立性问题是工会正确履行职能的前提和保障。工会职能建设一直是学界关注的重点,学者基于不同的学科和研究视角对工会职能建设提出改革建议。笔者认为,从集体劳动关系法律规制的角度,结合我国现行工会制度现状,可从三个维度或正确处理三层关系的角度进行观察和分析。一是正确处理工会基本职能与社会职能的关系;二是对工会"个别维权"职能与"集体增利"职能关系的评析;三是正确认识工会的"维权"职能与维护社会稳定的关系。

1. 工会基本职能与其他职能的关系

一般认为,现阶段我国工会的职能体现为"维护、建设、参与、教育"四大职能。其中,维护职工的合法权益是工会的基本职能。[④] 将维护职工权益作为工会的基本职能,确为我国劳动立法的进步,但工会作为劳动者团体,其究竟是否应承担诸如教育、建设等其他社会职能,如果允许工会承担其他社会职能是否

---

① 参见赵明华等主编:《中国劳动者维权问题研究——中国工会法60年与劳动法15年》,社会科学文献出版社2011年版,第162页。

② 学界对工会职能相关的称谓还有工会功能及工会职责等,其中使用工会职能较为普遍。如严格区分的话,三者有一定的区别,但在集体劳动关系和工会制度的语境下,三者的差别可以忽略。故本文不作区分,统一称工会职能。

③ 李德齐:《中国劳动关系学院工会干部培训教程》,中国工人出版社2009年版,第59页。

④ 参见《工会法》第一章总则部分第2~8条。

影响其基本职能的履行，以及如何处理基本职能与社会职能的关系等问题一直困扰着理论界。笔者认为，从工会的产生和发展历程看，工会最初产生的原动力是工人对劳动条件和待遇的不满，故维护工人利益便成了工会的基本且纯粹的职能。但工会是社会团体，工会的运行处于复杂多变的社会关系中，从而必然受政治、经济、社会等环境因素的影响，故工会制度也具有不同程度的政治敏锐性。同理，随着时代的发展和变迁，工会在不同的历史发展阶段和不同的国家和地区，也承担了不同的职能。按照工会历史发展阶段及工会存在的社会功能来看，一般可以把工会区分为冲突型工会、依附型工会、功能协调型工会、功能代表型工会等种类。根据我国当前的社会经济发展条件和工会制度现状，我国工会正在从依附型工会逐步向功能协调型工会转型。值得关注的是，在全球化背景下，随着工会成员数量及其组织率的下降，传统工会的职能面临巨大的变革和挑战，工会必然迎来社会职能的突破和创新以及社会价值的凸显。

工会从其产生以来就不会也不可能是“纯粹”意义上的、只维护工人经济利益的组织，社会发展客观上需要工会承担其他社会职能，古今中外概莫能外。因此，在理论上有必要对工会是否应承担其他社会职能进行廓清。我国工会承担的建设、参与、教育等职能是客观使然而非主观臆造，主张消除工会的其他职能，只保留基本职能的观点，不仅不切实际，而且违反工会发展的基本原理。故问题的关键是如何切实保障工会的基本职能的履行，换言之，即使消除了工会的其他社会职能，如其基本职能的履行依然无法得到保障的话，也不是我们想要的改革结果。可见，工会维护职工权益是基本职能，是第一位的、“原生”的，并体现着工会本质的职能，其他社会职能是第二位的、衍生职能。工会存在的目的和价值，主要在于其基本职能的履行，否则便不成为工会。诚如学者所言：“工会的本质即在其团体利益明确，如只为改善成员之一般性、经济社会条件而成立之团体，并非工会，故如消费者团体、文化团体，即使由劳工组织亦非工会，重要者在于劳动者劳动条件之促进及其经济地位之向上”。[①] 工会的其他社会职能，必须以基本职能的履行为前提和基础，只有充分有效履行基本职能，工会才能赢得职工的信任，工会的力量才能不断壮大，从而才能更有效地履行

① 黄越钦：《劳动法新论》，中国政法大学出版社2002年版，第260页。

其他社会职能。而我国工会的现状却相反，在工会无法履行基本职能的情况下，要求其履行其他社会职能，其结果必然是舍本求末。

2. 个别维权与集体增利关系的处理

如从工会具体维护职工权益的方式上看，工会维护职工权益的基本职能又可进一步分为个别维权和集体增利两种。个别维权是工会在个体劳动者的劳动权利遭受侵犯时，代表和帮助劳动者主张权利的典型维权方式，如工会的代表诉讼制度；集体增利是笔者创造的概念，虽然不够精准但基本能体现所要表达的意思，是指劳动者组成工会并以工会的集体力量与雇主进行协商或谈判，从而达到改善劳动条件和提高劳动待遇等集体利益的增进的目的。我国《工会法》只是原则性地规定了工会的基本职能，但没有进一步区分维护职工权益的具体方式。学界对此并未给予应有关注，笔者认为，将基本职能区分为个别维权和集体增利十分必要，这不仅在理论体系上完善了工会的维权方式，还可为劳动立法和实践提供可行建议。

从理论上分析，工会就是为了增进劳动者集体利益而产生的，故工会只可以组织的力量为了成员集体利益的增进而展开行动，即工会只应为劳动者的未来利益而活动，这是工会成立的原本目的。但劳动关系实际运行中的“强资本弱劳动”格局，使个体劳动者在权利屡遭侵犯，却又无法与雇主进行实质对抗维权的情况下，必然请求工会出面帮忙维权，即在这种情况下，工会为个体劳动者已有的权利主张而活动。笔者认为，在维护劳动者权益的基本职能范围内，集体增利是工会的根本职能或主要职能，而个别维权是工会的次要职能。两者在立法和理论上并不矛盾，从“维护劳动者合法权益”的表述就可见一斑，既包含“权利”也包含了“利益”。但我国工会运行的现状表明，我国工会并没有抓住主要矛盾和工作重点。工会对劳动者集体利益的诉求不感兴趣，对集体谈判或集体协商以及集体行动等行为采回避策略。笔者认为，如果在 20 世纪八九十年代，囿于我国政治、经济体制等因素，工会不能为劳动者集体增利而活动还情有可原，最近 10 年随着中国社会的发展和劳动力市场机制的健全，工会依然满足于现状，只是象征地帮助个别劳动者维权，或操办一些礼仪性事务，便严重背离了工会的价值。因此，当务之急必须将工会的根本能量激发出来，为劳动者集体利益的增进和福祉的提高而战，让劳动者分享社会发展成果，共建和谐社会。

3. 维权职能与维护社会稳定的关系

维权和维稳的关系是学界对我国工会运行的现状及工会承载的职责的概括。维权的外延比较清晰,即工会代表和维护劳动者权益的一切行为。但维稳的外延需要进一步界定,通常认为维稳就是维护社会稳定,笔者认为,这种理解太过狭隘,只涉及社会安全稳定,应该从广义的角度观察,即工会基于国家安定、社会稳定及劳动关系稳定的考虑,承担的协调劳动关系、避免群体性劳动纠纷等职责。维权体现工会的基本职能,而维稳则并非工会的职能;从体现工会代表利益的角色看,维权是工会代表劳动者的利益,与劳动者始终是一方主体,而维稳条件下,工会代表多重角色,既代表企业又代表劳动者,还代表国家和人民的利益,实际成为劳动关系的协调者、中介者和调解者。总之,维权与维稳的关系实际上体现了工会的双重角色,即工会既是劳动者的代表者和维护者,又是劳动关系甚至是社会关系的协调者。如何处理两者关系同样是劳动法学界的重要课题。笔者认为,可以从以下几点着手:第一,强化工会的维权职能。包括个别维权和集体增利,尤其是代表劳动者与雇主进行协商、谈判,必要时展开集体行动。第二,淡化工会的维稳职能。如上所述,维稳职能并非工会的职能,只是在当下社会发展的条件下,工会承担的体制性或政治性任务而已。随着工会及其他社会制度的发展,维稳职能必然会得到取消。第三,重新定位政府在劳动关系领域中的角色。即由于我国工会的体制性因素,党政部门一直视工会为党政体系内管理、协调职工群众的一个部门,故劳动关系领域出现纠纷需要协调时,政府总是安排工会进行协调,工会也欣然接受这一光荣使命。但事实上,此处的协调者应该是政府职能部门而非工会,工会只能作为劳动者一方的代表而不是居中协调者,这种角色错位长期困扰着我国的劳动关系实践,必须予以纠正。第四,必须重新审视工会组织及非工会组织的集体谈判和集体行动与社会稳定的关系。我国正处于社会转型期,随着经济结构、产业结构和劳动力市场结构的调整,劳动纠纷特别是集体劳动纠纷频发,被社会各界尤其是党政部门视为关乎社会稳定的突发性事件。但从近年来几起集体劳动争议的处理过程和结果来看,只要党政部门持"理性对待"与"积极斡旋"的态度,推动劳资双方通过协商、谈判解决纠纷,根本无须担心所谓的"维稳"问题。

第四章　集体谈判与集体合同的建立和健全

从劳动关系及劳动法的基本理论来看，集体劳动关系及其法律规制是劳动关系相关理论的核心和主要内容，而集体劳动关系运行及其法律规制的核心是集体谈判和集体合同制度。团结权和工会的立法目的主要就在于使劳资双方在力量均衡的基础上，使集体谈判组织化、机制化及规范化。综观各国的劳动法制概况，涉及集体劳动关系领域时，集体谈判和集体合同制度的立法和理论文献总是占多数，我国也不例外。但我国绝大多数关于集体劳动关系的文献直接将集体谈判与集体合同作为一个问题阐述，且在立法层面上只有关于集体合同的相关立法。经仔细体认，集体谈判和集体合同虽然紧密关联，都处于集体劳动关系框架之中，但仍属不同的制度体系。故本章在将集体谈判和集体合同的概念及其逻辑关系进行界分的基础上，主要从两者的逻辑关联性和同质性角度切入，对我国集体谈判机制、制度及集体合同立法完善的思路进行深入探讨。

第一节　集体谈判与集体合同的关系及其处理原则

集体谈判和集体合同的关系可以大致概括为过程

与结果、内容与形式的关系。集体合同的签订必须通过集体谈判,否则便不是严格意义上的集体合同,但经过集体谈判却不一定能签订集体合同,如在谈判破裂、谈判僵局等无法形成一致意见的情形下,无法签订集体合同只能进入集体行动程序。集体谈判和集体合同立法和实践完善的目的就是尽量让两者统一起来,即必须将集体合同的签订和履行作为集体谈判机制启动和运行的主要目标,而不能将两者割裂开来,同时也必须将集体谈判的内容作为集体合同的主要内容,而不能将劳动法的基准性规定变成集体合同的内容。

一、集体谈判与集体合同的制度逻辑

本书第一章在探讨集体劳动关系构成要素时已经谈及集体劳动关系的运行有其特定的逻辑关系。简单来说,在整个集体劳动关系运行的体制中,有"劳动三权"与集体劳动争议处理的宏观或整体上的逻辑关系,也有集体谈判与集体合同微观的、具体的制度运行逻辑。

(一)集体谈判与"劳动三权"

众所周知,传统的"劳动三权"是指团结权、集体谈判权及集体行动权(集体争议权)。可见,"劳动三权"中并无集体合同权,这不仅说明了集体谈判权的重要,而且证实了集体合同在集体劳动关系运行中的地位,即集体合同只是"劳动三权"或集体劳动关系运行的结果或成果体现。"劳动三权"是劳动者法定的集体性劳动基本权利,或称"集体劳权",与个别劳动关系领域中劳动者享有的个体的、具体的劳动权利不同,其主要差异就是集体劳权的权利位阶要高于具体劳动权利。换言之,集体劳权属于宪法性的基本权利,而具体劳动权利则属于劳动基本法层面上的具体权利。集体谈判是协调劳资关系、决定工作条件和就业条件的重要方式。国际劳工组织第154号公约《促进集体谈判公约》第2条中将其定义为:"发生于一个雇主、几个雇主或一个以上(含一个)雇主组织为一方与一个或一个以上工人组织为另一方,就以下目的所进行的任何形式的谈判,以(a)决定工作条件和就业条件;和/或(b)协调雇主与工人之间的关系;和/或(c)协调雇主或其组织与一个或几个工人组织之间的关系。"①集体谈判是工会和资方确定劳动条件和待遇的交涉过程,它是劳动者以工会这种团

① 程延园:《集体谈判制度研究》,中国人民出版社2004年版,第38页。

体形式所进行的交涉。正如首先提出"集体谈判"一词的英国学者韦伯夫妇在其1902年出版的《产业民主》中所说的:"在无工会组织的行业,劳动者个人无论是在寻找工作,还是接受或拒绝雇主提供的就业待遇时,除了考虑自身所处的紧急状况之外,并没有与其同伴进行交流。为了出卖劳动力,劳动者个人不得不与雇主进行艰难的个人交涉,但如果工人们团结起来,推选代表以整个团体的名义与雇主谈判,其弱势地位将会即刻得到改变。雇主也无须再分别与每个雇员签订一系列的个别劳动合同,而只要签订一个能够满足集体意愿、规定集体劳动条件的协议即可。根据这一集体协议所确立的准则,自签订之日起,所有特定群体、特定阶层、特定等级的人员都要遵守。"①

学界对"劳动三权"整体上的制度逻辑关系有了基本一致的认知,但在"劳动三权"体系中,究竟以何种权利为核心却有不同的看法。团结权、集体谈判权及集体行动权均被认为是"劳动三权"的核心,且均有相应的法理依据。比如,团结权之所以是"劳动三权"的核心,是因为没有团结权就没有集体谈判权和集体行动权行使的可能,这是从前提和基础的角度认定团结权为"劳动三权"的核心。认定集体行动权是"劳动三权"的核心,是因为集体行动权是保证团结权和集体谈判权的最有力的手段,缺少集体争议权,团结权将完全被虚置或架空,集体谈判无异于"集体行乞"。笔者赞成集体谈判权才具有"劳动三权"的核心地位。具体有三点理由:第一,团结权源于宪法上的生存权、工作权等社会基本权,劳动者依法享有团结权只是劳动者获得了以集体的力量与雇主方展开抗争和博弈的资格,故团结权只能定位为"劳动三权"的前提或基础。当然,如果从广义团结权的角度看,团结权包含了"劳动三权",此时也不宜认定团结权是"劳动三权"的核心。第二,集体谈判权是劳资双方真正意义上的博弈和对抗,是双方力量的真实体现。集体谈判是否顺利,不仅能证实劳动者团结权的实现程度,而且决定了在多大程度上会启动集体行动程序,当然也体现在集体合同是否能顺利签订上。第三,以罢工权为典型代表的集体行动权,只是在集体谈判破裂时劳资双方为了迫使对方妥协而采取的集体抗争行动。

---

① Terry Mcllwee, "Collective Bargaining ", in *European Labor Relations*, Vol. 1, Gower, England, 2001, p. 14. 转引自程延园:《集体谈判制度在我国面临的问题及其解决》,中国人民大学学报2004年第2期。

集体行动程序是否启动具有或然性,且即使启动了,也只是一种迫使对方妥协的压力机制或压力手段而已,其集体行动本身不是目的,劳资双方最终签订集体合同,从而实现劳资关系的和谐方为目的。故从这个意义上说,“劳动三权”均是集体合同的前提或手段,“劳动三权”整体上与集体合同形成具有相应的逻辑关系。

集体谈判的根本是劳动者集体谈判权的行使,构建集体谈判制度体系必须重视集体谈判权的立法确认和保障。简言之,集体谈判权是劳动者所享有的,通过劳动者团体或其代表来行使的,与雇主或其组织就提高劳动条件和劳动待遇展开的平等交涉的权利。集体谈判权是“劳动三权”的核心,也是劳动者的基本权利之一,各国劳动立法和实践发展的主要脉络便是对这项权利予以承认和保护。因此,集体谈判权行使的过程就是集体谈判,而集体谈判权行使的结果就是集体合同的签订和履行,以达劳资自治的目的。正如学者所言:“劳动者的这项权利实际上是一种劳资关系的自治权,即法律所赋予的在劳资关系的范围内确定内部规则、处理内部事务的权利。”①“集体谈判权是工会运动的直接结果,也是近代劳工立法的最主要的内容。”②

(二)集体谈判与集体合同

在集体劳动关系运行实践中,除了“劳动三权”外,集体谈判和集体合同无疑又形成了一个微观的、具体的制度逻辑关系。因为,集体劳动关系的运行在实践中能够被人们感知的就是集体谈判及其谈判的成果表现,即集体合同的签订。集体协约(集体谈判)的方式与结果,最为世界各国劳动法所共同普遍承认者,乃是所谓团体协约。故各国的劳动关系及其法律规制,重点内容必然是集体谈判和集体合同。集体谈判与集体合同的关系大致有两种:第一,集体谈判顺利进行,劳资双方通过谈判均能接受或满足对方的诉求,于是签订集体合同;第二,集体谈判进展不顺利,甚至通过多轮谈判依然无法达成一致,此时一般要经历一个仲裁或行政调处程序,如仍然无法达成一致,则宣布谈判破裂,集体行动程序开始启动,经过集体行动双方均作出一定的让步和妥协,最终达成

① 常凯:《劳权论——当代中国劳动关系的法律调整研究》,中国劳动社会保障出版社2004年版,第252页。

② 同上书,第246页。

一致签订集体合同。

需要说明的是，集体合同也是具有特定意涵和条件的协议或团体协约，不同于其他的一般意义上的协议。本书中所指的集体合同特指是通过集体谈判而达成的，劳资双方依约签订的合同。事实上，集体协商的方式和范围极其广泛，如用集体协商来代替集体谈判的话，集体协商的结果当然不只限于集体合同的签订，还包括其他各种形式的协议或协定等。比如，工会针对调岗或工作时间的安排等个别事项与资方签订协议就不能算集体合同。可见，集体谈判与集体协商不仅存在质的不同，两者在范畴和结果等方面也有区别，不可同日而语。不过，如果换个角度看，在集体劳动关系运行中只要存在真正意义上的集体谈判机制，并获得相应的制度体系保障，则使用集体协商的称谓也未尝不可。同时，如果在不同的谈判或协商层面上，集体协商与集体谈判在谈判主体、谈判方式及谈判结果等方面均所指不同时，则可以分别使用集体谈判和集体协商，抑或集体协商可以包括集体谈判。

二、集体谈判与集体合同法律规制的重要性及特殊性

在劳资双方的博弈过程中，劳动者团结起来的目的是提高劳动条件和劳动待遇，是为了实现该目的就必须通过工会组织与资方进行实质的谈判，如就谈判的内容达成一致，便签订集体合同，如谈判破裂或陷入僵局则劳资双方均可以采取罢工、闭厂等集体行动形成压力手段，以保障谈判的继续并最终达成一致，签订集体合同。由此不难看出，集体谈判和集体合同是整个集体劳动关系运行及其法律规制的核心。但在立法和实践中如何体现这种核心和关键，却是值得思考的问题。尤其是在我国目前这样的体制环境下，如何实现集体谈判和集体合同的核心地位确实值得思考。

（一）集体谈判与集体合同法律规制的重要性

集体谈判和集体合同制度在以“劳动三权”的“三位一体”[①]权利运行机制为基础的集体劳动关系体系中处于核心和关键的地位。从广义上看，凡是从集体的、自治的角度调整劳资关系的都可称为集体劳动关系调整模式，既有传统

① 团结权是前提和基础、集体谈判是核心和关键、集体争议是保障和手段，三权形成紧密关联、三位一体的权利运行保障机制。

意义上以团结权为基础、以集体谈判为核心、以集体行动为保障的集体劳动关系,也有平等协商、三方机制、民主管理等更广义上的集体劳动关系。当然,本书的论述集中在以集体谈判为核心的集体劳动关系运行及其法律规制上。集体谈判制度的优化设计和改革完善,直接决定了集体合同签订及其履行的效率和社会效果,从而决定了集体劳动关系运行目的的实现。以集体谈判为核心的集体劳动关系运行是市场经济和民主政治条件下劳资关系调整的主要模式。因此,从应然意义上来看,集体谈判、集体合同在劳资关系调整中处于"重中之重"的地位。那么,对集体谈判和集体合同予以法律规制无疑也具有同等重要性。集体谈判以劳动者团结权为前提和基础,其目的具有高尚性和单纯性;同时集体谈判以怠工、罢工等集体行动为后盾,其手段具有强迫性和压制性。同时,集体谈判是劳资双方集体或团体性地就劳动条件、劳动报酬等集体利益的增进进行的博弈,且这种博弈在一定范围和程度上只能是零和博弈,故必然涉及市场要素价格的波动,进而可能会影响社会经济的整体运行,国家当然应通过相应的法律手段予以规制。因此,集体谈判制度本身就充满"合理性"或"合目的性"等感性色彩,如果没有相应的立法予以规制,则无疑是对其"不确定性"的无限放大。集体谈判和集体合同的法律规制,是将集体谈判和集体合同制度纳入国家现行有效的法律制度框架之下,以最大限度地降低其"不确定性"的设计。比如,劳资双方谈判代表及其资格如何确认、谈判程序启动的条件如何设置、谈判过程中需要遵守哪些规则、谈判无法达成一致应如何处理,等等。

(二)集体谈判与集体合同法律规制的特殊性

集体谈判和集体合同制度运行具有一定的特殊性,故对其进行法律规制时必须考虑并体现这种特殊性。尤其是在我国当前的社会发展条件下,关注集体谈判和集体合同的法律规制,关键是要领会集体谈判的实质精神。集体谈判的主要目的和功能在于劳资双方对未来不确定利益分配的一种博弈,这就决定了其博弈的对象或内容在一定程度上具有"无法可依"及"不可诉性"的特点。因为,集体谈判是为了在现有的劳动基准法定标准和劳动契约约定标准的基础上,劳资双方就劳方集体利益的增进(主要体现为劳动条件或劳动待遇的维持或增加)而进行的谈判。如何增进集体利益以及增进多少是不确定的,要根据当前社会经济发展的各项指标、本行业利润及就业问题等各种因素综合判定,这只能由劳资双方通过谈判、协商等自治方式确定。另外，集体谈判具有团结权这一高尚而单纯的基本权利作为基础，同时也有怠工、罢工等集体行动作为手段上的支撑，使其在一定程度上具有“天然合理性”。因此，与个别劳动关系立法关注双方具体的、可预期的劳动权利和义务不同，集体谈判和集体合同的立法规制，只是对劳资双方集体谈判主体、程序及谈判破裂后的争议处理机制等作出相应的规则指引，且只是对劳资双方达成一致而形成的书面协议，即集体合同或团体协约的主体、效力等作出一般性的规范。可见，集体谈判和集体合同法律规制的精神，就是“轻实体、重程序”。换言之，国家立法对劳资双方究竟要谈什么内容，原则上无须干预也不可能在真正意义上加以干预，需要干预的是集体谈判相关的程序性事项。

（三）我国集体谈判和集体合同法律规制的地位及其评述

我国劳资关系的调整，从整体上看，既有法律层面上规制，也有政策层面上的调整。在现行法律框架下，既有劳动法律法规的基准性规定在宏观和底线上的规制，也有集体合同立法在劳资谈判、集体自治基础上进行的中观层面的调整，还有劳动合同法在微观和高层次上的调整。由于各种原因，我国的劳动立法和实践向来有政策性、行政性的明显倾向，而市场性、规范性思维不足。就集体谈判与集体合同立法而言，即使预见到集体谈判和集体合同时代已经来临，其相关立法及实践也有意或无意地“避重就轻”。在我国当前的现实中，集体谈判和集体合同之地位依然呈现不够重视的局面。比如，用集体协商来代替集体谈判，在相关立法中混用集体协商、平等协商、民主协商等便是典型的例证。[①] 这与我国特殊的历史发展背景和政治、经济、文化体制有关，社会主义民主政治意识和计划经济体制造就了国家利益至上、集体利益优先的集体主义观念，在劳资关系领域中便典型地体现为劳资利益一致的观点，故建立在劳资利益对立基础上的集体谈判便无从谈起。但历史的影响和体制的背景不能阻碍社会发展的潮流，在市场经济条件下必须承认市场利益主体多元化并关注不同的社会利益主体之间的协调发展。民主法治的时代要求我们必须重视不同利益主体的利益诉求及其表达渠道的疏通和建设。只要是市场经济，“劳资两

---

① 现行立法主要用的是集体协商，但也有用平等协商。参见《劳动法》第 8 条、《劳动合同法》第 51 条、《工会法》第 6 条。

利”便是天然的、与生俱来的，只有正视这种对立关系并加以立法规制才能在真正意义上实现劳资合作并进而实现劳资和谐。由此观之，平等协商、民主管理以及三方机制等以集体性、协商性为主要特征的制度为何不能发挥其应有的价值和功能、成功破解劳资矛盾的原因正在于此。劳资双方经济地位不平等及人格从属性的天然格局，决定了解决劳资矛盾的根本出发点是培育劳方的团体力量，以对抗资本对劳动的控制，从而消解其不利地位。如果没有劳资利益对立基础上的“势均力敌”，所谓的平等协商、民主管理乃至于三方机制的建设只能起“扬汤止沸”的作用。

三、集体谈判和集体合同关系的处理原则

集体谈判和集体合同关系密切，但从制度本身来说两者无疑有很大区别。如集体谈判是劳资双方动态的博弈过程，而集体合同是静态的文本形式；集体谈判的过程复杂多变，属于劳资自治，法律一般只对集体谈判的启动程序和谈判主要内容进行规制，对谈判方式等不加干涉，而集体合同的签订和履行，是对谈判结果的确认，立法规制痕迹更加明显等。笔者认为，这种区别是就制度本身而言或者说是表象上的，从制度运行的逻辑性和关联性上看，两者具有内在的一致性，这也正是我们把握集体谈判和集体合同的关系的原则。

（一）坚持集体谈判的过程与结果的统一

集体谈判是过程，集体合同是对谈判结果的书面确认，坚持过程和结果的统一是集体劳动关系运行的制度逻辑所决定的，也是确保集体劳动关系运行通畅的关键。“以谈判的方式来不断寻求劳资双方的共同点，逐步理解对方的最终意图，在谈判过程中努力达成共识，求同存异，化解双方的矛盾与纠纷，才是集体谈判制度的重点。”①集体合同的签订必须经过实质的集体谈判程序，否则集体合同无异于规章制度或规范性文件。这也是其他很多劳动法制发达国家和地区重视集体谈判和集体合同而不重视劳动合同的原因所在。因为劳动基准法的底线性保护无法满足劳动者集体利益增进的诉求，劳动者和用人单位通过个体谈判达成的劳动合同依然不能摆脱双方地位差别的格局，只能满足高层

---

① 高瑾：《我国集体谈判法律制度构建障碍及克服设想》，载《河南省政法管理干部学院学报》2010 年第 2 期。

次劳动者利益诉求;只有通过集体的力量与资方进行实质谈判,达成集体合同才能从根本上保障最广大劳动者的利益诉求。如前所述,我国现行集体谈判和集体合同没有坚持这一原则,集体谈判被集体协商取代,集体合同的签订以政府的推动为主导,以落实指标、完成任务的形式提高集体合同的签订率和覆盖率,完全没有实质性的集体谈判过程,形式化、流程化现象严重。一定要经过实质的谈判,才能产生集体合同。

(二)内容与形式的统一

集体谈判和集体合同是内容与形式的统一,即提高劳动条件是集体谈判的主要内容,劳资双方达成一致后便以集体合同的形式予以体现。故在应然意义上,集体谈判的内容与集体合同的主要内容是一致的,谈判的内容必须体现在集体合同中,并以相应的权利、义务加以分配,从而实现团结权和集体谈判的目标。但在实然意义上,集体合同作为合同而言,其部分内容与谈判内容无关,而只与诸如合同效力、违约责任等合同本身有关。劳动法理论上,集体合同的内容一般分为规范性内容和债权性内容,前者针对劳动条件,具有规范性质或物权效力,后者针对合同本身,具有债权性质或债权效力。① 同时,也并非所有谈判的内容都应体现在集体合同中,如美国将集体谈判的主题分为强制性和许可性谈判主题,许可性谈判主题因具有任意性而可不纳入集体合同内容。②

(三)我国对集体谈判和集体合同关系处理原则之探讨

我国集体谈判和集体合同制度尚处于起步阶段,真正意义上的集体谈判机制实际上并未确立。总体上来看,我国当前对集体谈判和集体合同关系的处理原则,呈现如下特点:第一,没有实质的集体谈判过程,却有集体合同的结果。集体合同的内容基本与集体谈判无关,只是对相关法律规定的罗列和解释;第二,虽有形式上的集体协商,但集体合同的内容却徒有形式;第三,仅有的集体协商集中在工资领域,其他劳动条件方面尚未涉及,但工资集体协商与集体合

① 参见吴文芳:《德国集体合同"法规性效力"和"债权性效力"之研究》,载《法商研究》2010 年第 2 期。

② 参见[美]罗伯特·A. 高尔曼:《劳动法基本教程——劳工联合与集体谈判》,马静等译,中国政法大学出版社 2003 年版,第 428 ~453 页。

同的内容与形式并不统一，且集体合同并未得到真正履行。造成这种局面有历史、政治、经济、法律等多方面原因，立法上对团结权及集体行动权的语焉不详，以集体协商代替集体谈判等。笔者认为，如用一句话或一个词概括我国当前的集体谈判和集体合同的运行实际状况，"形式化"无疑是最贴切的。克服严重的"形式化"倾向便是当前我国处理集体谈判和集体合同关系的主要工作。依笔者浅见，工资集体协商在我国当前实践中比较普遍，相对而言其立法较为成熟，实践中也积累了丰富的经验，可以作为检讨并完善集体谈判和集体合同制度的切入点。在此基础上，重点完成两项任务，一是建立切实的集体谈判机制或集体协商机制；二是集体合同的内容必须与集体谈判相对应。改革我国集体谈判和集体合同制度，就必须确保集体谈判和集体合同的内容的统一性，集体合同的主要内容必须经过集体谈判机制达成一致，集体谈判的主要内容也必须体现为集体合同中的权利、义务。

第二节　集体谈判机制的构建思路

集体谈判制度是集体劳动关系运行及其法律规制的核心，因此集体谈判机制的建立是劳动法学界重要课题。集体谈判机制的建设，需要探讨集体谈判的主体、内容及相关程序规则。就当前我国集体谈判机制的建设，大致有两种路径：第一，自上而下的推动路径；第二，自下而上的"体制外"和"法外"运行路径。不过，鉴于以上两种路径所取得的效果并不理想，学界便出现各种区别于第一种、第二种路径的第三条道路的主张。

一、集体谈判的主体与层级

集体谈判机制的建立，首先要解决的问题当然是谁来谈，其次要解决的是集体谈判的层级问题。鉴于集体谈判主体和谈判层级具有密切的关联性，故将两者一起探讨。

（一）集体谈判主体："合法性"与"代表性"

集体谈判主体问题，其实就是探讨劳资双方进行集体谈判时，劳方代表是否只能是工会，其他合法的劳动者团体是否有权代表，劳资双方以外的第三者能否代表或代理等问题。笔者认为，可从以下两点加以阐释：

1. 工会并非是集体谈判劳方的唯一主体

在传统的“劳动三权”及集体劳动关系立法和理论框架下，工会是劳动者一方天然的，甚至是唯一的、合法的代表组织。因为，在劳动法和工会制度发达的国家和地区，工会组织确有能力代表劳动者并维护劳动者一方的权益。但若单纯从立法的角度看，几乎所有国家的立法均没有规定工会是唯一的代表劳动者的合法组织，一般会作出代表劳动者一方的是“合法成立的拥有法人资格的独立组织”等类似规定。因此，法理上工会并非劳动者唯一的代表。我国目前依然有大量的私营企业并没有建立工会，不过即使有工会，工会制度在我国当前的体制环境下也运行不畅。集体谈判制度在我国更是处于起步阶段，如果完全遵守传统理论，将工会视为唯一的合作组织，显然与我国国情相悖。当然，我国的工会组织体系属于典型的一元化运行体制，是否意味着工会是唯一的合法代表组织？因为一元化工会体制在劳方力量的集中上，以及代表权的独占上有不容否认的正当性。事实上，一元化工会体制和多元化工会体制与工会是否是唯一的劳动者代表组织并不具有关联性。前者涉及的是工会的组织体系问题，而后者是工会以外的团体或组织能否代行工会职责的问题。即使是一元化的工会体制具有天然的正当性，至少是形式上的正当性，也不能否认其他合法组织或团体作为集体谈判主体的合法性。事实上，真正的集体谈判不一定要有工会，尤其是在我国当下工会组织上不健全的条件下，但须有谈判代表和集体行动。比如，盐田港码头罢工、本田罢工军均没有工会的直接参与，但一样可以集体谈判且取得比较圆满的谈判结果。从集体谈判的机理和本质上看，不一定必须要落实到所谓的“工会组织”，只要工人团结起来，形成相应的代表机制，与资方进行抗争谈判，就是集体谈判。

2. 劳动者推选的代表和独立第三方作为集体谈判主体的必要性与可行性

集体谈判和集体合同劳方当事人是否只能是工会有两种观点：第一，除了工会外，亦可能是依法成立之职业团体，只要是工人组成就行；第二，所谓具有法人资格之工人团体仅指工会或工会之联合组织。当然，实务中一般倾向于后者。事实上，劳动者一方通过选举程序推举代表，虽然没有组织的合法性，但从实际运行的角度看，其完全有资格代表劳动者，尤其是在我国当前这种工会及集体谈判制度运行不畅的情形下，承认劳动者选举的代表具有参加集体谈判的主体资格更具有必要性和可行性。依笔者拙见，怀疑和否定劳动者选举的代表具有谈判主体资格的观点是基于我国集体劳动关系自上而下运行机制或路径的考虑。我国特有的体制及制度环境,造就了工会的一元化体制,且工会体系整体上呈现“上强下弱”的局面,集体谈判或集体协商也是在党政主导和推动下开展,作为党政工作体制的一环或重要组成部分,工会成为理所当然的集体谈判和集体协商的劳方主体。但是,自上而下的传统或常规路径的局限性也暴露无遗,根本无法有效应对蓬勃发展的集体劳动争议。近年来,尤其是自2010年“南海本田罢工事件”以来,自下而上的集体谈判机制开始在“体制外”和“法外”运行,其劳动者一方最典型特征就是抛开已有的工会,自行组织劳动者团体展开集体行动。实践证明,自下而上的集体谈判路径体现了真正意义上的集体谈判,劳动者选举的代表完全有能力代表劳动者与资方进行博弈。

除了劳动者自行选举的劳动者代表有权作为集体谈判主体外,如律师、劳动法及工会法专家等独立的第三人能否接受劳动者委托,代理劳动者进行集体谈判?有学者主张集体谈判的第三条道路,即“民事委托代理(集体谈判)模式”。① 笔者认为,这一主张的法理依据与劳动者自行选举代表进行集体谈判一样,作为第三条道路不失为当前我国集体谈判机制有效运行的过渡措施,其合法性、合理性及正当性等均没有明显障碍和缺陷。由于国情和制度环境不同,照搬别国经验或盲目遵守传统肯定行不通。但完全自主创新也无法实现,因为包括集体谈判在内的集体劳动关系与资本主义社会经济发展有深厚的渊源关系,如果对其蕴含的法理、社会及理论基础不加以研究,所谓的创新也便成了“无源之水”。相比较而言,本土化研究是最适合的研究思路,如近年来很多地方政府和工会,结合自身的经济发展条件,进行集体谈判机制建设的探索和创新。② 且无论其实际效果如何,对集体谈判机制进行摸索的本身便有利于我国工会制度和集体谈判制度的建设。

集体协商固然存在某个企业的劳动者联合起来与该企业进行谈判的情形,但更具广泛性和实践意义的,应该是作为某个行业的劳动者与同一行业企业的集体协商,或者某一区域内劳动者与同一区域内的企业所进行的集体协商。无

① 程步雷:《以民事委托代理模式撬动劳资集体谈判时当下组可行的策略》,载《集体谈判制度研究》2012年第5期。

② 典型的如义乌模式、武汉模式、温岭模式等。

论是行业集体协商还是区域集体协商，除了有代表劳动者的工会外，还要有代表诸多企业的雇主组织。在我国现有机制内，企联被认为是雇主组织的代表，实际上，企联缺乏广泛性，其代表性和会员数量还很有限，在很多县市区就没有企联，而且企联很多时候被认为是联系政府的通道而非企业的代表。更难解决的是，国有企业的雇主代表如何产生、国有企业的厂长经理到底代表谁的利益等，这些普遍存在的疑问恰恰提出了我国国有企业实行集体协商和集体合同制度面临的环境和条件问题。

（二）集体谈判的层级："集中"与"分散"

虽然工会以外的诸如经民主选举产生的劳动者代表或独立第三方代理人等其他主体也可以作为集体谈判主体，但传统意义上集体谈判劳方的谈判主体依然是工会，且这种局面和趋势在可见的未来不会改变。从世界范围来看，工会组织体系大致有两种，即一元化和多元化工会体制。所谓一元化工会体制，简单说就是全国的工会均属于一个系统，上下层级分明，大致分为企业工会、职业工会、行业工会、地区及全国总工会等层级。其优势是可以集中发挥劳动者团结的力量，而其劣势也很明显，即无法充分考量劳动者的类型化及其利益多元化。多元化工会体制则相反，其没有统一的、上下一致的工会组织体系，而是根据不同类型劳动者及其不同利益的诉求而形成的多种类、多层级的工会体制。其优势和劣势则与一元化工会体会相反，但多元化工会体制体现了工会运行的发展趋势，契合了时代发展的要求。

原则上，在一员化工会体制下，工会代表劳方参加的集体谈判必然体现其统一性和集中性；而在多元化工会体制下，工会代表劳方参加的集体谈判必然体现分散性。笔者认为，无论是集中还是分散，都只是工会运行体制的客观反映而已，其本身也只是工会的一项职能，并非问题的关键。就如同一元化工会和多元化工会，各自都有利弊的道理一样，集中代表劳动者进行集体谈判，并不意味着一定能更好地满足劳动者集体利益增进的诉求，相反，有些情况下分散化的集体谈判更能实现劳动者所期望的目标。问题的关键在于集体谈判机制，尤其是其谈判代表机制本身的运行是否符合或满足代表人立场的独立性以及代表人与被代表人利益高度一致的规则。"集体谈判制度有效运作的前提是劳资双方彼此独立，谈判主体具有独立性和代表性，具有法定权利和组织能力来代表从企业级别到国家级别的国有和非国有企业的工人和雇主。”①因此,集中谈判还是分散谈判,至少目前来说并不是问题的关键,问题的关键是要培育健康的、有效的谈判代表机制。

就我国当前的情况而言,根据我国《劳动法》第33条及《集体合同规定》第4条的规定,我国集体谈判的范围仅限于企业层次,因此在《集体合同规定》第三章中也只规定了企业层面协商代表的实体要件和选任程序,而对于行业性、区域性集体谈判的代表选任并无任何规定。我国《劳动合同法》明确了建立区域性、行业性集体谈判,以扩大集体谈判权的范围,但对如何选择确定谈判代表却无任何规范。唯一对区域性、行业性协商代表的产生方式作出规定的只是2006年原劳动和社会保障部出台的《关于开展区域性行业性集体协商工作的意见》(劳社部发〔2006〕32号),但该意见不仅效力层次低,内容也很笼统。另外,在现阶段,我国用人单位团体(雇主组织)的角色是由中国企业联合会以及其团体成员充当的,但由于缺乏作为用人单位的法律依据和理论依据,尤其其成员主要是国有企业或国有公司,不足以代表非国有用人单位,加之与我国工会组织明确的自上而下的组织体系不同,用人单位团体在许多地方没有与工会组织对等的机构,因此区域性、行业性集体谈判的开展受到用人单位团体缺位的影响而无法真正实现。据此,我国的集体谈判属于典型的一元化工会体制下的集中谈判,且谈判的层级主要体现在企业层面上。但无论是集中谈判,还是只有企业层级的集体谈判或集体协商,根本的问题是无法形成真正的利益代表机制。有学者就曾明确指出,“中国集体谈判流于形式的内在原因,最主要一点,即是工会参与这一谈判并不向劳动者负责,而是向其上级负责”。② 依笔者浅见,当前除了建立真正意义上的集体谈判代表机制外,可以尝试在一元化工会体制下的集中谈判模式的基础上,探索多层级、分散化的集体谈判或集体协商模式。随着我国非公有制经济的迅速发展,在那些劳动者流动性比较强、工会组建率低、谈判力量薄弱的小型非公有制企业集中的行业或地区开展行业性、区域性集体谈判,有助于提高职工的谈判能力,降低劳资实力不平衡造成的

---

① 程延园:《集体谈判制度在我国面临的问题及其解决》,载《中国人民大学学报》2004年第2期。

② 常凯:《劳权论——当代中国劳动关系的法律调整研究》,中国劳动社会保障出版社2004年版,第258页。

谈判结果的不平等,切实保障集体谈判权的实现。同时,加快雇主组织建设,以真正实现行业性、区域性集体谈判机制。实行多层次的集体谈判,对协调劳动关系,促进区域和行业经济的协调发展,促进劳动关系和谐稳定具有重要意义。

二、集体谈判的程序和规则

从广义上看,集体谈判的程序包括集体谈判的准备和启动、谈判的实施、集体合同的批准及谈判陷入僵局的处理等程序或步骤。鉴于集体谈判的实施过程更多地依赖于劳资双方的集体自治,立法一般只要求谈判双方谈判过程中的诚信及和平义务,无须过多介入。集体合同的批准是谈判顺利结束,双方达成一致的书面形式,可以放在集体合同的生效方面予以阐释。集体谈判破裂或陷入僵局以后的处理,可归至停工、罢工等集体争议领域加以研究,故本部分只论及集体谈判的启动及其实施规则。

(一)集体谈判的启动及其规制

1. 集体谈判的准备——集体谈判得以实施的前提

集体谈判的准备,是指劳资双方为举行集体谈判进行各项准备工作,主要包括确定谈判代表、谈判日期、地点、拟订谈判方案及谈判内容等。集体谈判的准备工作一般始于一方提出谈判要约之前,在对方予以回应并在确定的正式谈判时间之前都处于集体谈判的准备阶段。根据笔者对相关文献的查阅,学界对集体谈判准备方面的研究尚未予以充分关注。实际上,集体谈判的准备对集体谈判的启动及其实施以及集体合同的签订都极为重要,在集体谈判的准备阶段,通常会配置相应的权利和义务,如劳资双方的知情权、主要针对资方的信息披露义务和针对劳方的保密义务。其中,资方在信息披露中承担主要义务以满足工会的知情权,是由劳资关系"不对等"的天然格局决定的,因为资本控制劳动必然导致资方的信息优势和谈判优势。因此,雇主应该如实主动提供其相关的生产、经营信息和资料,尤其是相关的财务报表、工资总额、结构等资料和信息。工会可根据这些信息做出是否提出集体谈判以及具体诉求是否适当的判断。故集体谈判的准备不仅决定了集体谈判启动目的的正当性和诉求内容的适当性,而且为双方顺利开展实质性谈判并达成一致意见奠定了基础。在集体谈判制度完善的国家,劳资双方十分重视谈判前的准备工作,通常工会和雇主或雇主组织会有意识地做一些市场调研,并收集诸如各自成员的意见,有关行业的市场情形,相关的经济数据,政治、经济环境和公众舆论等信息。信息齐备后,双方须将信息公开,并依据这些信息来向彼此和公众解释和证明各自主张的合理性。由此观之,在集体谈判的准备和启动阶段,主要针对雇主方的信息披露义务和工会方的商业秘密保守义务是主要的附随义务,我国《集体合同规定》也有相关规定。[①] 不过问题是如何确保上述附随义务,特别是资方的信息披露义务的履行。资方的信息披露义务是否充分履行,决定了谈判准备工作能否进行实质开展。换言之,资方即使答应谈判,却怠于披露与谈判有关的资料和信息,从而使双方无法进行信息的沟通和意见交换,相当于变相拒绝谈判。故立法必须对此予以回应,并明确相应的责任机制。笔者建议,首先,立法应该明确的是信息披露的范畴,即与集体谈判有关的信息;其次,应该明确信息披露的时间、形式、方式;最后,明确拒绝披露或怠于披露的法律责任。关于这方面的立法经验,可以参考和借鉴相关地方的立法例。[②]

另外,鉴于政府在集体谈判中的政策、职能及信息优势,在集体谈判的准备和启动阶段,立法有必要为政府相关部门进行相应的义务配置。首先,从政府的职能上看,政府有义务为集体谈判的开展提供政策和信息支持,从而实现其建立和谐劳动关系进而构建和谐社会的目标。其次,从我国劳动关系运行的历史和现状看,政府在劳动关系的规制中一直起主导作用。集体谈判虽然追求劳资自治,但行政调解、"三方机制"等政府在其中的角色和功能值得重视。因此,集体谈判的准备阶段,政府应当提供相应的支持。最后,政府及其相关部门在信息的收集和处理方面具有很大优势,政府及其有关部门通过各种手段和渠道,掌握了更多的本地区、本行业及国家的宏观信息资料,如本地区本行业的发展政策和规划、劳动生产率现状、生产经营及财务状况、收入分配及工资福利状况、国家宏观经济形势、政府经济政策、经济结构、产业结构的调整等信息资料。故政府理应提供这些信息。

---

① 参见《集体合同规定》第25条第3项规定,协商代表应提供与集体协商有关的情况和资料。第26条进一步规定,协商代表保守在协商过程中知悉的用人单位的商业秘密。

② 参见《深圳劳动关系条例》第27条规定"用人单位应当为集体协商提供必要的条件和所需的信息资料"并列举了信息资料的范围;第65条规定,违反此条款的,由劳动行政部门处以2000元以上10,000元以下的罚款。

2. 集体谈判程序的启动——要约与强制承诺

集体谈判说到底就是劳资双方的一种制度化的博弈。根据生活常识和合同法关于合同成立的理论和实践,集体谈判必须有一方提起,另一方作出回应,从而开启谈判程序。因此,一方提起集体谈判的请求可称之为“要约”,而对方作出实质回应可成称为“承诺”。当然,理论上劳资双方均可以提起集体谈判的要约,但实践中主要是劳动者一方提起。不过,要约的提起是否要具相应的条件和形式等要求,各国法律并未有统一规定。事实上,对于集体谈判的要约应符合何种条件和形式,有必要由法律予以明确,以免只是为了私利或其他目的而不当提起集体谈判要约。那么,何为集体谈判要约的法定要件呢?根据合同法理论中关于要约的规定,并结合集体谈判的制度特征,必须满足以下四点:其一,要向明确的要约对象发出;其二,拟提出谈判的内容应属于可以谈判的范畴;其三,有明确的承诺期限要求;其四,以书面形式为之。

在集体谈判的理论和实践中,集体谈判要约与承诺相比较,显然承诺问题更受关注。在劳方向资方提出集体谈判的要约后,资方如何承诺以及承诺的方式也是学界关注的重点。集体谈判制度运行的一大典型特征就是其“强制缔约义务”,且主要体现为资方对劳方要约的强制承诺。按照王泽鉴先生的观点,“所谓强制缔约,是指个人或企业负有应对人的请求,与其订立契约的义务。易言之,即对相对人的要约,非有正当理由不得拒绝承诺”。[①] 可见,强制缔约虽然在理论上可以划分为强制要约和强制承诺,但主要体现为强制承诺。强制缔约是对合同自由原则的限制和矫正,体现了实质正义的理念,代表了合同法理论的发展趋势。特别是在公共运输、社会保障、强制保险等领域,容易以形式上的平等、自由而忽略或侵害相对人缔约权利,从而导致实质上的不平等和不自由,强制缔约的立法规定比较多见。[②] 尤其在集体劳动关系领域,集体谈判强制缔约义务的背后还有一层法理依据就是“劳动三权”的基本权利属性。换言之,只要劳动者一方具有必要的、合理的集体谈判需求,基于其团结权的保障,资方必须予以实质性回应,并不得拒绝谈判。故集体谈判的强制缔约,

① 王泽鉴:《债法原理(一)》,中国政法大学出版社2001年版,第77页。

② 参见《合同法》第286条运输合同、《证券法》第87条强制收购、《道路交通安全法》第17条强制保险等规定。

是落实劳动者团结权、集体谈判权重要的甚至是根本性措施。

3. 拒绝谈判的处理——不当劳动行为的规制

不当劳动行为(unfair labor practice),又称不公正劳动行为,其最初的含义是指“雇主凭借其经济上的优势地位,以违反劳动法律原则的手段来对抗工会的措施或行为”。[①] 就实质而言,不当劳动行为是对劳动者团结权的一种破坏,进而影响集体劳动关系健康运行的各种行为。不当劳动行为制度是肇始于美国《国家劳资关系法》(1935 年,又称“瓦格纳法”)的一项劳资关系法律制度。其中,雇主拒绝集体谈判便是一项最为典型的不当劳动行为。后来,包括不当劳动行为的主体、范畴、类型及其救济方式等,虽然在各国的劳动立法发展中得以不断完善和改进,但理论和实务界对不当劳动行为的种类或范围说法不一。结合美国、德国及日本等国关于不当劳动行为立法和相关理论文献,笔者将不当劳动行为大致归结为两类:第一类,雇主不当干涉、控制工会的行为。其中,又包括阻挠工会成立(学界又称为“差别待遇”或“不利益待遇”其中包括解雇、停职、调动、减薪、降职、停止升迁等)、“黄犬契约”、[②]不当干涉工会的具体活动(如干涉工会的人事和财政)三种。第二类,拒绝集体谈判行为。包括以各种非正当理由拒绝谈判和不诚信谈判。关于工会及其成员劳动者对雇主的不当劳动行为,最先规定于美国《国家劳资关系管理法》(1947 年,又称“塔夫塔法案”)中。但相较于雇主的不当劳动行为,其受立法、理论和实务界的关注度显然不够,特别是我国孱弱的工会制度目前尚不足以与雇主抗衡,更遑论采取不当劳动行为。因此,本部分以及后面关于不当劳动行为的探讨,暂不涉及工会及其成员的不当劳动行为。

既然雇主拒绝集体谈判属于典型的不当劳动行为,那么如何救济?在市场经济和劳动法制比较发达的国家和地区,不当劳动行为及其救济是法律对集体劳动关系规制的重要内容。综合各国和地区不当劳动行为的救济途径,大致有行政救济和司法救济两种。具体到拒绝集体谈判这一不当劳动行为的救济,由于我国不当劳动行为在立法上尚付阙如,理论研究方面也刚处于起步阶段。我国《劳动法》对集体谈判的启动均只作原则性规定,而没有完善的法律责任及

① 常凯:《论不当劳动行为立法》,载《中国社会科学》2000 年第 5 期。

② 所谓“黄犬契约”,是指雇主以雇员不加入工会为条件,录用雇员等方式。

其追究渠道的规定。[①] 导致在实践中是否开展集体谈判成了劳资双方的自愿行为，在劳资不平等的格局之下，资方就算没有按照规定开展集体谈判也无须承担任何法律责任。我国《工会法》对于雇主无正当理由拒绝集体谈判的行为虽然增加了“由县级以上人民政府责令改正，依法处理”的规定，但应如何界定“正当理由”，怎样“责令改正，依法处理”却并未明确。[②] 此后的《集体合同规定》和《劳动合同法》虽然对集体谈判的程序作了相应的规定，但始终没有明确当资方拒绝谈判时应该如何处理。因此，在集体谈判的启动程序方面，增加法律的强制性规定，并辅之以明确的责任及其追求机制，是完善我国集体劳动关系立法和实践的重要措施。具体而言，笔者建议不仅要提升立法层次，如制定《集体合同法》，关键是要对我国非强制性、缺乏可操作性的集体谈判启动程序予以明确和修正，明确规定当工会或职工代表提出集体谈判的要求时，雇主或雇主组织“必须”在一定时期内予以回应，即将先前的任意性规范变成强制性规范。同时，应明确规定雇主或雇主组织无正当理由拒绝集体谈判的法律责任及其追究机制或渠道。

笔者认为，为鼓励劳资双方通过集体谈判解决劳资矛盾和改善民生，立法对“正当理由”的界定标准不宜宽泛化，而应以不可抗力及客观情势发生重大变化为基本标准，排除一切的主观性理由和一般的客观性理由。换言之，只有在不可抗力和客观情势发生重大变化的“正当理由”情形下，雇主或雇主组织才可以拒绝集体谈判。对雇主或雇主组织无正当理由拒绝集体谈判的具体法律责任及其追究渠道的设定，必须体现明确、量化及可行性。具体言之，可以设定行政处罚措施和民事责任双重的救济途径。第一，行政处罚程序。雇主或雇主组织无正当理由在规定的时期内没有依法回应的，劳动者一方可向当地劳动保障行政部门举报和反映，劳动行政保障部门经查属实的给予警告，并责令雇主或雇主组织立即与劳动者一方进行集体谈判。雇主或其组织不履行的，处雇

---

① 参见《劳动法》第33条规定：“企业职工一方与企业可以就劳动报酬、工作时间、休息休假、劳动安全卫生、保险福利等事项，签订集体合同”。

② 参见《工会法》第53条规定：“违反本法规定，有下列情形之一，由县级以上人民政府责令改正，依法处理：(一)妨碍工会组织职工通过职工代表大会和其他形式依法行使民主权利的；(二)非法撤销、合并工会组织的；(三)妨碍工会参加职工因工伤亡事故以及其他侵犯职工合法权益问题的调查处理的；(四)无正当理由拒绝进行平等协商的。

主或雇主组织成员以一个月工资总额的罚款。第二,民事赔偿程序。吸收我国《劳动合同法》的立法经验,当雇主或其组织无正当理由拒绝谈判时,即超过法定时期未予明确回应的,工会可以向劳动关系委员会①提出,劳动关系委员会斡旋、调解无果时,可以直接命令双方展开谈判。若雇主依然拒绝,视为其同意工会的利益诉求,雇主或其组织应该在一个月之内按照劳动者一方的要求签订集体合同,并补足相应的劳动条件和劳动待遇方面的差额。否则,劳动者一方有权向法院提起民事赔偿诉讼。虽然上述规定对雇主而言似乎有点严苛,但为了确保集体谈判的顺利开展,在确保工会代表劳动者一方提起集体谈判目的正当性和要求或内容适当性的前提下,如此规定也具有必要性和可行性。

(二)集体谈判的实施及其规则

集体谈判启动以后,便进入正式谈判阶段。集体劳动关系和集体谈判的性质及其目标决定了立法和行政不宜过多干预劳资双方谈什么内容,且只能对劳资双方如何谈加以适当指引。不过,立法对集体谈判过程不加过多干预,并不代表对此不进行合理规制。在具体谈判内容、细节及谈判方式方面立法无须设置相应的规则,但在宏观和原则上必须为劳资双方及其谈判代表设定相应的规则及义务。观察主要发达国家的相关立法无不如此,但集体劳动关系运行及其法律规制,受各国的政治、经济、文化及社会发展的影响,具体的规制领域和方式也不尽相同。笔者认为,基于集体谈判过程的特殊性及法律对其规制的必要性考虑,各国立法对集体谈判过程的规制具有一定的共性,主要是双方在集体谈判过程应遵守诚信谈判和和平谈判的规则或义务。

1. 诚信谈判

众所周知,诚实信用原则堪称私法领域的帝王规则,是市场经济、市民社会下处理不同利益主体之间社会关系的最基本规则。由于集体劳动关系及集体谈判的运行是劳资双方以团体的力量,在力量对等和相对均衡的条件下进行对抗和博弈,实际上属于劳资自治的范畴,当然也属于典型的市场行为,因此,诚信原则当然适用于集体谈判领域。换言之,诚信谈判义务是私法自治理念下的诚实信用原则在集体谈判中的体现。谈判过程中的诚信谈判义务,主要是在集

---

① 劳动关系委员会是笔者建议设立的处理集体劳动关系相关争议的集调解、仲裁及行政功能于一体的综合机构。详情见后文的论述。

体谈判的诉求和意识支配下，劳资双方本着解决问题的态度，积极、主动、善意地展开实质性谈判，力求达成一致意见，并签订集体合同。国际上很多国家都把诚信谈判义务作为一项重要内容加以规定。如在美国，诚信谈判义务被称为善意谈判义务，如果“故意延缓、阻碍谈判或设定不合理的谈判条件”便是违反善意谈判义务。① 在日本，雇主方如果只是毫无诚意地回应工会方的诉求或只开展形式上的谈判，会被追究法律责任。而诚信谈判的判断标准则以谈判时雇主的态度、有无针对劳动者提案的反对提案、谈判的次数等综合判定双方为达成合意是否作了最大的努力。② 我国《集体合同规定》也首次对诚信谈判义务有原则性的规定，③只是与其他国家相比，我国立法的原则性规定缺乏适用性和可操作性，诚信谈判的认定标准及其相关法律责任尚未明确，实为我国集体劳动立法和实践完善的重要课题。必须承认，诚信谈判义务作为诚实信用原则在集体谈判过程中的运用，具有一定的附随性和模糊性。结合其他国家的立法经验，笔者认为，首先，立法必须明确劳资双方违反诚信谈判义务的行为范畴和标准。具体而言，可从双方谈判互动过程中，诉求或主张的事实依据以及对方回应的理由、形式、次数等因素综合考量。以雇主方为例，正式谈判开始后，在相关信息披露的条件下，如果雇主方提出的谈判方案与工会的诉求差距特别大，明显缺乏事实依据和理由的，或者雇主方只是口头回应，在工会方要求其进一步说明时，无故拖延、搪塞等行为均可认定为违反诚信谈判义务。同时，除了谈判本身的非诚信行为外，如果雇主人为地设置谈判障碍条件，以阻碍谈判顺利进行等行为的，同样被认定为对诚信谈判义务的违反。其次，必须明确违反诚信谈判义务的相关责任及其追究机制。基于集体谈判以实现劳资自治的目的考虑，对违反诚信谈判义务的行为，不宜刚性或强制性处理，应给予当事人相应的缓冲、修订、调整的机会，即处理部门责令其在合理的时间内重新组织资源进行谈判，依然不予履行的才可通过处罚、赔偿等方式加以制裁。

---

① 王天玉：《工资集体协商行为主观要件的法律塑造——以美国劳资善意谈判义务为借鉴》，载《社会科学战线》2015 年第 9 期。

② 参见李立新：《从日本劳动立法看我国集体谈判权的保障》，载《中国劳动关系学院学报》2009 年第 6 期。

③ 参见《集体合同规定》第 5 条第 3 项规定，进行集体协商，签订集体合同或专项集体合同，应当遵循“诚实守信、公平合作”原则。

2. 和平谈判

和平谈判义务，是指在谈判过程中，双方必须以平等对话、沟通协商等和平的方式进行，不允许以武力或武力相威胁等非和平方式进行。集体劳动关系和集体谈判领域中，劳资力量对等、均衡，实质上的劳资自治，立法不予过多干预等特性实际上已经内含了集体谈判的和平性。谈判过程中的和平义务的履行或遵守，能确保谈判双方的地位平等和意思表示真实，从而避免一方胁迫对方进行谈判并最终达成所谓的"协议"。因此，谈判过程中的和平义务和诚信谈判义务是相互关联的，诚信谈判必然要求谈判的和平方式，和平谈判也是诚信谈判的保证、要求和体现。在集体劳动关系运行中，立法一般规定在集体合同的履行期间内，双方有维持和平的义务，即工会不得发起停工、罢工，雇主方也不得采取闭厂等行为。虽然都体现为和平义务，但两者的目的、所处的阶段以及履行义务的方式均有所不同，集体合同期间内的和平义务，体现为不准停工、罢工、闭厂等集体行动，是为了维持劳动关系和谐稳定，也是为了恪守严格履行合同的原则；而这里的和平义务，是在集体谈判阶段，为了谈判的真实开展和顺利进行而规定的义务，禁止使用武力或其他非和平方式进行。一般而言，法律强调集体合同有效期间的和平义务和停工、罢工等集体行动的非暴力性，但对谈判过程中的和平义务似乎并不关注。其中的原因是各国在集体劳动立法和实践中，比较重视诚信谈判义务的履行和不当劳动行为的救济，以非和平方式或手段阻碍或胁迫对方进行谈判，一般被认定为拒绝谈判或违反诚信谈判义务，从而追究相应的法律责任。但在我国立法对诚信谈判义务的规定较为原则和模糊，对包括拒绝谈判在内的不当劳动行为也缺乏应有的规定的条件下，将和平谈判义务凸显出来确有其必要性。不仅可明确和平与非和平方式的界限，还可保证集体谈判的顺利进行。

三、集体谈判的内容规范

所谓集体谈判的内容，就是劳资双方进行谈判的具体事项。显然，集体谈判的内容是集体谈判的核心，双方的意愿、诉求、主张只有进入集体谈判内容的交集才有实际意义。本部分在介绍、评析两种不同立法例的基础上，重点阐述集体谈判事项划分的依据及其立法的必要性。

(一)相关立法例的介绍与评析

理论上而言,集体谈判的内容属于劳资自治的范畴,法律不宜过多干预,但对立法对集体谈判事项是否应予干预以及在多大程度上予以干预,各国标准不一。目前大致有两种立法例:第一,以日本为代表的立法例。如日本《劳动法》规定,原则上"只要双方同意,任何事情均可及进行集体谈判"。[①] 以日本为代表的立法例,属于典型的劳资双方自行确定集体谈判事项,学理上可称为"任意谈判"型。第二,以美国为代表的立法例。美国劳动立法明确规定了哪些问题或事项是集体谈判必须谈判的、哪些是禁止谈判的以及哪些是双方可自行确定的。[②] 以美国为代表的立法例,属于典型的立法适当干预集体谈判事项的立法例,学理上可称为"限定谈判"立法例。不过,依笔者拙见,日本和美国两种立法例并无实质上的区别。美国立法虽然限定了哪些事项必须谈,哪些事项禁止谈,但只是对必须通过集体谈判予以解决的问题或事项进行列举而已,并非是规定在每一次集体谈判中必须要谈立法限定的谈判事项。换言之,立法只是根据拟谈判的内容或事项的性质来划定集体谈判的范畴。

据笔者观察,随着社会经济的发展和集体劳动立法的完善,各国不同的立法例开始趋同,逐渐形成相对共识,主要有三点:其一,各国集体谈判的内容虽然不同,但有些问题却是大多数国家集体谈判中常见的谈判内容,包括工资、工时、休假、劳动安全卫生、社会保险、福利等,尤其是工资问题可谓各国集体谈判必谈内容。其二,确定集体谈判内容的标准趋同化。即是否应纳入集体谈判事项,主要以是否涉及劳动者切身利益为标准进行界定。从日本《工会法》相关规定及美国的相关判例可知,"任意谈判"的立法有例外规定,而"限定谈判"立法,也通过判例形式进行模糊化处理。其三,确定谈判内容的范围逐渐扩大。即一些原先被认为只涉及雇主方经营管理的事项,如采用新技术、引进新设备等也可能因直接或间接影响劳动者切身利益而被逐渐纳入集体谈判的范畴。限定了谈判内容就确定了谈判的事项,故立法对集体谈判内容的确定做出相应的回应,对促进集体谈判和完善集体谈判机制极为重要。具体言之,立法确定

---

① [日]荒木尚志:《日本劳动法》,李坤刚、牛志奎译,北京大学出版社2010年版,第171页。

② 参见[美]罗伯特·A.高尔曼:《劳动法基本教程——劳工联合与集体谈判》,马静等译,中国政法大学出版社2003年版,第428~459页。

集体谈判内容,不仅能为双方谈判代表提供相应的范畴和框架,更主要的作用在于能据此判断双方是否违反诚信谈判义务,或是否构成拒绝谈判的不当劳动行为。

(二)确定集体谈判内容的标准及其划分

由上观之,立法对集体谈判内容的确定是一项繁复的系统工程,不仅要体现劳资自治的精神,还要体现立法对谈判的规则指引,更要考虑谈判内容与诚信谈判、和平谈判义务的关联性。结合我国实际情况,笔者认为,可从以下几个维度进行制度设计。

1. 确定集体谈判内容的基本标准——劳动者集体利益的增进

如前所述,在集体谈判制度产生和发展过程中,其谈判内容也随着社会经济的发展和劳动者权利意识的增强而不断扩展。最初的集体谈判,是劳动者为了反抗资本家剥削,提高劳动条件和待遇而展开,后来逐渐扩展至资方经营管理等方面问题。然而,即使集体谈判内容的范围不断延展,其根本目的和本质属性依然不变,笔者将决定集体谈判内容不会质变的因素概括为确定集体谈判内容的基本标准,当然也可视为界定集体谈判内容的理念或原则,而决定集体谈判根本目的和本质属性的,正是劳动者集体利益的增进这一理念或原则。换言之,如果不是为了劳动者集体利益的增进,而只是形式上符合集体谈判的特征,则不能称集体谈判,其谈判、交涉的事项也不能称为集体谈判的内容。这是集体谈判与集体协商、平等协商、参与民主管理等相关概念的本质区别。

严格论之,劳动者集体利益的增进并非成熟的学术化的概念或表述,但却能准确地表征集体谈判的目的、属性及其内容框定的边界。顾名思义,劳动者集体利益的增进,首先,意味着利益的集体性,而非个别劳动者的权益的保护;其次,不仅体现劳动者的集体利益,关键是要体现集体利益的"增进",即未来劳动利益的提高,而非已经确定的劳动权利的救济。① 因此,利益的集体性和增进性决定了,凡涉及与劳动者集体切身利益的增进有关的事项均应纳入集体谈判的内容范畴。将劳动者集体利益的增进作为确定集体谈判内容的基本标

① 劳动法理论上,一般概括为权利争议事项和利益争议事项。前者是已经通过法定或约定方式确定的权利的争议;后者是对未来的、不确定的利益的增加而出现的争议。关于两者的论述,详见后文论述。

准或把握集体谈判内容界定的理念或原则，实际上是确立了判定集体谈判内容量变和质变两个维度的标准。不过此时的量变和质变并非哲学上的关系范畴，只是笔者借助量变和质变两个维度进行阐释而已。集体谈判事项的量变，是随着社会经济发展、劳动力市场不断完善必然结果，不仅数量会变化，具体事项也会调整变化。而关于集体谈判事项的质变，其实是从相反的角度观察，即虽然有量变，但只要符合"集体劳动利益的增进"这一判断标准和理念，集体谈判事项就不会"质变"。

2. 集体谈判内容的划分——强制性谈判事项与任意性谈判事项

立法是否应明确强制性谈判事项、究竟什么事项能被确定为强制性谈判内容、其确立的标准和原则又是什么，这些问题长期困扰着理论界，有必要予以澄清。依照上述基本标准或理念的指引，凡与劳动者切身利益相关的事项都应纳入集体谈判的内容，但并非所有的谈判内容都需要立法明确为强制性谈判内容。一般而言，与劳动者基本权利有关的诸如劳动报酬、工作时间、休息休假、劳动安全卫生、社会保险、福利等事项应成为强制性集体谈判的内容已成学界共识，只是需要理论上的进一步阐释。立法明确强制性集体谈判事项隐含了两层意思：首先是该事项本身的合法性；其次是立法有必要将其明确为强制性谈判事项。笔者认为，立法明确强制性谈判事项的意义在于为集体谈判要约的提起、对方的回应、谈判的进行及谈判结果的达成提供一组是否违法、是否违反诚信谈判义务的判定标准。如果属于强制性谈判事项，工会方要求谈判的，雇主方必须回应并诚信谈判，否则，应以拒绝谈判而课以不当劳动行为的相关责任。反之，如果不属于强制性谈判内容，雇主方拒绝谈判的，不属于不当劳动行为。当雇主方予以回应，并对此事项进行谈判后，又实行无故拖延、敷衍等违反诚信谈判义务的，可追究其相关责任。

劳资双方可以协商、谈判的事项不胜枚举，大到与劳动者利益紧密关联的工资增长幅度，小到一些与劳动者利益并无多大关联的管理细节。但被纳入强制性谈判事项范畴的，必须符合或具备相应的标准或条件。结合国外的立法经验，笔者认为，成为强制性谈判事项，须同时具备以下几点：第一，存在谈判空间。即经过劳资双方的谈判，在原先法定或约定的基础上可能增加或提高。第二，涉及劳动者切身利益。即事关劳动者财产收入、人身安全、人格保护及就业保障等"身家性命"的事项。第三，是为未来的利益增进而谈判的事项，而非就过去确定的权利救济而谈判。第四，须能成为集体合同的内容，并能履行且能追究相应法律责任。只有同时符合上述四项条件者方能被纳入强制性谈判事项，以此为标准对劳资双方常见问题和事项加以检视，便能基本判断出以下主要事项为强制性谈判事项：(1)薪酬管理方面，主要是工资的增长和适时调整；(2)绩效管理方面，主要是劳动定额、绩效标准和绩效考核方面的事项；(3)工作时间和休息休假；(4)劳动安全卫生及人格利益保护；(5)社会保险、福利事项；(6)就业保障等。其中，工资是与劳动关系和劳动者利益最密切的问题，故劳动报酬是最具有谈判空间的谈判事项，工作时间、休息休假、社会保险福利等事项的谈判空间及重要性均不及劳动报酬。同时，工资分配方式的雇主决定和劳动基准法的底线干预，也决定了工资集体谈判的空间更大。

在集体谈判事项中，除了强制性集体谈判事项就是任意性谈判事项。集体谈判事项任意性确定原则，是很多国家的惯例，即使承认强制性谈判事项的国家，也会同时确立任意性谈判事项原则。笔者认为，立法在任意性谈判事项确立中的作用，已不是列举哪些事项属于任意性谈判事项，或认定纳入任意性谈判事项的标准，而应是从如何有效地尊重劳资自治的角度进行适当的规制。一般而言，任意性谈判事项是指那些如工作地点、工作岗位等缺乏劳动者基本权利认知与诉求的，或与劳动者切身利益间接相关的，或可通过人力资源管理等手段予以解决的事项。就我国而言，学界争议较大的任意性谈判事项主要是企业生产经营计划，尤其是企业在未来某个时期内拟完成的任务等指标能否进行谈判，并在达成一致后作为集体合同的内容。笔者认为，生产经营计划在我国实践中被认定为集体谈判事项，主要还是根源于计划经济体制下劳动关系的行政主导和管控理念。企业没有经营自主权和用工管理权，只是作为国家和政府统一调配人力资源的手段，生产经营计划由国家下达，企业和劳动者共同完成。在市场经济条件下，劳动关系的调整逐渐市场化、法制化，企业有独立的经营自主权和用工管理权，立法没有任何理由将生产经营计划作为集体谈判的事项。另外，从劳动法基本理论看，劳动者不占有其生产产品和利润，也不负担经营风险是劳动法的基本法理和原则，所以，将生产经营计划作为谈判事项违背劳动法或劳动关系的基本法理。如前所述，立法对任意性谈判事项进行适当规制的落脚点应体现在如何有效实现劳资自治方面。具体言之，立法无须划定列举具体任意性谈判事项，但在一方就强制性谈判事项以外的某事项提出谈判要求时，对方可以拒绝并说明理由，但若对方予以回应，则须履行诚信谈判义务，否则应承担相应的法律责任。

除了强制性谈判事项以外的其他事项便是任意性谈判事项，但前提必须是合法的集体谈判事项。已如前述，劳资之间可谈的事项很多，只有符合集体谈判集体性、未来利益的增进等特征的谈判事项才能作为谈判内容，这是集体谈判与集体协商、平等协商的重要区别。

（三）我国劳动立法确定集体谈判事项的必要性

尽管从世界范围内集体谈判的内容规制及其发展趋势上看，集体谈判的内容以“任意谈判”为主流模式，但结合我国的实际情况，相关立法确有确定集体谈判事项的必要性。主要有以下三点理由：

1. 集体劳动关系及其法律规制的要求

从我国当前集体劳动管理立法理论及实践的现状看，立法确定集体谈判事项，可以明确指引集体谈判，达到集体劳动关系运行及其法律规制的目标。我国尚未完成劳动关系调整的市场化改造，对集体劳动关系的概念体系及其法律规制方面的理论处于起步阶段，对权利事项和调整事项的区分，权利争议及利益争议的界分等依然没有引起广泛关注。立法依据一定标准明确划分集体谈判的事项，必然起到指引和规范作用。

事实上，在劳动法理论上，集体谈判的内容或事项原则上可依据一定的标准，作出大致的划分。比如，必须谈判的事项或强制性谈判事项，属于利益争议事项，或调整事项，其典型特点是劳资双方的自治范畴，没有明确的法定标准可依从，从而决定了由此产生的争议无法通过司法途径解决，只能通过集体谈判予以解决。任意性谈判事项，则可以在集体谈判中予以解决，也可以通过其他形式的协商、调解等途径解决。禁止谈判的事项，则属于突破劳动基准法规定的事项或权利争议事项。任意性谈判事项与禁止性谈判事项，均属于权利争议，应寻求司法途径解决。鉴于任意性谈判事项与禁止性谈判事项同集体谈判的本质功能并不相符，且也不是立法关注的重点，在此不予探讨。可见，我国当前集体劳动关系运行的实践中，相关制度体系的设置，劳资双方当事人及相关部门对集体谈判的事项或利益调整事项与应通过劳动仲裁和司法途径解决的权利争议并不加以区分，实有必要予以明确。

2. 现行立法改进的需求

《劳动法》《集体合同规定》等我国现行劳动立法对集体谈判内容,实际上有相应的规定。但若仔细观察,便不难发现上述立法是在集体协商体制下采用"具体列举加兜底规定"的模式。[①] 如果严格按照集体谈判理论予以评价的话,也可以得出我国当前立法并无集体谈判内容方面规定的结论。不过,按照现行的立法规定,其优势在于为集体谈判的具体开展提供操作指引,"双方认为应当协商的其他内容"兜底条款的设置,也为集体谈判内容的扩展预留了空间。但其缺陷也较为明显,如立法对法定的谈判事项,也以任意性规范的形式出现,即"可以"谈判,没有明确划定法定的或强制性的谈判事项,为雇主拒绝谈判或违反诚信谈判义务提供了借口。

强制性谈判事项的确定,从某种意义上说也是对资方或雇主方强制缔约(强制承诺)义务的体现或延伸。如果属于集体谈判事项,并且明确只能通过集体谈判予以解决的,但在相应的立法中却体现为任意性规范的类型,其必然的结论就是资方或雇主方可以拒绝谈判,从而变相地改变了集体谈判的基本程序规则,也违背了集体谈判蕴含的理念。因此,我国现行立法关于集体谈判内容的规定,应予以改进。需要改进的地方主要有两点:第一,将集体谈判启动的强制缔约规则与集体谈判事项的确定区分开来,以免在实践中引起误解。集体谈判启动时雇主方的强制缔约义务,是其必须对劳方集体谈判要约的实质性回应,即如无正当理由,不得拒绝谈判。而集体谈判事项的确定,是立法划定的一定的、符合一定标准且只能通过集体谈判解决的谈判事项,两者有实质的区别。第二,集体谈判事项的确定,须结合我国目前无法区分集体谈判、集体协商、民主协商及"三方机制"等概念和制度体系的国情和实际情况,重点突出集体谈判事项的范围及其判定标准,但也不能排除或禁止通过集体谈判解决其他事项。

---

① 《劳动法》第33条规定,企业职工一方与企业可以就劳动报酬、工作时间、休息休假、劳动安全卫生、保险福利等事项,签订集体合同。《集体合同规定》第8条规定,可就(1)劳动报酬;(2)工作时间;(3)休息休假;(4)劳动安全与卫生;(5)补充保险和福利;(6)女职工和未成年工特殊保护;(7)职业技能培训;(8)劳动合同管理;(9)奖惩;(10)裁员;(11)集体合同期限;(12)变更、解除集体合同的程序;(13)履行集体合同发生争议时的协商处理办法;(14)违反集体合同的责任;(15)双方认为应当协商的其他内容等事项协商。

第三节　工资集体协商模式与"第三条道路"评析

我国集体劳动关系的运行的一大典型特点是以集体协商制度代替集体谈判，[①]且目前集中在工资集体协商阶段。上述集体谈判内容的理念、原则及强制性谈判内容的划定准则，在理论上解决了哪些事项可纳入集体谈判的范畴以及哪些事项属于强制性谈判事项的问题，不足之处在于缺少充分的实证分析和论证。本部分以近年来我国工资集体协商的相关实际案例为标本进行相应的实证分析，综合评判我国集体谈判制度运行路径及其社会效果。

一、以工资集体协商为重点的必然性及其必要性

在目前我国集体谈判制度尚处于起步且不完善的阶段，且在理论和实务界对劳动报酬属于主要的、核心的强制性谈判事项已达成共识的条件下，以工资集体谈判为重点，切实推进和完善集体谈判和集体合同制度确实具有其必然性和必要性。

（一）现阶段以工资集体协商为重点具有必然性

纵观集体谈判制度的发展历程，结合劳动关系的基本理论框架及其发展脉络，便可知以工资集体谈判为重点几乎是所有成熟市场经济国家集体谈判起步和发展的共性。因为劳动者最为关心的始终是劳动力的对价，即工资或劳动报酬问题。自工会产生以来，工人运动最初就是为了纯粹的经济目的，即增加工资、降低工时以及提高劳动条件和待遇等。随着集体劳动关系的发展及其理论研究的兴起，工人运动才开始关注其他领域的事项或谋求更高的目标，但以工资增长为核心的集体利益的增进依然是集体劳动关系的核心问题。

由于劳动关系的运行和发展脉络很大程度上会受社会生产方式及其社会经济发展阶段的影响，我国当前的集体劳动关系运行现状实际处于起步阶段，所关注的当然也是劳动者最为关心的权益，即工资的增长。在个别劳动关系阶

---

① 我国劳动立法和实践均称为"工资集体协商"，为了行文的一致性，在此原则上用工资集体协商称谓。如无特别指明，书中工资集体协商与工资集体谈判意思一致，工资集体协商称谓只是为了引注或叙述方便。

段，只能依靠个人与雇主博弈，“强资本，弱劳动”的格局决定了相应的权利义务必然是资方或雇主说了算。近年来，尤其是党的十八大以来，构建和谐社会、推进依法治国、全面深化改革、经济发展“新常态”、供给侧改革等执政理念和目标的提出，表征我国社会发展已经迈入新时代，社会经济发展的方式、方向、动力及结构等均已发生重大变化。在和谐劳动关系构建过程中，现有的以规制个别劳动关系为主的劳动立法体系、理论框架及劳动争议处理机制无法有效应对这样的变化和挑战。但在集体劳动关系的运行机制中，劳动者以集体和组织的力量与雇主或雇主组织，在劳资双方力量对等且相对均衡的条件下进行博弈，其结果必然是双方说了算，这就意味着真正的和谐劳动关系方有可能建立。

劳动关系运行和人力资源管理中处于核心的，也是最难管理的莫过于繁复的薪酬管理或劳动报酬问题。其不仅影响劳动者的生存和发展，还关系雇主的生产和经营的持续，在劳动力和生产资料结合的劳动过程中两者必须对立统一、合作博弈，方能维持劳资和谐。因此，工资集体谈判对雇主和劳动者来说都甚为重要，就雇主而言，“工资集体谈判是唯一既可以使工资保持定期增长，同时又不会威胁到企业利润和竞争力的方法”。[①] 而对于劳动者而言，更是在市场经济条件下争取集体利益增进的唯一有效方法。因此，工资问题在劳动关系的发展过程中始终占据核心地位。随着社会经济的发展和人权事业的进步，劳动者的诉求将会逐步增加和提高，也更加多元化，工资的增长机制、体面劳动问题将会主导整个劳动关系的运行及其法律规制。

南海本田事件以及其后一系列群体劳动争议事件的爆发，不仅预示着我国进入集体劳动关系时代，而且宣告了现有立法体系及其运行机制的滞后。此时，探索适合我国国情的工资集体协商模式便成了必然的选择。

（二）我国集体谈判的现状，决定了以工资集体协商为重点具有理论和现实意义

笔者在本书基本理论部分分析了集体谈判的真正内涵，是劳资双方的一种综合性的、全面的、动态性的博弈过程，且谈判的范畴或事项很多，工资的增长只是其中一个主要方面。同时，真正意义上的集体谈判，工资与其他劳动条件、劳动待遇等事项之间实际上是互为筹码，这就意味着集体谈判的结果并非一定

---

① 刘燕斌主编：《国外集体谈判机制研究》，中国劳动社会保障出版社2012年版，第107页。

是工资增长，大部分情况下工资是增长的，但也可以是维持不变的，甚至是可以降低的。但在工资维持不变或甚至降低的情形下，劳动者的职业保障、福利待遇和劳动条件等必然有所改善。故在此意义上说，我国理论和实务界一直只谈工资集体协商其实是对集体谈判或集体协商的误解和误用。将工资增长作为唯一的谈判内容，缺少集体谈判所应具备的灵活性和“讨价还价”的内涵。但是，结合我国当前劳动关系运行的立法、理论和实践现状，我们认识到，以工资集体谈判为重点甚至唯一，确实符合我国国情，也契合了我国的劳动关系运行的时代要求。

我国的社会经济发展历来缺乏成熟的劳动关系及其法律规制的制度运行基础，尤其是劳动关系的市场化和法治化转型较晚，集体劳动关系在整体上的运行处于起步阶段，这就决定了在现阶段不可能全面推进集体谈判制度，只能以某一主要的谈判事项为重点或切入点。一般而言，根据集体谈判的层级和覆盖范围，集体谈判分为一般性或综合性集体谈判和专项性集体谈判，也可分为全国性和区域性集体谈判。目前，我国的集体谈判立法、理论及实践的一大特点是以企业层面的工资集体谈判为重点，工资集体谈判作为主要的专项性集体谈判，已具有一定的立法经验、实践基础和理论研究成果，而一般性或综合性集体谈判缺乏相应的立法、实践及理论基础。这就决定了以工资集体谈判为重点，不仅体现了我国集体谈判的现状要求，还体现了以工资集体谈判为重点契合了劳动关系运行及其法律调整的趋向。

从立法和制度层面上观察，我国的工资集体谈判制度工资集体谈判机制也因契合关注民生、共享发展成果的改革精神而受到党和政府极大关注。从党的十四大确立社会主义市场经济体制以来，我国经济获得了飞速的发展，但同时，整个社会矛盾也开始凸显，收入差距拉大、城乡发展失衡、劳资矛盾突出等无不拷问着党和国家执政理念和方针政策。国家“十二五”规划纲要明确提出要“扩大工资集体协商的覆盖范围”，党的十八大报告也提出“推行企业工资集体协商制度”。工资集体协商更被认为是实现十八大报告提出的城乡居民人均收入年翻一番目标的主要途径。同时，工资集体协商更是党的十九大报告提出的在“新时代”背景下，解决“新矛盾”[①]重要手段。因此，在我国人力资源管理模式法制化和市场化的改革进程中，劳动立法体系的健全和对工资集体协商立法和实践的重视。

二、当前工资集体协商的地方模式

自1994年以来，我国的工资集体协商取得了很大的发展，集体合同签订率也不断提高。特别是2010年6月，人力资源社会保障部、中华全国总工会、中国企业联合会(企业家协会)联合下发了《关于深入推进集体合同制度实施彩虹计划》(人社部发〔2010〕32号)之后，各地围绕实施彩虹计划在企业和行业推广工资集体协商的工作。“截至2015年底，经人力资源社会保障部门审查的当期有效集体合同176万份，覆盖企业356万户、职工1.7亿人。”[②]各地除了集体合同立法之外，还形成了很多比较典型的工资集体谈判模式，如温岭模式、[③]武汉模式、[④]本田模式[⑤]以及深圳

① “新时代”是指中国特色社会主义新时代，“新矛盾”是指人民日益增长的美好生活需要与社会经济不平衡不充分发展之间的矛盾。

② 《2015年人力资源和社会保障部事业发展统计公报》，载 http://www.mohrss.gov.cn/SYrlzyhshbzb/dongtaixinwen/buneiyaowen/201605/t20160530_240967.html，最后访问日期：2016年9月7日。

③ 温岭模式的工资集体协商典型特征是以整个行业，特别是羊毛衫行业为单位，进行行业性工资集体协商。主要是通过由温岭市相关行业协会、相关行业工会、劳动行政部门、市总工会人员等组成的民主恳谈会形式，确定工资数额和工资计算方法，基本实现劳、资、政三方的利益诉求和目标。但这种模式的缺陷在于并非通过真正的集体谈判，而是通过民主恳谈会形式，从而决定了该种工资集体协商只涉及“工价”，即工资计算方法的问题，且依然徘徊在法定的最低工资和工资指导线上下，没有根本解决工资增长机制的问题。换言之，这里的工资集体协商只是体现了工人集体维护其已存在的合法权益，是我国工资集体协商起步阶段的典型模式。参见吴红列：《工资集体协商：理论、制度与实践》，浙江大学出版社2011年版，第198～210页。

④ 武汉模式，是指全国第一例通过集体谈判而签订的，惠及武汉市45万餐饮行业从业者的《武汉市餐饮行业工资专项集体合同》。这是我国目前覆盖从业人员最多的一份工资专项集体合同，也是我国餐饮行业首次签订工资集体合同，因此被称为武汉模式。不过，通过这种谈判模式签订的集体合同并不能解决根本问题，如合同规定，从事餐饮业的员工最低工资上调30%，只起到法定的最低工资的作用，尚处于低水平的谈判。参见谢玉华、郭永星：《中国式工资集体协商模式探索——武汉市餐饮行业工资集体协商调查》，载《中国劳动关系学院学报》2011年第6期。

⑤ 本田模式，是指2010年5月广东南海本田汽车零部件制造有限公司部分员工采取集体行动并成功实现工资增长，进而确定劳资双方定期谈判的成果。本田模式对我国的集体劳动关系的运行及其法律规制具有标杆意义，无论是从工人诉求的利益性、工人组织的团体性、集体行动的计划性及和平性等角度来看，本田模式都非常接近传统意义上的集体谈判运行机制。

"1+3"劳资恳谈协商机制①等。

不过值得注意的是,经笔者对相关案例的实证分析,上述关于工资集体谈判的地方模式和实践经验,大致可归为两类,或称为工资集体谈判的两种路径:其一,劳、资、政三方以协商或恳谈形式进行工资集体协商;其二,劳动者通过停工、罢工等集体行动,迫使资方进行集体谈判,进而形成相应的集体合同。事实上,这两种路径也是我国当前集体谈判的两种模式或思路。其中,第一种模式属于典型意义上的集体协商模式,上述温岭模式、武汉模式及深圳"1+3"劳资恳谈模式等均属于这一路径,其典型特征体现在以下几点:(1)有工会组织,且工会能不同程度地发挥其相应的组织功能;(2)自上而下,由地方政府主导,其他各方积极参与下主动开展工资集体协商;(3)只能解决工资方面表面的、浅层次问题,无法根本上解决工资的增长机制问题。第二种模式属于非典型的集体协商模式,如深圳盐田港码头、南海本田及冠星厂集体劳动争议事件均属于此模式,其典型特征概括如下:(1)无工会组织参与,或虽有工会但工会没有或无法发挥其功能;(2)自下而上,劳动者群体自发实施停工、罢工等集体行动,以迫使雇主方进行集体谈判;(3)在很大程度上能体现集体谈判的实质精神,从根本上解决工资增长机制问题,或劳动者集体利益的增进问题。

上述两种路径或模式各有利弊,所反映的问题和体现的价值也不同,对我国工资集体谈判机制的完善均有一定的借鉴价值和启发意义。结合两种模式的特点,不难发现两种路径有一个共同点或问题,就是工会均没有发挥其应有的功能和价值。第一种模式是政府自上而下的主导,工会被动配合;第二种模式工会甚至都没有参与。虽然在南海本田事件中,劳方提出要重新组建工会,并以工会为名展开集体谈判,但这一诉求具有偶发性,并不能改变在自下而上的集体谈判模式中,工会缺位的现状。从历史和比较的视角观察,我国的工资集体协商机制或模式比较特殊。大致来说,世界范围内的劳动关系运行,发达

① 该种模式可以概括为"一种载体、三个平台","一种载体"就是基于"劳资一心,互爱共赢"这个共同目标而确定的劳资对话沟通载体,且对话沟通采用员工喜闻乐见的"恳谈协商"方式。"三个平台"就是劳资恳谈赖以进行的三个平台:CEO与员工恳谈协商会、中层管理者与职能部门员工对话会及一线管理者与生产线员工对话会。"1+3"劳资恳谈模式充分吸收了"员工参与""劳资共决""集体协商"等做法,注重劳资双方的人文关怀和情感交流。参见姚文胜、翟玉娟主编:《劳资协商制——中国劳动关系改善的路径选择》,中国法制出版社2012年版。

国家依靠长期的劳资斗争而形成劳资力量相对均衡及平等对话机制,亚洲新型国家则依靠渐进式的民主化改革进而形成劳资平等对话机制。我国的劳动关系运行及其发展道路与其他亚洲国家有两点很相似:其一,长期的经济优先发展战略及出口导向型的经济结构,导致长期以低成本劳动力运行来保证所谓的竞争优势;其二,政府在劳动关系运行中有着强大的主导作用。但与其他亚洲国家相比,我国的劳动关系运行在工人团结权及工会组织方面有很大差异,亚洲新兴国家在民主化过程中产生了独立工会,且工会组织及工人普遍拥有罢工权。正是由于独立工会及罢工权的存在,才扭转了亚洲新型国家强资本弱劳动的格局,使劳资平等对话成为可能。因此,我国劳动关系的运行及其发展道路的选择必然是独特的,我国主要靠党政的力量来扭转劳资失衡,整体上体现的是一种高度统一的模式,并呈现不同的具体路径。

三、"第三条道路"与"工人代表制"

所谓集体谈判的"第三条道路"是相对于传统的集体谈判路径而言的,在理论上是一种泛称,包括很多学界的观点和主张,"工人代表制"是其中一种。

(一)"第三条道路"的界定

中国的劳动关系调整既不同于传统西方工业化国家通过劳资斗争逐步形成劳资力量均衡条件下的集体谈判道路,也不同于亚洲新型国家靠民主化改革形成劳资平等对话的道路,而是依靠政府主导,通过政策、行政的方式来扭转劳资失衡,学界称此为"第三条道路"。① 事实上,"第三条道路"是一种泛称,凡是鉴于我国特殊的社会经济发展历程而采取的特殊的思路,都可以称为"第三条道路",劳动法学界的"第三条道路"通常用来表述或概括我国独特的劳动关系调整思路。具体到集体劳动关系领域,学界也有不同的称谓。比如,有学者称为"嵌入式"集体协商,②意即我国的集体谈判借鉴了西方传统意义上"集体谈判"的文明成果,但我们更强调合作性质的"协商"而不是对抗性质的"谈判",

① 参见谢玉华、郭永星:《中国式工资集体协商模式探索——武汉市餐饮行业工资集体协商调查》,载《中国劳动关系学院学报》2011 年第 6 期。

② 参见谢玉华:《工资集体协商——能否走出协调劳动关系的第三条道路》,载《社会主义研究》2011 年第 3 期。

是由政府外生性或嵌入式的主导和干预的结果,而不是由市场内生性的自发形成。

(二)"工人代表制"相关问题阐述

在"第三条道路"的相关探讨中,"工人代表制"①值得关注。笔者认为,我国党政部门自上而下的运动式地推进工资集体协商,属于第一条道路;源于自下而上的行业或区域劳资关系工资增长普遍诉求,同时又获得党政部门自上而下的推动,形成行业或区域工资集体协商,属于第二条道路;企业层级的劳动者自下而上,自发地选举代表与资方进行谈判,并辅之以停工、罢工等施压手段,从而最终通过谈判获得工资增长的,属于第三条道路。"工人代表制"是典型的第三条道路,所谓"工人代表制"简单而言就是在没有工会或工会无法发挥作用的企业,劳动者通过选举代表并授权代表与企业方进行谈判,最终通过谈判达成集体利益增进的目标。"工人代表制"是近年来我国集体劳动关系理论研究和实践发展的重要成果,其价值主要体现在两方面:第一,继承了传统集体谈判的要义和精髓,实质上发挥了传统集体谈判的功能;第二,解决了我国集体谈判的法理障碍,将"劳动三权"的法律依据从不甚明确的劳动立法延伸为传统民法领域,通过"选举""委托""授权"等制度体系,彻底解决了劳动者相关行为的合法性问题。近年来,在我国珠三角地区,以"南海本田罢工"事件为代表的多起集体劳动争议事件,均以"工人代表制"的路径展开,事实证明获得了良好的社会效果,值得推广。

四、工资集体协商的完善建议及思路

既然工资集体协商在当前我国集体劳动关系运行过程中具有必然性和必要性,且实践中也大致形成了相应的处理模式和路径,则有必要进一步探讨工资集体谈判的完善思路。我国的"第三条道路"源自于工资集体协商的地方实

① 陈步雷和段毅分别是理论界和实务界主张并研究"工人代表制"的典型代表。笔者赞同工人代表制的必要性和可行性,但认为仍需要在理论上进行进一步的厘清。事实上,当前的"工人代表制"理论,呈现的是一种"名为代表,实为代理"的运行机制。代表与代理制度存在重大的区别,代表权体现的是被代表者整体利益或团体利益,代理只是体现代理人与被代理人个体之间的关系。代表权由选举产生,可以对内整合,对外代表,形成集体力量,而代理则是个案授权委托,扩大被代理人的活动范围,无法对内整合,对外代表。

践经验,对“第三条道路”进行理论概括和梳理有助于我国工资集体协商的完善。具体可从以下几点进行完善:

第一,统一认定工资增长或调整机制的事实依据、理由的标准。劳动报酬问题不仅涉及如工资结构、工资分配、工资调整工资发放等问题,也关涉劳动力市场及宏观经济形势和政策等问题,这些都是影响工资集体谈判能否顺利进行的重要因素。在众多影响因素中,笔者将其大致分为内部因素和外部因素两类。内部因素是集体谈判的参照基础,可以量化计算,在集体谈判中可直接用以说服对方并强调自身诉求合理性的重要因素,如与生活成本直接相关的物价、与企业支付能力直接相关的劳动生产率和盈利情况以及市场竞争有关的工资水平等因素。双方在集体谈判中,就上述因素及其支撑的数据和信息资料进行分析和论证,以显示己方诉求的合理性。外部因素主要是指外部宏观环境影响和确定的,不可量化的诸如通胀率、经济结构、经济政策的调整等宏观经济形势,对工资的集体谈判的结果有重要影响。据此,无论是内部的、外部的因素或微观的、宏观的因素,对工资集体谈判都很重要,立法应予以统一,并采用“法定优先,约定有效”的处理方式,即立法明确常用的工资集体谈判的信息和数据,并作为工资集体谈判时的参考标准。但如果双方约定采用非法定标准的,应当认定有效,因为其本身就是谈判的结果。

第二,重视工资集体谈判的实质性和有效性。工资集体谈判作为集体谈判的主要的和强制性事项,必须体现集体谈判的理论硬核和精神实质。由于我国政治、经济、社会及立法等原因,集体谈判自产生以来便呈现“重形式,轻实质”“重自上而下党政主导,轻自下而上自发组织”“重完成指标任务,请实际社会效果”等特征,工资集体谈判也不例外。虽然我国集体合同签订率不低,但其中很大部分根本没有经过集体谈判甚至没有经过集体协商,而只是在政府指令下,企业的形式化产物,其约束力可想而知。笔者认为,我国立法①和实践将工资集体谈判称为工资集体协商,并非只是习惯性的称呼不同,而实质上存在根本的区别。从集体劳动关系理论上看,集体协商与集体谈判本来就是两个不同的概念,集体协商侧重于劳资之间就不特定事项进行“非对抗性的沟通、交流

① 《劳动法》《劳动合同法》《外商投资企业工资集体协商的几点意见》《工资集体协商试行办法》《工会参加工资集体协商的指导意见》等立法均对工资集体协商作了相关规定。

和协商，实质是一个咨询过程，而非谈判决策过程”，[①]协商事项的不特定性、协商方式的非对抗性、协商结果任意性是其典型特征。集体谈判则注重双方谈判主体的特定性、谈判内容的特定性、谈判过程的实质性及谈判结果的强制性或法规性，这是集体谈判的理论硬核和精神实质。我国的工资集体协商并不是换成工资集体谈判的名称就能解决问题，关键在于工资谈判应体现谈判的实质性和有效性，即工资集体谈判应当体现双方，特别是劳动者一方的真实的利益诉求；体现劳资双方在利益对立条件下寻求合作的博弈过程；体现双方就工资增长或调整问题达成协议后的强制效力。虽然很多文献认为我国的工资集体协商就是工资集体谈判，只是称谓不同而已，但工资集体协商必须转化为工资集体谈判，彻底改变只关注流程和形式工资集体协商，这是我国集体劳动立法和实践的重要任务。

第三，充分利用和借鉴地方立法资源和实践经验，完善工资集体谈判机制的有效路径。诚如上文分析，无论是自上而下的如温岭、武汉模式的集体协商路径，还是自下而上的诸如深圳盐田港码头、南海本田集体劳动争议事件的处理路径，对工资集体协商立法、理论和实践均有指导意义。由于我国地方经济发展水平的差异性、集体谈判和集体合同立法的原则性、分散性、低层次性、形式性等原因，工资集体协商模式必须要结合地区劳动关系运行实践及经济发展状况。同时，在处理近年来频发的群体性停工、罢工劳动事件的实践过程中，一些地方政府、企业及劳动者在工资集体谈判方面也积累了很多宝贵经验，尤值得借鉴。因此，无论是地方政府对工资集体谈判模式的主动创新，还是对群体性劳动事件处理经验的被动总结，对完善我国工资集体谈判机制来说都是难得的可利用资源。比如，武汉模式为我们提供了行业性集体协商和集体合同的操作模式，本田模式给我们提供了企业级的集体谈判操作模式。当然，完全可以将区域性、行业性以及企业级集体协商或集体谈判综合起来，各取所长。根据《中华全国总工会2011—2013年深入推进工资集体协商工作规划》的要求，工资集体协商应形成“区域谈底线、行业谈标准、企业谈增长”的多层次工资集体协商格局。

笔者认为，完善我国的工资集体谈判主要应解决两个关键问题：工会的组

---

① 吴红列：《工资集体协商：理论、制度与实践》，浙江大学出版社2011年版，第6页。

织建设和政府的角色定位。从建立工资集体谈判的长效机制上看,两种类型或路径都需要工会的组织建设,完善现有工会体制,建立、重组工会都是工作重点。政府的角色定位,决定工资集体谈判是否充分和有效,政府在工资集体协商中应发挥协调、辅助功能,在群体性劳动事件中应在认定事件性质的基础上,即确认该事件只是劳资双方的工资增长问题,并不涉及其他可能影响社会稳定因素,协调、配合劳资双方的工资集体谈判。

第四节　集体合同相关理论及完善思路

集体谈判的最终结果是劳资双方就相关谈判事项达成一致进而签订集体合同。从劳资双方最终权利、义务的配置方面看,集体合同的签订、履行及其法律责任的设置是集体劳动关系运行及其立法规制的最终目标。但在集体谈判和集体合同的关系问题上,我国立法、理论和实务界一般更倾向于关注集体合同的签订,对集体谈判并未充分关注。故本书在深入阐述集体谈判理论的基础上,再系统探讨集体合同相关理论。当前针对集体合同,整体上呈“重形式轻实质”“重数量轻质量”的现象。在立法上,体现为立法分散、原则且层次低,缺乏立法的位阶优势,立法不明确,尤其是缺少相关责任的设置等缺陷;在理论上,并未形成集体劳动关系的基础理论框架,从而对集体合同相关理论的把握缺乏系统性和基础性;在实践中,主体错位、程序简化、内容空洞也成了集体合同的普遍现象。故在集体劳动关系运行逻辑和法律框架下,对集体合同立法进行全面系统的完善,立一部具有实质意义的、规定明确且具有较强可操性的、立法层次比较高的集体合同法是我国集体劳动关系法律规制的重要任务。

一、集体合同主体的正确界定

一般来说,合同主体就是合同的签订人或称合同当事人,即受合同效力约束的人。合同签订人必须严格履行合同,并在违反合同约定时承担相应的违约或赔偿法律责任,即原则上签约人、履约人与责任人是一致的。但集体合同比较特殊,集体合同的签约主体、履约主体及责任承担主体并不一致,这与一般的合同理论存在差异。其主要原因在于,集体劳动关系双方均以组织体的形式运行,双方组织均代表其成员的利益行事,涉及组织与其成员之间利益的保护和归属问题。集体合同主体的正确界定是解决集体合同法律效力的前提。关于集体合同主体的理论探讨，学界并未深入、系统地研究，而只是从整体和宏观的角度，讨论构成集体合同的主体的标准。事实上，集体合同主体、当事人以及集体谈判主体等概念之间有一定的区别，所讨论的范畴也比较宽泛。比如，集体谈判的主体只能是劳资双方各自的组织，而集体合同的主体包括劳资双方的具体成员。本部分只探讨集体合同主体。

集体合同主体大致可从以下三个不同层面或维度进行分析：第一，集体合同的劳方主体与资方主体；第二，区域性、行业性集体合同主体与企业级集体合同主体；第三，集体合同的签约主体和履约主体。显然，三个维度的集体合同主体互相交叉，互为关联。笔者基于新的研究视角和路径，从劳方和资方两个角度统一阐述。

（一）集体合同的劳方主体

关于集体合同劳方主体的探讨，目前学界大致有“职工主体说”[①]“工会主体说”[②]“工会与职工并列或共同主体说”[③]“同一说”[④]等多种学说。上述学说都有相应的立法及理论依据，也有相关的制度资源予以印证，但上述学说是否科学则需进一步论证，按照不同层级的集体合同，并按照签约主体和履约主体分别进行界定。

1. 集体合同劳方主体观点评述

职工主体说的依据主要有代理和代表两种理论，代理理论认为工会与职工之间是代理人与被代理人之间的关系，工会只是经授权从事的代理行为，真正的主体是职工。代表理论则认为职工才是集体合同的主体，“工会仅仅是职工的‘代表’，工会在集体合同中只是‘代表’的角色”。[⑤] 这一观点是对工会法人人格的否定，违背了集体合同的一般理论及法人制度的基本理论。因为集体合

---

① 黄越钦：《劳动法新论》，中国政法大学出版社2002年版，第300页。

② 张喜亮：《工会在集体合同制度中的角色》，载《劳动法学通讯》1997年第2期。按照代表理论，工会对其职工具有法定的代表性，《劳动法》《工会法》《集体合同规定》均规定，工会是职工一方的法定代表人。代表说目前是主流学说。

③ 参见常凯：《外资企业集体谈判和集体合同制度的几个法律问题》，载《中国法学》1995年第1期。

④ 孙德强、沈建峰：《集体合同主体辨析》，载《政法论坛》2009年第3期。

⑤ 黄越钦：《劳动法新论》，中国政法大学出版社2002年版，第300页。

同具有债法上的合同效力，工会法人是合同当事人，且工会法人独立承担民事责任。我国《劳动合同法》第 56 条也规定，因履行集体合同发生争议，经协商解决不成的，工会可以依法申请仲裁、提起诉讼。据此，职工不应是集体合同当事人。

工会主体说认为，“当我国劳动法将集体合同确定为规范性合同，集体合同当事人就应当是工会组织，劳动者只能是集体合同关系人。因此，工会组织应当承担相应法律责任”。[①] 这一观点并未注意到劳动者群体受集体合同规范性效力的约束而成为当事人的情形。事实上，劳动者群体作为集体合同当事人是传统集体谈判和集体合同的应有之意。我国《劳动法》第 33 条第 2 款规定，“集体合同由工会代表职工与企业签订；没有建立工会的企业，由职工推举的代表与企业签订。”这一立法无疑肯定了劳动者群体也是集体合同主体的观点。

共同主体说认为，劳方主体应该由劳动者和工会共同组成，且这是一种不可分割的主体，其中劳动者是意志主体、工会是形式主体。[②] 笔者认为，共同主体说认可了工会和劳动者个人均可以作为集体合同主体的观点，但没有从主体功能的角度进一步区分劳动者和工会作为集体合同主体所体现的差异性。换言之，意志主体和形式主体之分并不能完整体现劳动者和工会分别在集体谈判和集体合同中的功能和作用的区别。工会作为法人，具有自己的意思机关并要独立承担责任，这就决定了工会既是意志主体也是形式主体。劳动者虽然不是集体合同的签字方（签约主体），但集体合同的规范性效力决定了劳动者也是集体合同的意志主体和形式主体（关系人）。尤其是在没有工会的条件下，经劳动者选举的代表也应该作为事实的劳动者群体签订、履行劳动合同。故在此意义说，劳动者既是意志主体也是形式主体。我国《劳动合同法》第 51 条第 2 款规定，“集体合同由工会代表企业职工一方与用人单位订立；尚未建立工会的用人单位，由上级工会指导劳动者推举的代表与用人单位订立”。劳动者群体是没有工会情况下的补充性当事人。

---

① 董保华：《劳动关系调整的社会化与国际化》，上海交通大学出版社 2006 年版，第 210 页。

② 参见常凯：《外资企业集体谈判和集体合同制度的几个法律问题》，载《中国法学》1995 年第 1 期。

“同一说”认为劳动者和工会是一个不可分割的同一体，劳动者是工会的成员和基础，工会是以劳动者团结而成的社团法人。工会法人是集体合同的劳方主体，工会机关有对外代表工会签订集体合同的权利，受到工会会员大会或者代表大会这个意思机关的最终制约，故对工会法人有约束力的集体合同也直接约束作为会员的劳动者。这一观点一方面以工会法人人格否定了劳动者的独立人格，忽视了集体合同的规范效力，把集体合同完全混同于民事合同；另一方面也混淆了内部关系和外部关系，将社团法人的义务强加给社团成员，其实质是否定了工会法人人格。根据我国《劳动法》第 33 条规定，集体合同由工会代表职工与企业签订；没有建立工会的企业，由职工推举的代表与企业签订。该法第 35 条规定，依法签订的集体合同对企业和企业全体职工具有约束力。职工个人与企业订立的劳动合同中劳动条件和劳动报酬等标准不得低于集体合同的规定。这两条规定实际上这就肯定了劳动者的当事人地位或劳动者的权利主体地位。

笔者认为，在理论上要给集体合同劳方主体形成一个单独的学说或观点都比较困难，因为集体合同劳方主体既包括集体合同当事人或签约主体，又包括集体合同关系人或履约主体，客观上是处于既分离又统合的状态，故只能是一种客观描述。笔者据此将集体合同劳方主体列表如表 1 所示：

表 1　集体合同劳方主体

集体合同当事人（签约主体）	工会	
	没有工会条件下经选举成立的职工代表	
集体合同关系人（履约主体）	工会、职工代表	债法效力上的关系人或当事人
	劳动者	规范效力上的关系人

2. 签约主体

集体合同的签约主体，又称集体合同的当事人，对劳方来说包括工会及职工代表组织，这在理论界已基本形成共识。这里有两个问题值得关注：第一，职工代表是否是集体合同的签约主体；第二，劳动者作为工会的成员，为何不能成为集体合同的签约主体（当事人）。我国现有的劳动立法中，凡涉及与职工利益密切相关的，需要体现职工民主管理权利的，劳动者一方的主体一般都以“工会或职工代表”来表述。这是我国企业社会主义生产、经营及管理的方式，以及我国特殊的劳动力市场发展历史决定的。职工代表大会的有效运行和工会组织建设的不满现状,使职工代表可以在很多领域充当主体角色。我国集体劳动立法和实践不完善的表现,即在没有工会的企业内,职工通过选举并授权其代表以表达集体利益诉求。在我国工会组织尚未普遍建立的条件下,允许职工代表作为集体化合同签约主体,在一定程度上不仅能缓解工会组织建设的压力,而且能切实保护劳动者的集体利益。虽然集体谈判和集体合同在保障劳动者集体利益增进中所体现的重要性决定了原则上工会是集体合同唯一的、有效的劳方主体。但实际上,即使在欧美发达国家,在没有工会组织的条件下,立法也允许劳动者经民主程序选举而成的代表组织,与资方进行集体谈判并签订集体合同。因此,完善我国现有的职工代表大会制度和职工代表选举制度,并充分发挥上级工会的指导、协助作用,完全可以展开全面的集体谈判或集体协商。

劳动者不能成为集体合同的签约主体,是因为劳动者集体利益的诉求,必然要通过工会或相应的组织得以表达,这是劳动者实现团结权的初衷,否则无异于个体劳动者与雇主之间,关于劳动合同的签订和履行的博弈。工会作为集体合同的签约主体或当事人,集中体现了劳动者团结权的本质、集体谈判和集体合同的作用机理及集体行动合法性、有效性。劳动者行使团结权,就是为了组成工会,由工会代表劳动者与雇主方博弈,以满足劳动者集体利益的保障,立法承认和保护工会组织,就意味着工会组织的依法成立就决定其具有法定的代表性、独立性。从集体合同的作用机理看,工会签订的集体合同,实际上是在本集体合同覆盖范围内,就劳动条件、劳动待遇等的底线规定,或基准规定,其作用相当于劳动基准法,只是范围和层面不同而已。同时,也只有工会才能在谈判破裂或陷入僵局的时候宣布停工、罢工等集体行动。因此,只有工会作为签约主体或当事人才符合集体劳动关系的理论框架,并在“劳动三权”的运行中达到逻辑上的自洽。

3. 履约主体

合同生效意味着合同当事人受合同效力的约束,应该依约履行合同义务。理论上看,集体合同的签订主体就应该是履行合同的主体,但集体合同的特殊性决定其签约主体与履约主体出现了分化,即工会只作为签约主体,但工会和劳动者都是履约主体。目前学界将不签订集体合同但受集体合同约束的劳动者和企业称为集体合同的关系人。主要理由有二:其一,集体合同的主要内容,是如劳动报酬、工作时间、休息休假、劳动安全卫生、社会保险福利等与劳动者基本权利或切身利益紧密相关的事项，劳动者是最主要的利益相关者；其二，上述事项在集体合同中具有规范性效力，对劳动者和企业而言均有基准性的功能和作用。工会作为集体合同的签约人或当事人，是为了解决集体合同签订和履行的组织性、集体性问题，以免陷入个体劳动关系和劳动合同的烦琐和低效中。故集体合同的签订需要组织的独立性，而集体合同具体内容的履行，则不得不涉及具体的劳动过程，劳动者作为关系人受其约束便是集体合同制度应有之义。

学界对劳动者是集体合同关系人的观点已基本达成共识，但对工会既是集体合同当事人又是关系人的观点却有不同认识。笔者认为，工会可以是集体合同的关系人，基于如下理由：其一，工会作为集体合同当事人主要是针对集体合同的债法效力而言的，即工会是签约人，必须接受合同分身的约束；其二，集体合同的规范性效力直接约束的是劳动者和雇主，工会作为法人组织无法接受约束。

（二）集体合同资方主体

集体合同的资方主体是雇主或雇主组织。与集体合同劳方主体相比较，集体合同资方主体相对简单。因为，雇主和雇主组织均是法定的组织形式，均可作为集体谈判和集体合同的主体，且两者既是集体合同当事人也是关系人，既是签约主体也是履约主体。具体而言，在区域性、行业性集体合同中，雇主组织是签约主体，而各个雇主履约主体；在企业级集体合同中，雇主既是集体合同的当事人也是关系人，或者说在集体合同债法意义上是当然的当事人，在集体合同规范意义上是受规范性效力约束的关系人。① 虽然雇主或雇主组织作为集体合同资方主体既是当事人又是关系人的观点有点模糊，但事实上雇主或雇主组织的上述两种主体功能确实存在区分。雇主或雇主组织作为集体合同当事人，对应的是工会或相关组织；雇主作为集体合同关系人，其实是接受集体合同基准性规范的义务主体，对应的是劳动者个人。虽然劳动者和雇主都是集体合同的关系人，两者互负权利和义务并受集体合同约束，但受约束的程度和方式

① 事实上，学界对此观点并未形成主流意见，原因是雇主是集体合同当事人容易理解，同时又是关系人不太好理解，不如直接界定为当事人。

有很大差异。集体合同约定的内容,在特定范围和层面上具有基准性特征,决定了企业是集体合同的主要约束人,且是主要的义务承担者,或说是义务本位;而劳动者是次要的约束者,且主要是权利的享有者,或说是权利本位。

鉴于我国集体合同主要在企业层面上进行,雇主组织既是集体合同签订者又是履行者及合同利益的归属者,故当前我国集体合同资方主体的确定并无法律障碍。但随着我国集体劳动关系的运行及其法律规制的建立健全,集体谈判和集体合同将日渐盛行,企业级别的集体谈判和集体合同无法适应新的形势发展,必须重视区域性和行业性的集体谈判和集体合同。此时,将面临雇主组织的建设及其作为集体合同主体需要进一步完善的问题。相应地,加强工会组织建设,发挥上级工会作用,开展行业性、区域性的集体谈判或集体协商,也是我国关于集体合同制度发展的规划。

二、集体合同内容规范与创新

顾名思义,合同内容是指合同的条款。集体合同的内容,一般是指劳资双方经过集体谈判,将达成一致的事项形成具体的集体合同条款。集体合同的内容与劳动者团结权、集体谈判权及集体行动权有密切关联,也是集体劳动关系法律规制的重点。对集体合同内容进行科学的界定和划分,并对具体内容进行规范是集体合同立法的重要课题。

(一)集体合同内容的界定和划分

关于集体合同究竟应该包括哪些内容,具体应如何划分的问题,学界有"二分法"[①]"三分法"[②]"四分法"[③]的分歧。据笔者观察,这些分类虽然名称不同,但只是就集体合同主要内容进行不同的组合而已。"二分法"主要是将集体合同的内容分为标准性、非标准性条款,实体性、程序性条款,物权效力规范、债权效力规范等。"三分法"和"四分法"也是在"二分法"的基础上加上目标性条款,即劳资双方就未来企业生产经营设定的目标,并重新组合而成。

---

① "二分法"是统称,也是目前学界的主流观点。参见常凯:《劳权论》,中国劳动社会保障出版社2004年版,第268页。

② 刘继臣认为,集体合同的内容包括劳动标准条件部分、过渡性规定及关于集体合同本身的一般性规定三部分。参见刘继臣:《共同的约定:集体合同与劳动合同》,中国工人出版社2009年版,第54页。

③ 宋湛:《集体协商与集体合同》,中国劳动社会保障出版社2008年版,第133页。

基于“二分法”的划分，笔者认为可以从广义和狭义、标准性和非标准性、实体性和程序性、物权效力（规范性效力）和债权效力（债权效力或合同效力）四重维度对集体合同内容进行如下分类：

第一，集体合同内容有广义和狭义之分。广义的集体合同内容指所有集体合同条款，狭义的集体合同内容则仅指经集体谈判达成一致的事项。广义上的集体合同内容，除了狭义的集体合同内容，即标准性规定或劳动条件的规定外，还包括集体合同本身所应该具备的要素条款，如合同的生效、变更、解除、合同责任等程序性条款。

第二，集体合同内容有标准性和非标准性条款之分。集体合同的标准性条款是经劳资双方集体谈判达成的一致事项，为劳动合同提供标准和指引的条款。非标准性条款则是指集体合同本身所应该具备的通用性条款。

第三，集体合同内容有物权效力和债权效力之分。这种维度的分类，来源于德国集体合同规范性效力和债法性效力区分的理论。德国集体合同的法规性效力具体体现在三个层面，即对于该集体合同当事人所属成员的劳动合同、企业规章及企业组织法具有强制性、不可抛弃性及余后效力。债权性内容，即双方当事人应遵守协约的履行规则，在合同存续期间保持相对和平的义务。① 由此可知，德国集体合同法规性效力内容相当于我国集体合同中劳动标准条款，为劳动合同、规章等提供标准和指导；其债法性效力相当于我国的非标准条款，用以规范当事人之间的权利和义务。

第四，实体性内容和程序性内容。实体性内容是指集体合同中为当事人、关系人实际配置的权利、义务的条款。程序性内容则主要是为集体合同本身的生效、变更、解除等规则设置的条款。

通过上文的分析，笔者认为，我国集体合同的内容宜以标准性条款和非标准性条款来划分集体合同内容。其一，标准性、非标准性条款的划分最能体现集体合同的本质特征和功能；其二，集体合同内容划分的四重维度中，标准性和非标准性的划分最具有涵盖性和统摄性。广义、狭义和实体性和程序性内容的划分过于原则和笼统，法规性效力和债法性效力内容的划分实际是集体合同效力的体现。

---

① 杨鹏飞主编：《劳动关系集体协商制度研究》，上海社会科学出版社2012年版，第38页。

（二）集体合同具体内容的规范

上文指出，集体合同内容分为标准性和非标准性条款两大部分，标准性条款比较容易认知，是经劳资双方就劳动条件的标准进行实质性谈判达成的条款，是集体合同的核心内容，是劳动合同的基础，为劳动合同的签订和履行提供指导和制约。主要包括劳动报酬、工作时间、休息休假、社会保险与福利、劳动安全卫生等。非标准性集体合同条款，主要就是合同本身所应该具备的要素，包括集体合同的生效规则、有效期限、合同的变更解除和终止、合同争议的解决及集体合同的监督检查等内容。

1. 标准条款必须经劳资双方的实质性谈判，且必须具体明确。前已所述，集体谈判的事项分为强制性谈判事项和任意性谈判事项，作为集体谈判的最终结果的集体合同，其标准条款必须要体现劳资双方的博弈过程，相关事项只有经过实质性谈判，才能拓展和提升劳动者利益保障空间和层次，才能作为集体合同的标准条款，该集体合同也才能具有更高层次的效力。这是确定集体合同标准条款的原则。不过此处需要说明的是，集体谈判事项有强制性谈判事项和任意性谈判事项之分，强制性谈判事项作为集体合同标准条款自无异议，任意性谈判事项能否作为集体合同的标准条款呢？笔者认为，是否属于强制性谈判事项，与该事项应否纳入集体合同标准条款没有必然联系。因为前者涉及立法对劳资自治的干预程度问题，而后者只涉及集体合同的内容问题，其本身已经是劳资自治的产物。换言之，无论是强制性谈判事项还是任意性谈判事项，只要经过实质性谈判，就可以被纳入集体合同的标准条款中。另外，集体合同的标准条款必须具体明确并具有可操作性，这不仅是合同理论的应有之意，还是规范集体合同的要求。

2. 非标准条款必须遵守合同理论和规则。其一，集体合同的期限必须予以明确，并明确规定在合同有效期内，当事人须遵守和平义务；其二，除了法律规定集体合同的生效规则和效力范围外，集体合同当事人可以另行约定相关规则，并明确集体合同的效力范围；其三，集体合同的变更、解除和终止须明确具体程序和条件，尤其是标准条款的变更，须经双方谈判或协商；其四，明确相应的集体合同争议的解决途径及法律责任等。

（三）集体合同内容的边界与限制

集体合同内容是就劳动关系领域中涉及劳动者及企业经营切身利益的事

项进行协商谈判而成，故集体合同内容应与劳资关系相契合，不能突破劳资关系领域或限制劳、资双方的权限。

1. 集体合同不能突破劳动者私人生活领域

即使是广义的集体合同内容，也意味着有必要纳入集体合同内容范畴的才是集体合同内容，超出劳动关系领域的事项就不应该纳入集体合同内容的范畴或边界。因为工会对此没有管辖权限，无法就这些事项与雇主进行谈判，即使谈判也无法理依据。不过，此时面临的一个问题是如何界定所谓的超出劳动关系领域？这就需要结合劳动关系领域中如工作场所、工作原因、工作时间等特定的要素加以综合考虑，如集体合同可以规定工资的额度以及支付的形式，但不能规定工资的使用方式。

2. 集体合同不能无故限制企业经营的自由

每一个有关劳动关系的规定或约定，将难免会与企业的经营行为发生联动。为避免过度侵害企业的经营自主权，集体合同相关立法一般会规定不得无故限制企业的经营自由权。如果集体合同的内容既涉及企业经营自主权，又涉及如女职工保护等特别的劳工保护权的，应如何处理？笔者认为，集体合同不能无故限制企业经营自主权，就意味着在权利位阶存在差异且与有需要特别保护的权利出现冲突等特殊情形下，集体合同的相关内容应以劳动保护为重。

3. 关于集体合同补充性条款或目标性条款的存废

有观点认为，劳资双方就企业生产经营和民主管理等问题设置相应的目标、指标或任务，也属于集体合同的内容，是对核心条款的补充，故称为目标性条款或补充性条款。但究竟什么是目标性条款，其范畴又如何界定，目前学界并未对此进行深入研究，只是就是否将目标条款纳入集体合同内容进行非此即彼的回答和描述。笔者对目前的文献资料进行分析，认为目标性条款有这样几个特点：第一，指导思想具有计划经济色彩；第二，适用于国有或国有控股企业；第三，生产经营计划、指标和职工民主管理为主要内容。计划经济时期的劳动关系是以国家主导企业生产经营和职工与企业利益高度一致为前提，在这一指导思想和观念之下，国有企业的企业生产经营和职工民主管理是企业和职工共同的任务，也是职工主人翁地位的体现。因此，集体合同出现目标条款，实属正常，也可算是中国特色集体合同制度。

笔者认为，将目标条款作为集体合同的内容并无事实和法理依据。其理由有三点：第一，集体劳动合同是市场经济的产物，计划经济遗留下来的劳动关系管理思想和理念，已不能适应劳动关系市场化、法制化及利益多元化的发展趋势和要求；第二，劳动者在劳动过程中提供的是劳动力，其并不占有劳动产品和分享利润，因而劳动者无须承担经营风险，此乃劳动法的基本法理；第三，企业生产经营计划、指标及职工民主管理等内容的基本功能是鼓励劳资双方勤勉敬业，而非约束甚至处罚，故其本身不适合作为合同条款出现。另外，目标条款可以通过人力资源管理的措施、职工代表大会制度及企业规章制度等途径实现目的。

三、集体合同的程序规范

广义上的集体合同程序，包括集体谈判相关程序、集体合同的签订、生效、变更、解除和终止等；狭义上的集体合同程序仅指集体合同本身的相关程序。鉴于集体谈判程序已有专门论述，此处只就集体合同的签订和生效程序进行阐述。

（一）集体合同草案的审议

经劳资双方谈判代表的谈判，最终达成一致便形成初步草案。鉴于集体合同的重要性、集体性等特殊性，各国立法对从集体合同草案到集体合同的正式生效，均予以相应的规制。我国相关立法均规定了“集体合同草案应当提交职工代表大会或全体职工讨论通过”这一程序，①而且我国《集体合同规定》第36条则更为详尽地规定了集体合同草案讨论通过的具体要求，即“应当有三分之二以上职工代表或职工出席，且须经过全体职工代表半数以上或全体职工半数以上同意”。笔者认为，这一程序设置的立法旨趣在于彰显劳动者民主管理权。“在签订集体合同的过程中，应当充分发挥职工代表大会的民主管理作用，保障劳动者的知情权和参与权，这样才能更有效地维护劳动者的合法权益，也更有利于推进企业和职工双方积极履行集体合同。”②另外，这种立法程序的设置，也是为了防止职工一方协商代表消极不作为，甚至与企业方串通损害全体职工利益的现象。设置这样的程序是否真的能满足其立法的目标，学界依然

① 参见《劳动法》第33条、《劳动合同法》第51条、《工会法》第20条。

② 信春鹰主编：《中华人民共和国劳动合同法释义》，法律出版社2007年版，第195～196页。

有分歧。有人主张,集体合同草案不仅应经讨论通过,还要经全体职工讨论通过。但也有观点则认为,要求集体合同草案经职工讨论通过,有悖劳动法理论。[1] 谈判代表与其成员之间属于法定的代表关系,[2]根据代表理论,谈判代表既然已经取得代表权,则在其与对方谈判达成一致意见并形成集体合同草案后,该草案无须再经其成员讨论通过,否则,明显违背代表关系的基本理论。若谈判代表形成的集体合同草案仍需其成员讨论通过后才能正式签署,则无异于置谈判代表于"尴尬""虚幻"地位,因为只要其成员行使否决权,集体合同的订立程序便被阻止,谈判代表的努力无法形成"合理预期"。

必须承认,在集体谈判过程中,确实存在劳方谈判代表受资方协商代表的威胁、利诱、收买等,从而订立损害劳方利益的集体合同的现象。特别是在当下我国工会力量薄弱,更容易受到资方影响。故有必要对谈判代表的行为进行适当的监督。但笔者认为不宜通过对集体合同草案行使否决权来监督谈判代表的行为,而应通过规范不当劳动行为的方式实现监督目标。当工会在集体谈判中出现"消极"不作为、滥用职权甚至与雇主串通损害职工利益等行为的,应当列入工会不当劳动行为并加以规制,即通过设置工会及其成员追究谈判代表不当劳动行为责任的仲裁、诉讼等程序,从而有效克服谈判代表可能出现的弊端。

通过以上分析,笔者建议集体合同草案形成后可以设置职工讨论的程序,但无须职工同意。讨论程序的设置在一定程度上也可以监督谈判代表的行为,如集体合同草案形成并公示后,规定在一定的期限内职工可以提出异议或建议,工会和谈判代表应予以书面形式的说明,或由职工代表大会就异议或建议进行讨论协商。

(二)集体合同的签订、生效和公布程序

集体合同草案经讨论协商最终达成一致后,集体合同须经双方首席代表签字确认,并加盖企业和工会印章,集体合同正式签署成立。但成立的集体合同并未立即生效,须履行相关的法定程序才能生效。这是由集体合同的特殊性决定的,集体合同不同于一般的民事合同,集体合同本身是劳资自治的产物,其不

[1] 参见杨鹏飞:《劳动关系集体协商制度研究》,上海社会科学院出版社 2012 年版,第 35 页。

[2] 《集体合同规定》第 19 条规定:"本规定所称集体协商代表,是指按照法定程序产生并有权代表本方利益进行集体协商的人员。"

仅涉及集体合同双方当事人的权利、义务的配置,而且关系到集体合同关系人的利益,其中的标准条款是劳动合同的基础,具有准法规性质,故需要进行必要的合法性审查。同时,集体合同作为中观层次的劳动关系调整机制,关涉和谐劳动关系的建立,对集体合同进行审查体现了政府的重视。对于集体合同成立后,需要履行相应的送审程序才能生效,学界有不同认识,这一程序看起来比较符合附条件生效合同的性质,送审程序是集体合同生效的条件;同时结合这一程序的实际功能看,与附期限生效合同似乎更为接近,因为集体合同的送审只是在一定期限内的登记、备案程序,并未对集体合同的生效产生实质影响。笔者认为,附期限生效合同说更为妥当。现行立法对集体合同审查程序的设置实质上属于形式审查,劳动行政部门自收到集体合同文本之日起 15 日内应当登记、审查,并将审查意见书送达双方,待 15 日的审查期限届满未提出异议的,集体合同即行生效;①即使提出异议的,也只是要求双方对异议部分进行修改并重新报送审查,重新报送的审查期限虽然没有明确,但应该以第一次送审期限为准。

据上述分析可知,集体合同的审查以两次为限,最长期限是 44 日,该期限届满集体合同便可自动生效,即集体合同的生效只是时间问题,劳动行政部门的审查并未起实质作用。既然对集体合同并不起实质影响作用,该送审程序的设置的必要性则颇值怀疑。笔者认为,有两种思路可以改变这一尴尬现状:其一,修改立法,加强劳动行政部门的审查力度和影响作用,改形式审查为实质审查,将集体合同的生效程序转变为“三方协商机制”;其二,保留送审的登记、备案程序,但该程序不影响集体合同的生效,即改集体合同的登记才生效为成立即生效。第一种思路与集体劳动关系运行及其法律规制的理念相悖,集体合同的本质理念是劳资双方的协约自治,允许劳动部门的实质干预无疑会对劳资双方的意志造成扭曲。相反,第二思路较为稳妥,因为登记、备案程序有其必要性,劳动部门在宏观上必须把握本地区劳动关系的调整现状,并适时做好相应的政策调整。集体合同的生效,应该符合最基本的合同生效规则,如果法律对合同生效没有特殊的要求,合同成立即生效。集体合同的生效类似于企业规章制度的生效,规章制度只要经过民主程序制定,并向劳动者公示的便生效,立法

---

① 参见《劳动法》第 33 条、第 34 条,《集体合同规定》第 32 ~ 48 条。

并未要求规章制度经审批才能生效。如前所述,集体谈判事项一般已经过法律的“过滤”,经集体谈判达成一致形成的集体合同,其内容违法的概率也近乎为零,即使集体合同某项条款违反法律、法规的强制性规定,也只是这个条款本身无效,不影响集体合同的生效。该无效条款完全可以在有关集体合同争议中予以处理。

关于集体合同的公布程序,即双方在集体合同生效后以适当的方式在10日内向全体职工公布。这一程序的设置确有必要,其目的在于向劳动者宣告企业有集体合同参考和适用。值得注意的是,此处用的是“公布”而非“公示”,公布只要以适当的方式公开就行,而公示则不仅要公开,还要进一步向公示对象宣传,并使其了解。集体合同不同于规章制度,集体合同是对劳动基准法和劳动合同的补充,在更大程度上只是具有参考作用,故无须向劳动者“公示”。

(三)集体合同的变更、解除和终止程序

集体合同作为合同,其变更、解除和终止便不可避免。法律并未规定集体合同的变更、解除和终止的特殊条件或情形,故可以一般合同理论类推理解和适用,不外乎有因政治、经济发展情势及法律、政策的变化,相关主体变更、消灭,不可抗力、合同期限届满等致使集体合同需要变更、解除或终止等。鉴于集体合同的集体性、准法规性,其变更、解除和终止程序的设置至关重要,不仅关系集体合同当事人和关系人的权利和义务的存续状态,还关涉集体合同变更、解除和终止后的法律后果的承担问题。由于集体合同终止的情形及其程序要求比较简单,故本部分主要就集体合同的变更和解除的程序予以分析。根据合同变更或解除理论,集体合同的变更或解除也可分为协议的变更或解除和单方的变更或解除。笔者认为,就协议的变更或解除而言,立法对其程序的设置,应该比照集体合同的签订程序进行,具体可从以下角度把握。

1. 原则上由劳资双方通过集体谈判,并作为集体合同内容。由于集体合同所涉行业特点、经营规模、企业性质等因素具有差异性,对集体合同的变更、解除程序立法不宜作统一规定,原则上应该在集体合同中予以载明,只要不与立法的强制性规定产生冲突即可。如一方提出变更或解除集体合同的要求时,对方在什么期限内以怎样的方式予以回应,就可以在集体合同中规定。

2. 实质上要经过集体谈判或协商程序。当出现需要变更、解除集体合同情形时,一方提出要变更或解除集体合同,必须与对方协商一致后达成书面协议。

当事人双方达成的书面协议实际上是一个新的集体合同或原合同的一个新的条款。这一过程其实就是一种劳资双方的谈判、协商的博弈过程，需要双方就变更、解除集体合同的具体条款及其理由、情形等展开说明论证，只是与集体合同的订立相比，集体合同的变更、解除的谈判或协商形式比较灵活而已。

3. 具体细节和程序上要体现集体合同的特性。集体合同变更或解除的后果依然是集体合同或与集体合同有关，必须体现集体合同的特性，如必须有集体合同当事人，即工会、雇主或其组织才能提出动议，要求变更或解除集体合同，劳资双方成员只能向本方组织建议。若双方组织有消极对待、不作为甚至与对方串通损害己方成员利益的，可以通过追究其不当劳动行为的相关责任予以解决。另外，与集体合同的订立程序一样，在集体合同的变更或解除达成书面协会后，必须履行审议、讨论及报送审批程序。

就集体合同的单方变更或解除而言，笔者认为，总体上应当从严把握。从适用情形或适用条件的角度看，立法应明确在主体消灭、不可抗力及约定变更或解除条件成就时，可单方要求变更或解除集体合同；从具体程序上看，必须满足对方当事人的知情权，并提供相应的证据。如工会解散，必须向对方提供会员大会的决议；企业破产的话，须提供相应的司法文书；出现不可抗力的，须提供有关部门的证明；约定变更或解除条件的，应当及时通知对方等。

四、集体合同的效力

"合同的效力是指依法成立的合同在当事人之间产生的法律拘束力"。[①]"法律拘束力"意味着法律对当事人合意的介入，并赋予其强制性、可责难性和司法适用性。集体合同既具有一般合同的特性又具有特殊性，故其也有特殊的效力评价规则。

（一）关于集体合同效力相关学说及其评析

学界大致形成两大学说：单一效力说与复合效力说。复合效力说又分为双重效力说与三重效力说。

1. 单一效力说

有学者认为，我国集体合同仅具有法规性效力，不具有债权性效力。其理

① 王利明：《合同法研究》（第1卷），中国人民大学出版社2002年版，第491页。

由是集体合同"债权性效力"的作用是约束合同双方,促使其在约定的范围内承担履行义务与和平义务。如果双方意思悬殊,在合同规定的义务之外由双方采用包括劳动斗争在内的方式自行解决争议。但是,从我国《集体合同规定》来看,立法者的意旨很明确:劳动斗争的手段是禁止的。至于履行义务,由于和平义务并不存在,主要合同义务又有强制效力的规范,因此团体的履行义务对集体合同并不具有重要意义。①

2. 复合效力说

复合效力说承认集体合同既具有规范效力又具有债权(或债法)效力,是目前学界的通说。

其一,双重效力说。以法律效力的性质特点为标准,集体合同的内容可以分为规范效力部分和债权效力部分。规范效力部分主要涉及劳动者具体劳动条件和劳动标准规定,这部分内容不仅具有债权的意义,而且更具有法规的意义;债权效力部分是除劳动标准以外的主要涉及劳资关系方面的内容,由债权效力发生的义务主要有和平义务、敦促义务以及其他义务。②

其二,三重效力说。集体合同兼具准法规效力、债权效力和组织效力。前两项效力的理解与双重效力说基本是一致的。组织效力是指集体合同的某些条款对其关系人具有设定组织法义务的效力。这种义务是集体合同关系人作为团体成员对其所属团体的义务,或者说是团体内部义务而非团体外部义务。③

上述学说中,单一效力说以我国立法禁止劳动者集体行动为由否定债权效力,与传统的集体劳动关系理论相悖;三重效力说将组织效力从债权效力中单列出来,和双重效力说并无本质差别。笔者认为,关于集体合同的效力,可以从两个角度进行探讨:一是从传统的合同法理论出发,认为集体合同的效力体现为对人的效力、时间效力及空间效力;二是从集体合同本身特征出发,认为集体合同的效力主要有规范效力和债法效力。两个角度也属于集体合同效力的类型,尤其是规范效力和债法效力的区分更是集体合同效力的典型体现形式。

---

① 参见吴文芳:《德国集体合同"法规性效力"与"规范性效力"之研究》,载《法商研究》2010年第2期。

② 常凯:《劳权论》,中国劳动社会保障出版社2004年版,第268页。

③ 参见王全兴:《劳动法》,法律出版社2008年版,第222~223页。

（二）时间及空间效力：基于传统合同效力理论的视角

从传统合同效力理论看，集体合同效力包括对人的法律效力、时间效力和空间效力。集体合同的对象、时间及空间效力规则与一般的合同理论差别不大，但也有不同点。其中对人的效力是集体合同效力的主要体征。根据我国劳动立法规定，集体合同对用人单位和用人单位全体劳动者具有约束力，[①]此部分已在集体合同主体部分论述，在此不再赘述。

1. 集体合同的时间效力

集体合同的时间效力是指集体合同从什么时间开始生效，什么时间终止其效力。目前，各个国家普遍采用定期集体合同，且合同期限一般不超过3年。我国集体合同的存续时间一般也为1～3年。在正常的集体合同期限内，集体合同生效、终止等均有明确的立法规定，此处需要说明的是关于集体合同的溯及力和延后或余后效力问题。集体合同的溯及力，就是集体合同能对其成立生效之前的行为产生约束力；而集体合同的余后效力就是，集体合同解除或终止后，依然对相关主体及其相关行为有约束力。笔者认为，集体合同是否具有溯及力和余后效力，不能一概而论。原则上集体合同无溯及力，因为集体合同具有准法规性，其劳动条件部分的内容具有法规性效力，根据"法不溯及既往"的精神和原则，集体合同规范效力部分应无溯及力。但作为合同其又必然具有合同本身所具备的债法效力，故应允许集体合同"和平义务"的债法效力有溯及力。笔者认为，集体合同毕竟是合同的一种，是双方谈判和协商的结果，应允许当事人在集体合同中特别约定其溯及力问题，特别是在我国集体合同刚起步，大多数企业之前没有集体合同只有劳动合同的情形下更需要立法的灵活规定。实践中，也有一些国家立法允许当事人特别约定集体合同的溯及力。

集体合同的余后效力，一般是指"集体合同终止后对以其订立并仍然有效存续的劳动合同还有约束力"。[②] 德国《团体协约法》第4条第5项规定："团体协约已届期满，其规定的效力，於被其他约定取代之前，继续适用"。[③] 集体合

---

① 我国以企业层面的集体谈判和集体合同为主要形式，故集体合同对人的效力只涉及用人单位及其全体劳动者，但并不否定如果集体合同在产业、区域甚至国家层面上时，也包括雇主组织。

② 参见王全兴：《劳动法学》（第2版），高等教育出版社2008年版，第240页。

③ 此处的其他约定显然泛指，包括新的集体合同、劳资协议及劳动合同等。

同余后效力的目的在于确保规则的安定性，其主要功能在于防止集体合同时间效力上的脱节，所以各国一般都通过立法规定或允许当事人约定，集体合同终止后在新的集体合同生效前，或虽然未订立新的集体合同但在原集体合同终止后的一段时间内仍然有效。实务中，集体合同余后效力的规则，一般适用在劳资双方未能在旧的集体合同期限届满前达成合意时。换言之，如果劳资双方已达成新的集体合同，则前一个集体合同就没有余后效力。

据此，劳动条件部分的条款是集体合同的核心内容，但劳动条件是由不同社会经济发展水平、劳动生产率、通胀率等多种因素综合决定的，且具有很强的动态性。这就决定了集体合同的期限具有短期性特点，必须随着各种因素的变化而适时变更或重新签订。同时，集体合同的重要性决定其必须长期发挥对劳动合同的基础和指导功能，即必须要有稳定的集体合同的作用机制。因此，集体合同的溯及力和余后效力问题其实是现实的集体合同期限的短期性与需要集体合同稳定发挥作用的长期性之间的客观矛盾所致。集体合同形成过程的繁杂性决定了实践中无法做到前后集体合同之间的无缝对接，立法的任务就是要设置一定的规则或建立相应的机制，尽可能地让集体合同长期有效发挥作用。所以，笔者建议，我国首先要像推动劳动合同一样推动集体合同的立法和实践，让集体合同成为调整劳动关系的主要机制；其次对首次签订的集体合同的溯及力问题，允许当事人约定，没有约定或约定不明的无溯及力；最后明确集体合同余后效力具体适用范围或情形，并设置一定的期限，以督促劳资双方签订集体合同。

2. 集体合同的空间效力

集体合同的空间效力，是指集体合同在哪些地域、产业或行业发生效力。一般而言，集体合同的空间效力在允许集体谈判和集体合同多元化、多层次化的立法和实践中才有实际价值，因为其不仅真正体现了集体合同的空间效力，即对本集体合同所覆盖范围内的用人单位及其职工有效，而且有利于协调集体合同之间的竞合问题，即两个以上集体合同同时适用于同一劳动关系时，优先适用哪个集体合同的问题。虽然实践中我国集体合同主要以企业层面为主，但行业性、区域性集体合同的发展趋势不容置疑，需在立法和理论上予以回应。笔者以为，出现集体合同竞合时，以“相近原则”和“有利原则”为处理原则较为稳妥。具体言之，当两个集体合同同时适用于某一劳动关系时，应该适用符合该劳动关系特点和有利于劳动者利益保护的集体合同。

(三)规范效力和债法效力:基于集体合同本身特性

集体合同特殊的效力规则是其既具有规范性效力又具有债法效力。

1.集体合同规范效力

集体合同的规范效力,是指集体合同关于劳动条件的标准性条款,对其关系人和个体劳动关系的运行具有准法规的强制性效力。学界对规范效力有不同的称谓,有称之为准法规效力,①也有人称其为物权效力以便和债权效力相对应,但对规范效力的基本含义基本没有歧义。规范效力是集体合同本质的集中体现,集体合同的规范效力主要是针对集体合同关系人的一种基准规定,与关系人的主观意志基本没有关联性。其效力具体体现在以下三个原则:其一,不可贬低原则或底线原则。集体合同标准条款是在其效力范围内劳动者利益的最低标准,劳动合同不得低于这一标准,体现为一种对劳动者单方有利的、②直接的、强制性的效力。其二,替代原则或补充原则。集体合同的标准条款可以成为劳动合同的内容的替代或补充,特别是劳动合同没有规定,或虽有规定但却无效的情形下,集体合同有规定的,则适用集体合同的规定。其三,不可抛弃原则。集体合同的标准条款是劳动条件的集体形成,其赋予劳动者的权益劳动者无权放弃,诚如学者所言:“凡规定与团体协约中之权利,不可抛弃,亦不得因任何理由而罹于失权。”③

与集体合同规范效力密切相关的是集体合同与劳动基准法、规章制度及劳动合同的效力关系问题。劳动基准法与集体合同都有属于基准规定的内容,但劳动法的基准规定是国家立法,是在全国范围内的底线规定,而集体合同只是在其效力所及范围内的底线规定,劳动基准法效力大于当然集体合同的效力;至于集体合同的效力与劳动合同效力的关系,理论界早已达成共识,无须赘述;规章制度也属于企业层面上,类似于集体合同的规范性文件,理论和司法界也普遍认为其具有准法规性质,如何认定两者之间的关系,极具理论和现实意义。

---

① 参见王全兴:《劳动法学》(第2版),高等教育出版社2008年版,第240页。

② 理论上称为“有利原则”,充分反映了集体合同对劳动者单方有利,也体现了集体合同只规定最低劳动条件,而非最高劳动条件。

③ 黄越钦:《劳动法新论》,中国政法大学出版社2002年版,第304页。

笔者认为，规章制度的本质是用人单位的用工管理主要手段，体现的是用人单位的单方意志。只是随着劳动力市场的发展和劳动用工管理的日益规范，立法才开始在程序上关注劳动者意志的适当介入，并争取劳资双方在利益、管理及话语权上的综合平衡，即规章制度需要民主程序制定和公示，但也仅是形式上的参与讨论和协商，最终依然由用人单位单方意志决定。集体合同经集体谈判形成，完全是双方意志的体现，由双方共同意志决定的集体合同效力必然应高于用人单位单方意志决定的规章制度效力，即规章制度的内容不能违反集体合同。

2. 集体合同债法效力

除了规范效力之外，集体合同本质上毕竟仍是合同，当然具有债法上的效力。集体合同的债法效力，是源于合同必须严守的原则或理念，主要就是基于集体合同本身运行的规则，设定当事人之间的债务。这种债务主要就是要求当事人遵守集体合同运行规则，保持和平的义务，即敦促履行义务与维持和平义务。雇主及雇主组织与工会作为集体合同的当事人，受集体合同的直接约束，这是集体合同作为合同之债在当事人之间具有相对性的典型体现。但集体合同的履行除了双方当事人彼此需向对方承担债务外，主要是靠双方各自成员，即集体合同关系人的履行才能具体落实集体合同的标准条款，故在这一意义上说，当事人承担的其实主要是敦促履行义务。敦促履行义务的理论基础是代表理论，也是集体合同赋予当事人对关系人的一种组织效力。[①] 如工会有权利代表会员，则也有义务敦促其会员履行义务，工会之所以能敦促其会员履行义务，是因为工会成员作为集体合同关系人，只有接受工会的组织安排，向工会承担相应的组织义务，才能最终实现其利益保护的目的。所以，工会违反此义务，一方面，作为集体合同当事人需承担相应的法律责任；另一方面，工会也有权在其组织内部对其成员施以相关制裁手段。

维持和平义务，一般是指在集体合同有效存续期间，双方当事人不得开展罢工、闭厂等集体行动。集体合同是市场经济条件下调整劳动关系的重要机制，不仅能保护劳动者的集体利益，也有利于雇主方的劳动生产秩序的维持，因而是集体劳动关系立法规制的应有之义。如果在集体合同有效存续期间，允许

① 参见王全兴：《劳动法学》(第2版)，高等教育出版社2008年版，第242页。

双方动辄开展集体行动,则集体合同制度本身便失去价值,故维持和平义务也是各国集体合同立法的普遍经验和原则。不过有原则就有例外,集体合同有效存续是维持和平义务的前提条件,以集体合同规定的内容为限也是维持和平义务的必要条件。换言之,如果因社会发展情势变化,劳资双方有必要对集体合同没有约定的内容进行谈判、协商,从而展开集体行动的,立法应予以认可。因为这是一种新的谈判签约过程,必须保证集体争议权的行使。另外,集体合同应秉持的劳资自治理念也决定了,允许当事人特别约定和平义务的维持的条件、范围及期限等,也应允许当事人特别约定在集体合同有效存续期间,双方须维持绝对的和平义务。所以,完善我国集体合同立法时,上述立法经验和建议可资借鉴。

五、集体合同的法律责任

集体合同的法律责任,是指集体合同当事人和关系人,违反集体合同的相应义务,须承担相应的不利法律后果。集体合同的法律责任制度体系是集体合同的核心组成部分,是实现集体合同目标和功能的关键。以下分别从责任主体、责任性质及责任形式的角度进行阐释。

(一)责任主体

集体合同的责任主体,是指违反集体合同的责任承担者。集体合同责任主体与前述集体合同当事人和关系人具有密切的关系,与集体合同的内容也直接相关。换言之,当事人和关系人会基于不同的集体合同的内容,以不同的方式,承担不同形式的责任。笔者认为,从集体合同责任主体这个维度进行分析,有利于集体合同立法的完善。因为集体合同要靠相关主体的履行及相关责任的设置,明确不同的主体承担不同的责任,才能实现集体合同的目标。以下从集体合同当事人责任、关系人责任的角度分别论之。

集体合同的责任主体的范围大体包括上述当事人和关系人,当事人的责任就是签约人责任。理论和实务界对雇主或雇主组织承担当事人责任基本没有疑问,但对工会承担当事人责任有诸多疑问,并反对工会作为集体合同的主体。其理由主要有:其一,基层工会是否是法人,目前相关立法并未明确,工会目前无法满足法人成立的要件;[①]其二,即使工会符合法人条件,工会的非独立性及其职能的模糊性决定其很难承担法律责任。笔者认为,工会不仅可以作为集体合同当事人,而且有相应的集体合同履行义务,也完全可以独立承担其相应的法律责任。具体理由如下:其一,工会是否具备法人资格与其能否承担法律责任没有必然关系。比如,即使工会没有法人资格,也不影响工会应当承担民事责任,根据民法理论,自然人、法人或其他组织等民事主体均应承担民事责任,故将独立承担民事责任作为法人成立要件之一,本身缺乏科学性,何况"我国基层工会具备法人的基本条件,经核准登记、取得法人资格后即具备社会团体法人资格"。[②] 其二,工会作为集体合同的当事人,承担相应的责任是合同理论的基本意涵,只是责任承担范围和方式比较特殊罢了。集体合同一般包括标准性条款和程序性条款两大部分内容,其中标准性条款主要就是关于劳动条件的规定,是劳动者和单位必须贯彻落实的标准,对劳动合同具有指导意义;而程序部分的内容主要是集体合同作为合同本身所应该具备的条款,如合同的生效、违约责任、争议的处理及维持和平的义务等。工会作为集体合同的当事人,其义务集中在程序条款方面,工会违反程序义务的应当承担相应责任。其三,工会社团性和代表权决定其有独立承担相应的法律责任的能力。如果工会不能作为合同主体承担合同责任,而依然由工会成员承担合同责任,不符合代表理论,工会作为集体合同主体的社团性和组织性也没有意义,集体合同俨然成了集体的劳动合同。

劳动者作为集体合同关系人,是否应承担责任学界也有争议。有人认为,集体合同的履行过程中,劳动者的义务主要是提供劳动,故劳动者若违反集体合同,需课以法律责任时,便会出现"虽于约有据,但却不符合现代社会的人权观念,甚至可能出现违背劳动者意愿的'强迫劳动'现象,损害劳动者的人格尊严"[③]的尴尬局面。笔者以为,从劳动合同和集体合同的关系看,集体合同的标准性条款是劳动合同内容的基础,劳动者履行劳动合同意味着同时也在履行集体合同,故劳动者虽然不是集体合同的当事人,却是集体合同的实际的、间接的

① 依据《民法通则》和学界的通说,法人成立的合法要件主要包括,依法成立,有必要的财产和经费,有自己的名称、组织机构和场所,并能独立承担民事责任。

② 蔡金荣:《走向独立社团:中国工会发展之进路选择》,载《行政法学研究》2009 年第 3 期。

③ 常凯主编:《劳动合同立法理论难点解析》,中国劳动社会保障出版社 2008 年版,第 252 页。

履行人。劳动者违反劳动合同的约定需要承担相应的责任,违反集体合同同样也需要承担相应的法律责任。不过,责任的承担方式需要考虑劳动者人身和人格属性,杜绝强制履行劳动义务的出现,而应该采用适当的、限定的赔偿责任,这与我国《劳动法》和《劳动合同法》上关于劳动者承担赔偿责任的规定也是一致的。

(二)责任性质和责任形式

集体合同法律责任的性质,主要是指集体合同相关主体承担的是民事责任还是行政责任、刑事责任,或者三者兼而有之,或是其他性质的责任的问题。分别从集体合同当事人和关系人角度看,工会和雇主或雇主组织作为集体合同当事人的组织团体,其性质、经济实力、各自享有权利的位阶优势等均有所不同,则各自承担责任的性质也会不同。工会和雇主或雇主组织承担不同程度的违约、赔偿责任自不在话下,此外,我国工会体制的一元性及党政关联性也决定了工会承担相应的行政责任和道义责任。劳动者作为集体合同的关系人,违反集体合同规定自然应承担相应的个人责任,如赔偿责任、特定情形下的违约责任以及刑事责任等。具体而言,有如下责任形式。

1. 违约金和赔偿金。雇主或雇主组织承担违约金及赔偿金自无疑问,就工会而言,工会也应当承担违约金和赔偿金,只是基于工会非营利性和确保其独立性考虑,工会只能有限承担违约金和赔偿金责任。工会并非没有独立的财产和经费,工会通过收取会费、企业拨缴、政府补助等形式获得的收入,可以承担一定的违约和赔偿责任。劳动者作为关系人,违反集体合同的规定导致雇主方经济损失时,应当依法承担赔偿责任;当劳动者违反集体合同关于服务期和竞业限制的规定时,也应承担适当的违约金。

2. 非物质形态民事责任。承担民事责任的形式包括物质形态的补偿、赔偿责任,也包括道德、精神等方面的非物质形态的责任。工会除了承担有限的物质形式的违约、赔偿责任外,还可以承担包括诸如道义责任等形式的责任,即当工会不履行集体合同规定的义务时,应对其会员、上级工会及党政部门负有道义责任。这是由工会的非营利性、社团性决定的,也是对工会只能有限承担物质形态民事责任的一种补充。

3. 行政责任。当事人违反集体合同的规定,并同时违反了行政法的有关规定,致使集体合同不能履行或不能完全履行时,应承担如罚款、警告、记过、撤职等相应的行政责任。如雇主及其代表违反集体合同标准条款的，或拒绝就修改集体合同进行协商谈判的等，劳动行政部门可给予相关行政处罚。

4. 刑事责任。原则上集体合同的法律责任与刑事责任无涉，但不排除在集体合同履行过程中，有关人员恶意违反集体合同，造成严重后果，或者在一方违反和平义务时，有关人员采用暴力方式开展集体行动，扰乱企业生产经营和社会秩序的，应负刑事责任。

六、集体合同立法完善路径

集体合同立法的完善涉及众多方面，结合我国集体合同立法的相关实际，本部分从宏观的角度探讨完善的可能路径。

（一）统一集体合同立法的必要性及可行性

在劳动立法体系中，涉及集体劳动关系运行法律规制的立法模式大致有分散式立法和统一式立法两种。在当今欧美发达国家，对集体合同一般都有专门立法。笔者认为，无论统一立法还是分散立法取决于立法所在地的社会经济发展条件，并无优劣之分。问题的关键在于是否是有效立法。就我国而言，鉴于国家层面上的立法层级较低、立法不统一且缺少真正意义上的集体合同制度的设置等因素，可以考虑统一集体合同立法。基于以下几点考虑：

第一，现阶段我国社会经济的发展水平以及劳动力市场化的推进和规范化的运行，为统一集体合同立法提供了现实基础。在我国社会主义市场经济体制不断深化，劳动力市场机制日益完善的条件下，劳动关系市场化格局已基本形成。随着非公有制经济的迅速发展和国有企业改制的深化，劳动关系运行的市场化、规范化逐步占据主导地位。同时，在我国现行的劳动关系领域，劳资不平等的格局依然普遍，劳资矛盾比较严重。实践表明，无论是强调底线调整的劳动基准立法，还是倾向于雇主意志的劳动合同立法，均已无法有效应对现行繁复的劳动关系和劳资矛盾。只有发展以市场机制为基础，平等博弈为手段，劳资自治为核心的集体合同，才能适应社会发展和劳资关系调整的客观需要。近年来频出的群体性劳资纠纷及其处理过程和结果，便能很好地说明个体劳动关系向集体劳动关系转型过程中，集体合同制度已凸显其对和谐劳资关系和和谐社会建设的重要性和紧迫性，发展和完善集体合同立法已十分紧迫和必要。

第二，自我国《劳动法》施行以来，我国的集体合同制度发展迅速，为统一集体合同立法奠定了坚实基础。2008 年实施的我国《劳动合同法》首次从法律的层面对集体合同予以专节规定，2010 年为大力推进集体合同制度而实施的"彩虹计划"①等无不说明国家对集体合同的重视。近年来，我国的集体合同立法和实践也获得了长足的进展，截至 2015 年年底，经人力资源社会保障部门审查的当期有效集体合同 176 万份，覆盖企业 356 万户、职工 1.7 亿人。② 另外，《集体合同规定》和丰富的地方立法资源也为统一集体合同立法创造了条件。《集体合同规定》虽然只处于规章层面，但却开创了我国集体合同统一立法的先河，虽然立法技术上有缺陷，但其中的很多规定对集体合同立法的完善具有借鉴意义。目前，我国已有近 20 个省以地方法规的形式，颁布了地方的集体合同立法，这些地方立法基于不同的地方经济社会发展现状和劳动关系、劳资矛盾的地方特点，且不乏很多的创新之处，不失为统一集体合同立法参考和借鉴资源。

(二)提升立法层次和立法权威

事实上，统一立法的功能和目标也是为了提升立法的层次和权威。我国当前有关集体合同的立法规定中，很多属于部委规章或指导性意见，例如，《集体合同规定》《工资集体协商试行办法》为部委规章，《关于开展集体协商要约行动的意见》《关于积极开展行业性集体合同工作的指导意见》等为全国总工会的指导性意见，其权威性"可见一斑"。就如何提高集体合同立法而言，笔者建议将《工会法》《劳动法》《劳动合同法》等法律层面上的集体合同相关规定移至专门的集体合同立法，且将集体合同立法上升为基本法律层次。就增加立法的权威而言，提升立法层次当然就已经提升了立法的权威，但除此之外，还应考虑增加立法的强制性和罚则性条款。从国家和地方性集体合同立法来看，加强集体合同的强制性是一个必然趋势。实际上，以团结权、集体谈判权和集体争议权为一体的劳动基本权利是集体合同法存在的理论基础，这就为集体合同强制

---

① 2010 年 5 月 5 日，由人力资源和社会保障部、中华全国总工会、中国企业联合会联合发布《关于深入推进集体合同制度实施彩虹计划的通知》(人社部发〔2010〕32 号文)，要求从 2010 年到 2012 年，力争用 3 年时间基本在各类已建工会的企业实行集体合同制度。其中，2010 年集体合同制度覆盖率达到 60% 以上；2011 年集体合同制度覆盖率达到 80% 以上。对未建工会的小企业，通过签订区域性、行业性集体合同努力提高覆盖比例。

② 参见《2015 年度人力资源与社会保障事业发展统计公报》，载人力资源与社会保障网：http://www.mohrss.gov.cn/SYrlzyhshbzb/dongtaixinwen/buneiyaowen/201605/t20160530_240967，最后访问日期：2018 年 6 月 16 日。

性这一定性确定了基调,即"集体合同的订立应当具有强制性,而非我国目前立法所规定的选择性"。①

不过,此处的立法强制性应是相对的,必须结合我国国情及劳动关系运行的整体现状。比如,国有企业的工资协商及其集体合同的签订,是否和民营企业、外资企业规定一样的强制性条款,就值得研究。正如有学者指出的那样,由于我国各地经济发展不平衡,"可以在充分考虑本地实际的情况下,创制出因地制宜的法律规制"。② 关于工会作为集体合同当事人的法律责任问题,也需要考虑我国工会的实际情况。显然,我们不能像西方国家工会一样成为完全的法律责任主体,但也不至于像有些学者所主张的"工会承担的违约责任,主要是政治上和道义上的责任,不负物质责任"。③ 事实上,增强集体合同立法的强制性或刚性,应着力于集体合同立法的核心要素。笔者认为,集体合同立法的核心要素有两大内容:第一,围绕资方必须谈判的义务进行相应的制度设计;第二,劳动者群体意愿的表达渠道需要疏通并予以保护。

---

① 《集体合同法》立法可行性研究课题组:《集体合同立法的可行性研究》,载《中国劳动关系学院学报》2012 年第 1 期。

② 褚一波、邢瑞莱、朱建兴:《工资集体协商立法中若干问题的思考》,载《中国劳动》2011 年第 4 期。

③ 程延园:《劳动法学》,中国劳动出版社 1998 年版,第 241 页。

第五章　中国集体行动相关理论与立法重构

签订集体合同是集体谈判的目的和最终结果，是劳资双方谈判成功后就谈判内容达成一致的理想状态，但当谈判失败、破裂或陷入僵局则会出现另一种结果，即集体行动或集体争议，经过集体争议后，双方再行谈判最终达成一致并签订集体合同。可见，集体行动或集体争议只是集体谈判可能出现的临时性、阶段性的结果，是双方为最终达成一致而实施的手段，或者说集体行动只是劳资双方谈判的延伸或博弈的形式。集体行动是劳资双方均享有的权利，劳方主要是停工、怠工及罢工等形式，而资方主要采闭厂或锁厂形式。这种以停工、罢工及闭厂或锁厂等为主要形式的集体行动行为，作为迫使对方的手段或博弈形式对集体合同的形成及整个集体劳动关系的运行起着至关重要的保障作用，诚如学者所言："事实上，没有罢工权的集体协商（Collective Bargaining）将无异于集体行乞（Collective Begging）。"[①] 集体谈判的成败在很大程度上取决于宏观经济形势、劳资力量的对比和谈判代表的谈判技巧等因素，其中集体行动作为双方力量对比的手段，对集体谈判目标的实现无疑是最关键的因素。鉴于资方闭厂形式的集体行动，

① 黄越钦：《劳动法新论》，中国政法大学出版社2003年版，第307页。

多是因劳方的停工、罢工引发的被动行为且在实践中极少出现，本章重点探讨我国集体行动相关理论及其立法重构问题。

第一节　集体行动及其相关概念体系的界分

在集体劳动关系以及集体劳动立法语境中，团结权、谈判权、行动权通常被称为集体“劳动三权”。明确相关概念并加以界分是从事集体劳动法理论研究和实务工作的前提。

一、集体行动的概念及其功能定位

集体行动的概念似乎不入主流，但学界对集体行动和集体争议历来有通用的惯例，且使用集体行动似乎更容易区分相关概念，故本书中笔者使用集体行动概念。

（一）集体行动的概念及其与集体争议的界分

就笔者所涉及文献资料来看，团结权、谈判权及争议权的表述是主流。其中，因争议权是劳资双方的集体对抗，实践中又习惯称集体争议权。劳动法理论上，集体争议是囿于集体关系运行框架下的一个特定概念，又称团体争议，“是以劳动者团体即工会为主体的、在集体谈判过程中发生的争议”。① 故从实质概念界定的角度看，集体行动与集体争议是一样的，且学界历来将此两个概念混用。通俗地说，所谓集体行动是指为保证劳资双方能顺利通过谈判进而达成集体合同，所依法采取的罢工、闭厂等集体对抗性行为。笔者认为，从概念文义使用及其与相关概念体系之间的区分角度看，集体行动与集体争议有必要进一步作如下区分。

1. 从概念的文义上看。集体行动能更集中体现停工、罢工及闭厂等行为措施，不至于和团结权、集体谈判等行为相混淆，而集体争议则显得更为模糊。集体争议既可以理解为与个体劳动争议相对，具有特定内涵的集体劳动争议，即劳资双方在组织工会、集体谈判及集体行动到最终集体合同的签订和履行等整个集体劳动关系的运行过程中产生的争议，又可以理解为单纯的罢工、闭厂等

---

① 董保华主编：《劳动争议处理法律制度研究》，中国劳动社会保障出版社2008年版，第218页。

集体行动或劳资双方因签订和履行集体劳动合同而引发的争议。

2. 从权利主体及其行为与权利本身的区分来看。集体行动的概念可以将法律主体及其行为与相应的权利区别开来，集体行动就是劳资双方采取的停工、罢工、闭厂等实际行为，而与之相对应的就是罢工权、闭厂权等权利形态。比如，理论和实务界经常将罢工与罢工权混同，实际上两者是内容和形式或权利载体和权利的关系。集体争议的概念通常是在权利形态上使用，即集体争议权。事实上，即使在集体争议和集体争议权予以区分的情形下，依然需要用"集体争议行为"来表述罢工、闭厂等行动，显然不如集体行动来得简单明了。

3. 从两者使用的不同语境来看。笔者选择在此领域用集体行动代替集体争议的主要原因就是考虑到两者使用语境的差异。众所周知，集体劳动关系运行的两大基础是民主法治和市场经济，现代意义上的劳动关系是资本主义生产方式的产物，集体劳动关系也是长期工人运动的产物，因此西方国家具有悠久的工人运动历史和成熟的集体劳动关系运行及其法律调整体制。作为"劳动三权"之一的集体争议权正是在此语境下产生和发展，故集体争议的概念在传统的劳动法制发达地区已"深入人心"。不过，集体劳动关系理论及其"劳动三权"传入中国后，确有"水土不服"现象，特别是集体争议的概念，可以有多种理解，甚至还可能被理解为群体性的劳动争议。

笔者认为，集体行动概念更容易区分相关概念之间界限，但并不意味着集体争议概念不科学、不合理甚至应果断舍弃此概念。根据笔者的设计思路，可以从两个层面观察：其一，集体劳动基本权层面上，依然以团结权、谈判权和争议权，即"劳动三权"的固有概念为准；其二，在劳资双方实际采取对抗行为的层面上，将停工、罢工及闭厂等实际行动表述成集体行动。这样就避免集体争议权和集体争议行为两个概念之间的模糊性。

（二）集体行动与产业行动的关系

学理上，集体行动（collective action）与产业行动或工业行动（industrial action）一般在同等意义上使用，是指"劳资双方为在劳动关系中实现自己的主张和要求，依法采用罢工或闭厂等阻碍企业正常运营手段等进行对抗的行为"。[①] 不过细究起来，集体行动与产业行动或工业行动也有一定的差异。集

① 常凯主编：《劳动法》，高等教育出版社2011年版，第514页。

体行动主要是从集体谈判陷入僵局时如何处理的角度进行界定,且理论界倾向于在狭义上使用该概念,即仅指工会的罢工行为;而产业行动或工业行动侧重于从产业关系学的角度,更宏观地看待劳资双方的博弈,理论上倾向于在广义上使用该概念,将政府及相关主体的行为也纳入进来考量。

(三)集体行动的功能定位

为何在集体劳动关系运行过程中要设置集体行动、其功能如何定位,学界基本已达成共识,即集体行动是辅助和手段性功能。具体言之,集体行动本身不是目的,否则就陷入"为了争议而争议"的毫无法律意义的怪圈,集体行动是辅助集体谈判或集体协商,从而成为劳资双方顺利通过谈判签订集体合同的手段。从"劳动三权"的运行逻辑也可知,团结权虽然是"最根源之基本权"但也是谈判权或协商权的手段,此时谈判权是目的而团结权和争议权是手段。不过在最终意义上说,"劳动三权"都是集体合同的手段,集体合同的签订才是最终目的。

与集体行动功能定位紧密相关的一个问题是,集体行动与团结权、争议权以及集体合同的关联性。手段和目的关系只是从上述概念彼此之间功能上进行定位,或者说各概念彼此之间显性关系的逻辑表达,但"劳动三权"之间内在的关联性始终是集体劳动关系运行的核心和主线,也是集体行动等概念或制度运行的基础。这一关联性就是目的一致性和手段的合目的性,目的一致性就是为了劳动者集体劳动利益的增进,手段的合目的性就是集体谈判及集体行动是为了迫使资方签订旨在增进劳动者集体利益的集体合同,而不是为了其他的目的。

二、集体行动及其权利定性

根据上文分析,集体行动侧重于在实际行为层面上的界定,其权利形态是传统意义上的集体争议权,如何正确理解两者的关系?本部分主要以罢工和罢工权为例进行探讨。

(一)由集体行动到争议权:基于历史视角

法律是社会关系的调整器。法律运行的逻辑必然是,当相应的社会关系日益繁杂,且争议日渐增多,确有必要需立法介入时,国家通过法定的程序进行立法从而实现该社会关系的调整或规制。集体劳动关系领域也不例外，从工人运动和劳动法的发展历史看，罢工的出现是劳资矛盾和社会发展的必然现象。无论是从最初的劳动者单个行动到群体行动再到以组织的名义集体行动，还是从最初积极的、非理性的粗暴行动到后面消极的、理性的非暴力行动，集体行动一定经历了从非法到合法的过程，同时也必然经历了被法律禁止、认可到保护的过程。“20 世纪以前，很多国家的法律都明令禁止罢工”，[①]如美国 1890 年《谢尔曼法》明确规定，工会采取罢工行动就是一种劳动力的非法垄断，甚至被定性为刑事犯罪，但 1935 年《国家劳资关系法案》则明确了工人罢工的权利。可见，集体行动获得国家和法律的认可，便是实施集体行动的相关主体获得权利的标识。

以罢工和罢工权为例，有两个问题值得关注：第一，根据存在即合理的认知逻辑，罢工行动自然存在，是否具有天然的合理性和合法性？第二，在只有罢工行动没有罢工权的情形下，是否需要在法律层面上设置罢工权？事实上，上述两个问题归结为一个学界容易忽略的问题，即罢工行动本身和罢工权两者谁重要的问题。有部分学者主张，组织工会及罢工行动是劳动者基于社会发展的现实需要而自发实施的，故相应的团结权、罢工权便是与生俱来的，无须法律的赋予。如“在本质上，这些权力曾经是，现在是，将来也是工人的自然权，它们不会因法律的确认而存在，也不会因法律的缺失而灭失”。[②] 笔者认为，这一观点将罢工视为具有应然意义上的权利属性，在很大程度上体现了“天赋人权”思想，但却混淆了事实、争议和法律、权利以及自然权利和法定权利两组概念。从劳资不对等到劳资对立，进而形成劳资争议是一个事实过程，也是一种需要法律调整的普遍的社会关系，相关立法的出现必然是权利、义务的赋予和承担，故罢工等集体行动必须有赋权或权利形成基础，方能在法制的框架下讨论。换言之，罢工等集体行动客观存在，并不意味着其不受约束，自集体行动产生之日起，就受到法律及政策的约束和规范。另外，工会组织被国家法律明确禁止到消极保护再到积极保护的发展历程也可以证明，工会组织及其行动必须要经过

---

① 刘燕斌主编：《国外集体谈判机制研究》，中国劳动社会保障出版社 2012 年版，第 154 页。

② 段毅：《行政性劳资协商与行动型劳资谈判——两种模式的分析与比较》，载《集体谈判制度研究》2013 年第 9 期。

法律的赋权和认可。笔者认为,即使是自然权利也得有权利的来源或宣称权利的渠道,不能是主体自己宣称自然权利,而罢工只是劳动者组织起来实施的集体对抗行动,与自然权利所具有的对世性、消极性等特征均不符。人类社会文明的推进,伴随着人权的扩展,但每一项人权的确立,都是通过人们不断的斗争而获取。正如法谚所云,"权利是自由的法律表达",工人集体行动的自由只有通过法律的保障形成权利,方能实现正当利益。

不过需要说明的是,上述罢工和罢工权的区分有学理探讨的价值和必要,但由于罢工与罢工权的关系甚为紧密,通常在理论和实践中并不做严格区分。比如,探讨罢工的本质其实也是探讨罢工权的本质,讨论罢工的合法性其实就是讨论罢工权问题或罢工的法律属性问题等。只是讨论的角度稍有不同而已,如罢工本质上是一种压力手段,罢工权则是法律确认该压力手段的正当性和合法性。

(二)由争议权到集体行动:基于现实和法律的视角

集体劳动关系的运行及其法律规制的过程,其实就是"劳动三权"的运行及其相应法律后果的产生。就我国集体劳动关系运行的现状而言,在相关立法对劳动者的团结权并未明文规定以及罢工权也无法律依据的情形之下,如何看待以停工、罢工为主的集体行动?笔者认为,获取法律的认可并进行相应的制度设置是集体劳动关系运行的前提和基础,即应该确立先有团结权、谈判权及争议权,后有停工、罢工等集体行动的认知逻辑。在300年的工业化进程中,我们无法在劳动关系领域,实质改变"资强劳弱"的客观事实。但无数个体、群体的抗争经验表明,要让抗争行为具有成效,有必要将具有共同目标及同质利益诉求的个体、群体聚到一起,但更重要的是聚到一起的组织必须有明确的法律认可和相关权利的赋予作为前提和基础。其根本原因在于集体劳动关系运行的两大基石,即民主法治和市场经济。这也是为何当今主要经济体国家或者地区,都承认工会组织合法地位并具有相关权利的一个重要事实和理由。质言之,集体劳动关系的运行必须遵循市场化和法制化的轨道,市场化是劳资关系发展的必然选择,法制化是集体劳动关系运行的前提和必然要求,而法制化的前提就是国家和法律对相关主体及其行为进行赋权或认可。

值得一提的是,学界普遍认为我国宪法和劳动立法上没有罢工权的规定,从而出现一方面从学理上论证罢工是应然性权利,无须法律的认可或赋予,工人自然有权实施;另一方面又呼吁罢工权入宪、入法的矛盾认知。事实上,从集体行动及其权利的角度观察,我国相关立法一直就有争议权的立法规定,从而确保集体行动有相应的法律框架。如我国《工会法》第 27 条规定的工人"有权停工",这就是争议权或狭义地理解为罢工权。

三、集体行动的原则

集体行动或集体劳动关系相关立法的原则是指导集体行动立法、理论及实践的核心,如国家中立原则、劳资对等原则、劳资平等原则等。从宏观上看,上述原则既可以作为集体劳动法的原则也可以是集体行动原则,但各种原则所统摄的领域或涵盖的范围不同,有必要在理论上进行梳理。

(一)集体劳动法的原则:国家中立与协约自治

集体劳动法的基本原则,是从宏观角度总结的基本原则,当然也是集体行动的原则。国家中立原则是德国劳工法院于 1955 年判决中首创,进而成为集体劳动关系运行及其法律规制的基本原则。该判决认为:"对于社会当事人之劳资争议,国家的行为应保持中立。基于承认劳资争议、国家中立原则以及基本法第 3 条之平等原则,国家,亦即其立法、行政及司法,被禁止不得对社会当事人双方之争议给予不同的对待。在此适用武器平等原则及争议对等原则。在社会相当性之范围内,亦适用争议自由原则,校精准而言,是争议手段之自由。"①

协约自治原则也是理论和实务中被经常提及,从宏观的角度或高度概括性的角度来看,协约自治原则与国家中立原则相对应,即论及国家中立,则必然意味着协约自治。国家中立原则和协约自治原则相辅相成,是集体劳动法或集体劳动关系运行中最宏观的两大原则。

(二)集体行动基本原则:劳资对等

集体行动是劳资双方协约自治不可分割的组成部分,如果没有集体行动所形成的压力,在国家保持中立的条件下,资方则可以随意拒绝集体谈判或协商。因此,协约自治必然意味着劳资对等,而劳资对等原则主要就是劳资力量的均

① 参见杨通轩:《集体劳工法理论与实务》,台北,五南图书出版股份有限公司 2007 年版,第 210 页。

衡和集体行动的对等。事实上,集体行动层面的劳资对等原则,既是协约自治的组成部分或应有之义,也与国家中立有密切关系。当劳资双方在关于利益的抗争和博弈过程中,双方力量呈相对均衡之势,其自由的谈判程序或集体行动即具有优先性,从而体现国家中立原则。当谈判程序或集体行动因缺少对等而受到不利影响时,国家即可以且必须介入。据此,劳资对等原则一方面是协约自治的前提和保证,另一方面又决定了国家中立原则的坚持和放弃。

劳资对等原则是集体行动基本原则,也体现了协约自治和国家中立原则。那么,以何种标准来评判劳资对等原则?学界大致有形式对等说及实质对等说两种观点。所谓形式对等说是指劳资双方形式上拥有相同的争议手段,而是实质对等说则认为劳资双方力量的对等或机会平等,必须建立在实质对等的基础之上,主要体现在集体行动时双方影响力的均衡。可见,形式对等说只注重形式的对等,而忽略了双方集体行动的实际影响力的决定因素,理论上实质对等说更为合理。

(三)集体行动的具体原则:正当性原则与合法性原则

在具体的集体行动或集体争议行为层面上,理论和实务界大致有正当性原则、社会相当性原则、妥当性原则、限制性原则及合法性原则等多种观点,有必要在理论上进行梳理。正当性原则、社会相当性原则及妥当性原则等观点大致相同,常见于日本学界,侧重于从免责理由或阻却违法事由的角度加以界定,即集体行动在目的、手段、程序等正当的情形下,不视为违法,无须被追究法律责任。限制性原则,又称比例原则或禁止过度原则等,意即在集体行动过程中,允许侵害相关权利,但必须接受禁止过度原则的拘束,属于集体行动手段方面的限制。合法性原则是从立法的角度对集体行动是否合法进行全面的判定,目前是通说。

笔者认为,正当性原则、社会相当性原则及妥当性原则等学说与合法性原则的内容实质上是一样的,只是基于不同的视角或判断基准。但正当性及社会相当性等概念无疑具有一定的不确定性,不如用合法性原则来得直接明了。具体而言,可以直接从集体行动的主体、目的、程序及手段等因素考量集体行动之合法性。

四、集体行动的分类

实务中,很多人想当然地认为集体行动就是罢工。事实上,集体行动不仅是指常见的劳方的行动,还包括资方的集体行动,且各自又包括多种类型的集体行动。以下从劳资双方的角度,简要介绍如下:

(一)劳方的集体行动类型

劳方的集体行动的类型或形态有罢工、怠工、杯葛、[①]纠察、[②]占据[③]以及集体休假、辞职战术等。其中,罢工是最典型的集体行动的类型,根据不同的标准还可以进一步分成不同类型。如依据是否与集体合同相关性,分为经济罢工和政治罢工;依据是否有工会组织和领导,分为合法罢工和"夜猫罢工";[④]依据是示威还是签订集体合同的不同目的,分为警告性罢工和强制性罢工等。

值得注意的是,罢工与怠工、杯葛、纠察、占据等其他集体行动类型是何种关系?学界大致有并列、包含及附属关系三种观点。笔者赞同附属关系,即怠工、杯葛、纠察、占据等是罢工的附属性集体行动。因为罢工是劳动者消极的不履行劳务,如果雇主使用替代劳动力继续经营,可能消解劳方罢工所施加的压力。因此,劳工及工会运用这几种积极的附随的集体行动措施,以确保罢工的效果。这种附属关系的特殊性主要体现以下两点:第一,此类集体行动是随着罢工而发生,其本身并无法独立于罢工而发动;第二,此类集体行动仅在特定的

---

① 杯葛是"Boycott"的音译词,即联合抵制的意思,即联合抵制个人或公司,包括购买、销售或其他形式的合作。"Boycott"是一名叫查理·博伊考特的英国人,从事土地经纪工作。1880年,他反对当时土地改革,拒绝降地租,并驱逐佃户,受到了爱尔兰土地同盟组织的抵制,最后此人被迫离开爱尔兰。土改领袖通过道德流放将"Boycott"弄得精神失常,后来"杯葛"一词就成了抵制的意思。

② 纠察又叫罢工纠察线,是指由罢工的劳工组织成中间保持一定宽度的人墙,以劝阻想要进厂工作的劳工放弃进厂的念头。值得一提的是,设置纠察线是罢工有效的附属行动措施,在一定程度上能发挥"精神强制"的效应。但纠察线必须遵守合法的界限内,逾越界限的纠察线,则容易构成刑法犯罪。如纠察线必须保持一定的宽度,不能关闭,不可以使用身体的或精神的强暴手段,以暴力阻止想要进厂的劳工等。

③ 所谓占据,根据我国台湾地区学者杨通轩的定义,是指罢工的劳动者积极地突破雇主的禁止入场的命令进入厂场或消极地停留在工作位置上,以防堵罢工替代人力及阻止产品的进出,并借以妨害辅助的生产利益。一般认为,职场占据是劳动者最强烈的争议手段。参见杨通轩:《集体劳工法》,台北,五南图书出版股份有限公司2007年版,第277页。

④ 学界有时将"野猫罢工"泛指为所有类型的非法罢工,包括罢工主体、程序等违反现行罢工立法的罢工行为。

界限内始为有效。

(二)资方的集体行动类型

与劳方主要以罢工这一集体行动相对应,资方的主要集体行动是闭厂或锁厂。所谓闭厂,顾名思义是指“雇主向欲进入厂场工作的劳工宣告不欲受领其劳务之行为”。① 原则上,闭厂以防御性的并具有暂时中止劳动合同效力为准,以求尽快回复劳资对等谈判格局。闭厂作为资方主要的集体行动,也伴有附属性的集体行动措施,如雇佣替代劳工继续经营和黑名单等。资方对劳工的罢工行动,首先思考的如何继续经营,可以尝试使用替代劳动力或给予不罢工劳工相应的津贴,以维持生产;也可以宣传的方式,向社会大众解释集体行动发生的原因及争取谅解;还可以散发黑名单的方式,以杯葛罢工中的劳工受到其他雇主的雇佣等。

值得注意的是,资方的锁厂行动,原则上必须明确向工会宣告,而不能以默示的方式进行,应以罢工的明确宣示性,从而体现集体劳动关系中的劳资对等原则。同时,锁厂必须具备两个要件:第一,锁厂出于防御目的,具有防御性而非攻击性或主动性;第二,锁厂具有暂时中止劳动合同效力,而非永久终止劳动合同的意涵。

第二节　集体行动的本质、功能及其法律属性

集体行动的本质和功能是集体劳动关系法律规制基本理论的核心问题,有必要在此进行深入探讨。

一、集体行动的本质

劳动关系运行中,劳方以罢工为主要方式的集体行动本质上是对资方的一种压力机制。罢工的本质必然体现为罢工权的本质属性,而罢工权的本质属性是保护劳动者生存和发展的基本权利。

长期的工人运动过程中,劳动者之所以选择罢工作为施加压力的主要手段,是因为罢工行为不仅能给雇主造成实质性压力,即停工会会导致雇主的生

① 杨通轩:《集体劳工法理论与实务》,台北,五南图书出版股份有限公司 2007 年版,第 278 页。

产、经营停滞，而且罢工还具有较强的社会影响性，即牵涉社会秩序的稳定。但罢工并非唯一的压力手段，集体怠工、设置纠察等也是常见的压力手段，当然也不排除随着社会的发展，会出现新的压力手段足以替代罢工。笔者一直认为，罢工权立法是各国劳动法制及集体劳动关系运行和发展的普遍经验，但罢工权立法并不是集体劳动关系运行及其法律规制的必备要素，如当前在我国由于各种原因罢工权立法尚未成熟之际，如果通过其他方式或机制能切实有效地对资方形成压力，且该方式或机制也更契合我国当前立法和实践现状，在理论上看是完全可以替代罢工机制。

因此，集体行动其实是法律确认劳动者向资方集体施加压力行为的正当性和合法性。法律为何要确认此类看起来是“破坏”资方生产、经营的“集体违约”行为以正当性、合法性？这是由罢工权在长期发展过程中所体现的基本人权属性所决定的。根据罢工及罢工权的发展历程，我们将罢工的分类及罢工权所体现的基本人权的发展脉络作如下总结：

第一，罢工起源于劳动者为维护其经济性利益，而展开的集体性的抗争行为，即原初意义上的罢工只是经济性罢工。不过此时的罢工并未被法律确认，而是被立法确定为同谋和犯罪，即接受公法调整。

第二，19 世纪中叶后，随着资产阶级革命的蓬勃开展，工人运动开始登上政治舞台，反抗资产阶级的经济剥削和政治压迫成为当时工人运动的主要任务。罢工出现分化，由原初的单纯的经济罢工发展到政治罢工和经济罢工并行、混合且以政治罢工为主的发展形态，很多罢工被贴上维护政治权利和自由的“政治罢工”标签。然而，诸如选举权和被选举权，言论、出版、结社、集会、游行、示威等公民的政治权利和自由已被各民主国家的宪法和法律所广泛地确认与保障，加之政治罢工与宪政秩序及社会公共利益之间存有冲突，故政治罢工普遍被各国罢工权立法排斥在外，从而成了理论上的概念。此时的经济罢工虽然没有普遍获得立法的确认，但法律也并不禁止，一般按照私法模式加以调整和处理。

第三，20 世纪初开始，罢工权逐渐获得各国立法确认，随着劳动法、社会保障法等社会法领域法律体系的发展和完善，立法确认罢工权以保障劳动者生存权和发展权的社会权成为社会发展的必然要求。诚如学者所言，罢工权是任何正在或已经实现了人权观念启蒙的社会都必须遵守的“知识律令”和“道德律令”。[①]

据此笔者认为，将罢工划分为经济罢工、政治罢工只具有理论价值而无实际意义。因为，真正意义上的罢工仅指特定意涵的经济罢工，所谓的政治罢工及示威罢工并不是真正意义上的罢工，其实质是集会、游行、示威，应当由规范集会、游行、示威的宪法或法律予以调整，故罢工立法应排除标榜维护公民政治权利和自由的政治罢工。这一观点可以合理解释为何我国《宪法》曾经规定有罢工权，而现行《宪法》没有规定罢工权的问题。[②] 其实，取消罢工权是因为现行《宪法》的制定者意识到旧《宪法》将罢工权归为公民的政治权利和自由中是错误的。关于宪法取消罢工权的原因，有学者解释为“社会主义国家中，工人阶级和国家利益根本一致，没有必要规定罢工自由”。[③] 此种解释忽视了根本利益与具体利益或直接利益的差异，与我国经济、社会发展所强调的利益平衡和多元化的趋势不符。

二、罢工权的功能和价值

罢工权在本质上是一种压力手段或压力机制，罢工权的本质属性是保护劳动者生存和发展的基本权利。不过，罢工的本质不仅表现为其权利属性，还表现在其权利的本质功能和价值。罢工权的产生不仅在于确认和保护劳动者的罢工的权利，更在于规范和限制罢工行为，稳定社会生产经营秩序，以达劳资平衡、和谐之根本目的，故罢工权的本质功能是对罢工的规范和制约。

任何事物都具有两面性，罢工是劳动者选择团结起来集体抗争的主要形式，其初衷是向资方施加压力进而实现己方集体利益增进的愿景，在很大程度上也保障了团结权和集体谈判权的实现。但罢工行为也关涉雇主方的生产经营的持续，当出现行业性罢工和全国性罢工时，甚至会影响整个社会的生产秩

---

① 陈步雷：《罢工权的属性、功能及其多维度分析模型》，载《云南大学学报》(法学版)2006 年第 3 期。

② 新中国成立以来颁布的 4 部宪法中，1954 年《宪法》没有罢工权的规定；1975 年《宪法》第 28 条规定：“公民有言论、通信、出版、集会、结社、游行、示威、罢工的自由”；1978 年《宪法》第 45 条规定：“公民有言论、通信、出版、集会、结社、游行、示威、罢工的自由，有运用‘大鸣、大放、大辩论、大字报’的权利”；1980 年全国五届人大三次会议通过 1978 年《宪法修正案》，取消了“有运用“大鸣、大放、大辩论、大字报’的权利”的规定，直至 1982 年《宪法》才将罢工权从公民权利体系中删去。

③ 史探径：《中国劳动争议情况分析和罢工立法问题探讨》，载《法学研究》1999 年第 6 期。

序的稳定，国家不可能任其自由开展，必然将其纳入可控范围之内，只是随着不同的社会发展阶段，控制的形式、范围、程度等也有所不同而已。凡是罢工，即使是纯粹的经济性罢工，也带有一定的社会性并体现一定的政治色彩，这一观点看似武断实则揭示了罢工天然地具有一定政治影响力。换言之，罢工客观上必然会体现出一种向政府、社会表达意愿，希望被关注的社会效果。因此，对罢工进行规范和制约是罢工权立法的应有之义，也是其本质功能和价值的体现。

罢工是劳资关系发展的必然结果，也是社会发展的必然现象，从理论上看，是否有完善齐备的罢工权立法并不影响罢工的存在，也不影响国家以不同的形式对罢工的掌控。但实践证明，立法确认罢工权并对罢工进行明确规定，是规范和制约罢工最有力、最有效的手段。罢工立法不仅具有一般法的规范性、强制性和可预期性等特征，还具有规范罢工行为的特殊性和针对性，能最大限度地满足规范和制约罢工，进而确保企业生产、经营乃至整个社会的安定有序。正如学者所言："历史表明，凡是在人类建立了政治或社会组织单位的地方，他们都曾力图防止出现不可控制的混乱现象，也曾试图确立某种适于生存的秩序形式。"①如前所述，虽然我国工人运动肇始于 20 世纪 20 年代，但在历经政治风云变幻、政权更迭、社会革命及改革开放等时代变迁后，罢工始终被作为影响社会稳定和安全的政治罢工来看待，将罢工所体现的政治性无限扩大，而忽略了罢工的本质，即使存在经济罢工也完全被该主流观念所吞没。如果在 21 世纪之前，这种观念还算比较符合我国实际，那么在进入 21 世纪后，这一观念必然不能契合社会发展趋势和时代精神。随着我国经济体制改革的深化，劳动立法的完善，停工、罢工等群体性劳动争议层出不穷，迫切需要罢工立法的规制。我们必须重新体认罢工问题，并转变对待罢工问题的习惯态度，将罢工视为劳资关系运行过程中的正常现象，彻底回归经济性罢工的本来面目。

笔者认为，改变以前的观念呼吁罢工立法，并非是要修改宪法明确规定罢工权，或进行单独的罢工立法。在我国当前社会条件下，笔者不赞成有些学者动辄修改宪法的不切实际的主张，在我国当前罢工单独立法时机尚未成熟的条件下，在相关劳动立法中确定罢工权及其行使的条件、目的、程序等，不失为切

① [美]E. 博登海默：《法理学：法律哲学与法律方法》，邓正来译，中国政法大学出版社 1998 年版，第 228 页。

实可行的明智之举。事实上,我国现行立法中已有关于罢工的规定,《工会法》中关于停工的规定其实就是罢工,[①]只需进一步完善并对罢工相关问题予以明确即可。在我国当下政治、经济及社会发展情势下,社会各界对罢工问题的观念和态度的转变比立法更重要。可喜的是,在处理罢工问题上我们在实践中已经积累了一些经验,其中最值得称道的就是党政部门对罢工的冷静和务实的态度,只要是劳动者为了提高工资,在工作场所范围内,理性地采取集体停工以示抗争,就予以默认,如南海本田罢工事件的处理典型地体现了这一点。[②]

第三节　我国集体行动之立法重构

探讨我国集体行动的立法重构,主要从我国集体行动立法模式的选择、集体行动具体合法性要素及相关法律责任等方面提出立法建议。

一、我国集体行动立法模式选择——现行立法资源之利用

鉴于立法机关、程序及立法位阶的差异,当需要立法调整某一社会关系时,立法部门会理性选择相应的立法模式,以最大限度地利用现有的立法资源和控制立法成本。集体行动的立法模式就是采用什么样的立法形式对该权利及其行使予以规定,以有效规范和制约该集体行为。

(一)国外立法模式及其评判

如以黑工为例,世界各国关于集体行动立法模式大致有四种:第一,"宪法模式",即在宪法中明确规定劳动者享有罢工的权利或自由,但并未在相关法律中明确罢工权行使的具体规范;第二,"劳动立法模式",即仅在劳动法中规定劳动者的罢工权及其行使条件,以美国、英国及我国台湾地区为典型立法例;第三,"宪法加劳动立法模式",即除在宪法中规定劳动者享有罢工权外,在相

① 参见《工会法》第27条规定:"企业、事业单位发生停工、怠工事件,工会应当代表职工同企业、事业单位或者有关方面协商,反映职工的意见和要求并提出解决意见。对于职工的合理要求,企业、事业单位应当予以解决。工会协助企业、事业单位做好工作,尽快恢复生产、工作秩序。"

② 南海本田工人在持续停工,且停工规模不断扩大的情形下,当地政府以及上级工会的态度依然保持客观和理性,将其视为劳资关系范围内的劳资冲突,只是参与协调处理,对处理罢工问题及其立法的完善提供了宝贵的经验。

关劳动立法中具体规定罢工权行使条件和程序等内容，以欧洲国家为主要立法例；第四，“判例法模式”，即宪法及劳动立法中并未规定罢工权及其行使的规范，而是由法院的判决所形成的判例法来确定罢工权，并说明罢工权的范畴及其行使所应遵循的规则，以荷兰为典型立法例。① 可见，选择什么样的立法模式与该国劳动法制、工人运动的历史发展及其法律传统等因素有很大关系。

上述四种立法模式各有千秋，其中，“宪法加劳动立法模式”最为理想，不仅在根本法上对罢工权予以确认，以示罢工权的基本人权性质，在基本法层面予以具体规定，以落实权利的行使。“宪法模式”比较多见，是资本主义法制发展和劳资关系运行的自然产物，是罢工权立法的基本模式；“劳动立法模式”和“判例法模式”较为实用，都能具体规范和应对罢工，只是因立法传统不同而发挥作用的形式不同而已。

(二)我国集体行动立法的模式选择

我国集体行动立法究竟选择什么样的立法模式，历来有分歧，上述前三种立法模式都有人主张。笔者认为，就我国目前而言，将罢工权入宪，特别是将罢工权作为“第一人权”入宪②的观点未免脱离实际。

采用劳动立法模式即“罢工权入法”，比较符合我国当前实际，其理由主要有三：其一，修改宪法的条件和程序复杂，比较困难，在社会对罢工问题没有充分体认并转变观念的情况下罢工权入宪更加困难；其二，我国劳动立法有关于罢工的规定，在实践中也积累了一些处理罢工问题的经验，由相关劳动立法对罢工予以规范，有相应的立法资源、基础及经验；其三，完善相关的劳动立法成本较低，容易达成目标。虽然“劳动立法的优越性在于，它较之开放结构的宪法规范更为具体和详尽”。③ 但在目前劳动基本法没有明确规定罢工权的条件下，“罢工权入法”同样具有难度。笔者建议，改造现有立法资源，以《工会法》中现行的“停工”代替罢工。

2001 年修订的我国《工会法》第 27 条规定：“企业、事业单位发生停工、怠

---

① 参见赵守博：《罢工的保障与规范》，载李琦主编：《厦门大学法律评论》(总第 15 辑)，厦门大学出版社 2008 年版，第 6 页。

② 参见陈乃新、楼建兵：《罢工权入宪新思考：规制与处理集体争议的法权依据》，载《吉首大学学报》(社会科学版)2012 年第 1 期。

③ 李运华：《就业权研究》，中国社会科学出版社 2009 年版，第 104 页。

工事件，工会应当代表职工同企业、事业单位或者有关方面协商，反映职工的意见和要求并提出解决意见。对于职工的合理要求，企业、事业单位应当予以解决。工会协助企业、事业单位做好工作，尽快恢复生产、工作秩序。”就其立法本意而言，其实是指罢工。而且，无论是从字面意义上来理解停工和罢工的区分，还是从停工行为本身所具有的“压力手段”这一功能特征来看，或是从停工所引致的效果来看，停工与罢工并无本质区别。

经查集体劳动关系的相关理论文献和立法资料，笔者发现，传统的集体劳动关系运行及法律规制比较发达的国家和地区，劳方集体行动的具体手段和方式中并无“停工”一词，罢工最主要的辅助手段就是怠工、抵制和杯葛，但没有停工。故在西方国家罢工就是停工的意思，或者说停工就是罢工的主要意涵，因为罢工的实质是劳方消极地不提供劳动，与停工的意涵不谋而合。可以说，我国《工会法》规定的停工就是我国立法者的有意为之，甚至可以断定关于停工的规定就是用来代替罢工。

二、我国集体行动立法的完善思路

我国集体行动的立法完善需要从集体行动目的、主体、条件、程序、手段及责任追究等方面进行立法完善。鉴于停工或罢工是集体行动的主要方式，理论界对罢工主体、目的、程序及手段等合法要素多有讨论，此处探讨集体行动的立法完善，主要以罢工为例进行具体分析。

（一）集体行动目的需明确

动机和目的是集体行动理论和实践问题的逻辑起点，体现并贯彻了“劳动三权”和集体劳动关系运行的“为了集体劳动利益的增进”这一逻辑主线。就罢工目的而言，罢工必须基于正当的目的，这是理论和实务界的共识。这不仅是罢工合法与否的判定标准，而且是界分不同类型罢工的标准，是罢工立法首先要明确的问题。何为罢工的正当目的？一言以蔽之，即“以增进劳工正当权益、改善劳动条件、提升劳工经济地位为目的。至于以政治、宗教或其他非经济之目的为主要目的者，即非合法罢工”。① 由于各种原因，我国对罢工目的的把握比较模糊，导致立法和实践中始终未能正确应对罢工问题，甚至对其讳莫如

① 黄越钦：《劳动法新论》，中国政法大学出版社2003年版，第310页。

深。因而,明确罢工的目的对我国罢工立法而言尤为必要。笔者认为,可从以下两个层面观察。

1. 宏观或整体上,将罢工目的定位为劳动者集体利益的增进。劳动者不是为了这一目的而举行的罢工便不具备目的正当性,可直接认定为非法罢工。这一定位准确地体现了罢工权的经济社会权利属性,将政治权利和自由排除在外。在此前提下,“同情罢工”(Sympathetic Strike)即“为声援其他劳工之罢工行为而进行之罢工”,[①]也因缺乏明确的、正当的罢工目的而应被视为非法罢工。[②] 与此罢工目的的正当性紧密关联的一个问题便是,当雇主方对此正当目的有异议时,如何认定?此时,笔者认为,一方面在立法中明确经济罢工的认定标准,另一方面可设置相应的程序以应对雇主方的主张,即可向劳动关系委员会提请对罢工目的的正当性进行裁决,并规定劳动关系委员会的裁定为终局生效裁定,劳资双方应当予以尊重和执行。

2. 微观或细节上,将罢工目的限定在利益争议事项范围之内。如前所述,利益争议事项是集体劳动关系法律规制的主要对象,与“劳动三权”紧密关联。罢工是为了增进劳动者集体利益,只有通过罢工使劳资双方最终达成一致签订并履行集体合同,劳动者集体利益增进的目标才能实现。故将罢工限定在利益争议事项范围之内,是罢工目的应有之义。这一限定不仅缩小了罢工的范围也规范了罢工的行为,还有利于整合相关劳动争议处理的组织资源。观察我国近年来频发的群体性劳动争议事件,不难发现其中有很大一部分属于追讨工资、经济补偿或赔偿金及欠缴社保等权利争议事项,本来完全可以通过现有的劳动争议处理的调解、仲裁及诉讼程序获得解决,但实践中由于此类纠纷一般牵涉劳动者人数较多涉及面也较大,通过正常的劳动争议处理程序无法快速有效解决,当事劳动者选择通过停工、信访等手段维权,便具备了一定的合理性。然而,这些所谓的罢工并不符合罢工是为了集体利益增进的正当目的,并不符合集体劳动关系的运行逻辑,只是在形式上以类似于罢工的方式集体维权而已,

---

① 黄越钦:《劳动法新论》,中国政法大学出版社2003年版,第310页。

② 同情罢工是否属于非法罢工,立法和实践中并不统一。从罢工的分类看,同情罢工是罢工的一种,虽然从罢工的目的看不能完全否定其为了经济利益的目的,但同情罢工更类似于政治罢工,且缺乏明确目的,故笔者更倾向于将同情罢工看作示威,属于宪法规定的政治权利或自由范畴之一,如果出现便视为非法罢工。

为罢工问题的处理及罢工立法增加了难度。

（二）集体行动主体需限缩

集体行动的主体，顾名思义就是什么人或组织可以参加或组织集体行动。集体行动主体一直是集体行动立法的焦点问题。集体行动主体是一个笼统概念，依据不同的标准可以分成不同的层次和类型。如就罢工而言，从是否可以罢工的角度，将罢工主体分为可以罢工主体、限制罢工主体和禁止罢工主体；根据罢工的组织和参加者的不同，可将罢工主体分为罢工的组织主体和参加主体；从罢工是否具备合法性的角度看，可将其分成合法罢工主体和非法罢工主体等。结合我国实际，笔者拟从以下几个层次进行探讨。

1. 只允许企业劳动者参加或组织

企业劳动者采取以罢工为主要形式的集体行动是工会制度的起源和集体劳动关系运行的基础。相关立法对此予以确认自然不在话下，但对其他行业的劳动者，尤其是承担公共职能和代表公共利益的国家机关、事业单位、社会团体等组织或单位的劳动者，即所谓的“公职人员”[①]是否可以罢工，各国立法有不同规定。笔者建议，在我国罢工立法尚不完善，实践中罢工问题纷繁复杂的情形之下，不宜将上述公职人员纳入罢工主体范围之内。理由有三：第一，限制甚至禁止这些公职人员的罢工是各国罢工立法的普遍经验。我国相关立法也有类似的规定。[②] 第二，公职人员与其相应的组织或单位之间不属于劳动关系，不存在传统意义上的劳资不对等格局，也就缺乏运用罢工保障劳动权的法理基础。第三，公职人员本身具备的“公共品格”决定其与社会公共利益的“唇齿相依”，限制其罢工权利是为了实现人民的“公共福祉”和“共同愿景”。当然，随着我国社会的发展，当未来时机成熟时，不排除允许部分公职人员有条件地进行罢工。

与此相关的一个问题是，是否允许与上述国家机关、事业单位及社会团体

---

① 此处的公职人员也是统称或泛称，并不仅指国家机关的工作人员，还包括行使公共职能和代表公共利益的事业单位及社会团体等组织或单位的劳动者。

② 《公务员法》《法官法》《检察官法》及《人民警察法》等均有“不得散布有损国家声誉的言论，参加非法组织，参加旨在反对国家的集会、游行、示威及参加罢工”的类似规定。参见《公务员法》第53条、《法官法》第32条、《检察官法》第35条及《人民警察法》第22条等规定。

建立劳动关系的劳动者的罢工?[①] 鉴于此类劳动关系中的劳动者与人事关系中的公职人员的工作内容及工作地点等并无实质区别,且是上述单位及其公职人员履行公共职能不可或缺的组成部分,允许此类劳动者罢工难免会影响到上述单位公共职能的履行。因此,笔者建议目前只允许企业劳动者罢工,机关、事业单位及社会团体中的劳动者虽然与单位建立的是劳动关系,适用劳动立法,但出于公共职能和公共利益之考虑,也不允许罢工。

2. 原则上只能由工会组织

关于罢工到底由谁组织开展的问题,学界历来有争议。主要有"工会组织说"和"工会和劳动者组织说"两种观点。就我国罢工立法而言,原则上应采"工会主体说",即只能由工会组织罢工。其原因有三:第一,工会组织罢工,是"劳动三权"和集体劳动关系运行的逻辑关系决定的,即劳动者团结起来成立工会,凭借工会的力量与雇主方谈判,并辅之以罢工保障手段,这是合法罢工的应有之义;第二,工会组织罢工,才能最大限度地保证罢工的规范性和有序性;第三,工会组织罢工,有利于法律对罢工的规制,也利于党政部门及上级工会对罢工的监督和掌控。因此,在学理上非有工会组织的罢工被称为"野猫罢工",属于非法罢工。

然而,就我国目前工会的性质、地位以及罢工的现状而言,如果立法规定只能由工会组织罢工,则难免剥夺了很多劳动者通过集体争议行动争取利益的权利和机会。目前,很多外资企业、私营企业特别是小微企业中的工会组织不健全,甚至根本没有工会组织,而地区工会或行业工会又无法满足这些企业劳动者的利益诉求,则劳动者只能选择群体性抗争,即通过集体停工、罢工等手段迫使雇主方接受其主张。故"群体性罢工"或"野猫罢工"在我国现阶段具有一定的现实性和合理性,[②]从而形成了我国特有的"罢工—谈判—集体合同"运行逻辑,颠覆了"谈判—罢工—集体合同"的传统路径依赖。但这种"谈判前罢工"是对我国罢工立法和实践发展滞后现实的无奈回应,必然增大罢工无序化和劳资矛盾激化的风险,也会给劳资双方及社会带来不可预期的损失。因此,从长

① 根据我国相关劳动立法的规定,上述单位与一部分员工建立的是劳动关系,适用劳动立法。参见《劳动法》第2条、《劳动合同法》第96条等规定。

② 近年来发生的一些列的罢工事件,理论上均属于"野猫罢工",典型特征是没有工会组织,没有预先知会的突然发动。

远看应该回归至"谈判中罢工"的传统的理性路径,"谈判前罢工"应纳入因雇主拒绝谈判而引发的不当劳动行为进行规制。[①] 笔者以为,在当前过渡时期可允许劳动者自发组织停工、怠工等行动,但须满足以下条件:(1)企业没有工会组织,或虽有工会但工会不发挥实际作用;(2)劳动者群体要求增进集体利益的诉求须具有充分的合理性和正当性;(3)该合理诉求无法通过正常的劳资协商、调解等程序获得回应;(4)履行报备程序并遵守罢工的相关规定,即举行停工或罢工前须向劳动行政部门和上级工会备案,举行罢工须遵守现有相关立法规定。故在满足了以上4种前提条件下的罢工,基本上能被有效地加以制约和规范。事实上,允许有条件的自发罢工,还有利于促进工会组织的建设和工会职能的改进,本田罢工便是很好的例证。[②]

3. 应允许非工会会员的劳动者参加罢工

罢工虽然由工会组织和发动,但需要劳动者的实际参与和推动,且劳动者的参加数量直接决定了罢工成效。但关于是否只能由工会会员参加罢工的问题,学界也有不同意见。其实,在工会组织和发动罢工的原则与允许非工会会员参加罢工并不冲突。因为罢工的目的是重新谈判,进而达成一致签订并履行集体合同,而集体合同的规范效力和延展效力决定其效力覆盖范围当然包括非工会会员。上文关于在特殊情况下,允许劳动者自发组织罢工所论述的理由,也可说明非工会会员参加罢工的合理性,即既允许非工会会员组织罢工,则更没有理由反对其参加罢工。因此,允许非工会会员参加罢工不仅体现了罢工的集体性特征,更彰显了权、责、利一致的原则。同时,允许非工会会员参加罢工,享受罢工的成果,也有利于促进工会的组织建设。当然,在罢工期间,参加罢工的劳动者的劳动合同会中止,劳动报酬也会暂停支付,工会为保障罢工者基本生活需要,应发放必要的救济金。可见,允许非工会会员参加罢工意味着工会的负担加重,但却壮大了罢工的力量扩大了罢工的成效。

---

① 事实上,当雇主拒绝谈判时在美国和一些其他国家也有针对不当劳动行为的罢工,但前提是工会组织,且不当劳动行为会纳入相应的处理机构和程序加以处理。

② 本田罢工事件中,公司有工会但工会附属于公司,部分劳动者举行罢工要求增长工资,同时要求改组工会重新选举工会领导。后通过劳资双方谈判,满足了增长工资的诉求,也顺利地实现了工会的改组,工人成功地选举了自己信任的工会领导。在后来的集体谈判中,改组后的工会发挥了重要的作用。

（三）集体行动程序需重置

学界一般将集体行动的条件和程序一并加以讨论。事实上，在集体劳动关系的相关理论和实践中，条件和程序往往不加区分，两者通常互相涵涉，各有侧重。比如，学界通常认为，罢工的条件包括罢工发动的目的、主体及相关程序义务的履行等。因此，探讨罢工的条件时，一般会涉及其程序，或者说罢工程序的合法，本身就是罢工的条件。罢工最主要的条件就是须穷尽罢工替代机制或方案，换言之，没有依法穷尽罢工替代机制不能举行罢工。鉴于上文已有分析，在此不予赘述。以下就罢工程序问题提出相应的立法完善思路。

1. 须征得工会会员多数决同意。罢工虽然由工会发动和组织，但却是劳动者集体中止工作的集体行动，必须反映劳动者的集体意志。故征得工会会员多数决同意，不仅是工会发动罢工的前提，也是罢工取得实质效果的关键。事实上，是否只能由工会会员表决以及具体表决比例多大等各国规定不一，如荷兰规定须经一半以上工会会员表决同意；俄罗斯则规定罢工提议的表决，需保证2/3以上职工或工会会员到会，半数以上支持方有效；新西兰规定罢工必须有“50% +1”的员工投票通过。[①] 鉴于我国的实际情况，宜规定工会发动罢工须经半数以上职工同意方可进行。不可否认，当工会要发动罢工时有部分工会会员基于各种考虑消极应对甚至反对举行罢工，从而引发“搭便车”[②]现象。但也不能因为部分劳动者的“搭便车”就强制要求这些劳动者参加罢工，因此，工会能做的就是在工会组织框架下和效力范围内，采取相应措施尽量说服其成员加入罢工行列。

2. 必须基于宣告谈判失败并经行政调解依然无法达成一致的前提，并且应向对方履行知会义务。集体谈判被正式宣告失败是采取集体行动的前提，当然此时的宣告失败一般包括已经行政调解或仲裁程序依然无法解决的各种情形。笔者建议，我国立法必须明确劳资双方集体谈判失败，必须经行政调解无果，才能启动。同时，要通过公告、通知等形式告知雇主方及社会各方，举行罢工的理由、时间及地点等，以便雇主方及有关主体做好应对准备。罢工前知会义务的

---

① 参见刘燕斌：《国外集体谈判机制研究》，中国劳动社会保障出版社2012年版，第159页。

② 工会及罢工理论中所谓“搭便车”现象，就是不参加罢工的劳动者，可以在不牺牲任何利益的情况下享受其他劳动者因罢工取得的劳动利益增进的成果。

履行,是合法、有序罢工的应有之义,即罢工只是宣布集体中止工作以向雇主方施加压力,并非是要搞突然袭击以扰乱、破坏雇主方的生产经营及社会生活秩序。

3."冷却期"的设置。"冷却期"是源于美国《塔夫脱—哈特莱法》(1947年)对"国家紧急状态"下限制罢工的规定,①是指在诸如钢铁、石油、交通等牵涉国家经济发展和安全的重要行业,如果总统认为罢工已经危及或将要危及国家经济的安全,会任命调查委员会进行调查,并可指示司法部门要求对当事人有管辖权的地方法院针对该罢工或闭厂发布不多于80日的禁令。如果80日期限届满,当事人依然没有达成和解,罢工或闭厂可继续进行。故"冷却期"的设置是基于国家和公共利益考虑而对罢工程序进行合理限制,力求最大限度地以和平方式解决罢工带来或可能带来的影响国家和经济安全问题。我国罢工立法可以借鉴这一立法经验,规定劳动行政部门或劳动关系委员会可针对在一些重要行业中发生的,可能影响经济安全和稳定的罢工发布禁令,根据情况不同要求当事人在禁令发布之日起1~6个月内,中止罢工或闭厂。这一程序的设置,既不影响罢工立法的推进和实施,也有利于国家对重要行业领域中发生的危及经济发展和社会稳定的罢工进行有效监控。

(四)集体行动手段应限制

集体行动过程中,一般会采取设置纠察线、②劝说游说、占领工作场所等行动。这些活动本身具有非暴力性和有序性,但劳动法制发展和工人运动的历史表明,在一些不确定因素的刺激之下集体行动很容易演变成暴力冲突,这就是罢工总是容易被贴上"劳资冲突和劳资对抗"的标签的原因所在,也体现了罢工所天然具有的政治性和意识形态性。故罢工问题历来受到各国重视,对罢工手段进行制约和限制成为罢工立法的重点。就其本质而言,罢工是单纯的劳动中止和生产秩序中断,以正当的、和平的或非暴力手段进行罢工是罢工的应有之义。黄越钦先生认为,正当非暴力即受所谓"禁止过分原则""公平对抗原

---

① 参见[美]罗伯特·A.高尔曼:《劳动法基本教程——劳工联合与集体谈判》,马静等译,中国政法大学出版社2003年版,第323页。

② 设置纠察线,一般是指罢工过程中在工作场所以外设置警戒线,以防雇主或其他雇员穿过此线继续工作,从而减损罢工的成效。设置纠察只是罢工的一种常见手段或方法,但也有人认为,设置纠察是与罢工并列的行为。

则”“公共利益拘束原则”所拘束。[①] 申言之，罢工过程中所采取的各种手段和方法必须以合理为限，以能有效对抗资方为原则，并接受不侵扰社会公共利益的价值评判。我国2004年的《集体合同规定》虽然对罢工问题未予明确，但在其第5条中要求进行集体协商，签订集体合同或专项集体合同，应当遵循“不得采取过激行为”的原则。不过也有学者担心，过分强调罢工的和平性或非暴力性，会使得罢工过于消极而难以开展积极的抗争行为，故主张增加确保工会“进行具有压力效果之罢工行动的能力”。

笔者以为，以我国当前罢工立法和实践之现状，和平手段的提倡和限制确有必要。可从以下几点入手：第一，立法保护参加罢工劳动者的基本权益，如雇主不能解除和终止劳动关系，继续为罢工劳动者缴纳社会保险费等，也不能雇佣永久性的罢工替代者，以解决罢工参与者的后顾之忧；第二，雇主方不可滥用“闭厂权”，只有在造成企业严重混乱，甚至使公私财产及公共安全处于紧急状态时，才有权关闭工作场所；第三，工会应该发放罢工期间的生活补贴，使罢工能持续进行；第四，罢工期间，上级工会及政府部门应派员协调、监督，防止罢工向暴力冲突演变。

① 黄越钦：《劳动法新论》，中国政法大学出版社2002年版，第310页。

第六章　中国集体劳动争议解决机制的探索与出路

法律规制集体劳动关系的关键是要确认并保护劳动者的“劳动三权”，并为集体劳动关系运行的“自治”设置相应的法律边界或将其纳入“法治”轨道。然而，权利在行使过程中，必然涉及义务、责任的划分，权利的救济及争议的解决机制。正如法谚所云：“无救济，无权利”，故在此意义上，集体劳动争议解决机制是集体劳动关系法律规制的保障和归宿。但是，集体劳动争议到底是以劳动者人数还是以争议性质作为衡量标准？如果不是一一对应的关系，又该如何判定？结合我国的劳动立法、理论及劳动力市场的现状，集体劳动争议究竟如何划分？特别是群体性劳动争议，即众多有相同诉求的劳动者集中爆发的个体劳动争议，是否应该从集体劳动争议中剥离？笔者认为，对上述问题的回答，必须结合我国实践对集体劳动争议的概念体系及其分类标准进行深入、系统和创新研究，从而为我国集体劳动争议解决机制的构建奠定理论基础。

本章将在对我国集体劳动争议立法、实践及理论研究现状进行分析的基础上，对集体劳动争议的概念和范围进行界定，创造性地将传统意义上的集体争议与我国当前群体性劳动争议进行统一的理论梳理和制度设计，构建旨在解决我国实际问题的集体劳动争议解决机制。

第一节　我国集体劳动争议立法、实践的现状与问题

由于我国的劳动立法和实践一直是以个体劳动关系为主导，集体劳动关系及集体劳动争议近年来才开始进入立法和理论研究的视野，故立法的缺漏、理论研究的不足及实践中模糊和乱象在所难免。自2008年以来，我国进入新的劳动立法时代，劳动争议特别是集体劳动争议数量激增，劳资矛盾凸显，迫切需要相应的争议解决机制。不过，构建有效的集体劳动争议解决机制，有必要先总结和分析当前我国集体劳动争议的相关立法、实践的现状及问题。

一、我国集体劳动争议立法梳理及其评析

目前，中国处理集体劳动争议主要是通过政策调整，具体表现为党政"维稳""和谐"政策和思想主导下的"大调解"模式、"群体劳动争议预案处置"模式及"工会介入调处"模式。国家和地方层面均未形成系统、有序的法律层面的解决机制。

从立法层面上观察，我国关于集体劳动争议及其解决机制整体上处于立法阙如状态。现行相关立法也只是对集体劳动关系构成及其运行作了零散规定，具体可从以下几部不同阶段的立法进行梳理：第一，我国《劳动法》在对集体合同进行简单规定的基础上，笼统规定因签订和履行集体合同而引发争议的不同处理方式，即"因签订集体合同的争议，采取行政协调处理，因履行集体合同而引发的争议，可以提起仲裁和诉讼"。[①] 第二，《集体合同规定》只规定"集体协商争议须经行政协调处理"和"因履行集体合同的争议，当事人协商解决不成的，可申请劳动仲裁"。[②] 基本延续了我国《劳动法》的精神，只是在集体协商等

---

① 参见《劳动法》第84条规定："因签订集体合同发生的争议，当事人协商解决不成的，当地人民政府劳动行政部门可以组织有关各方协调处理。因履行集体合同发生争议，当事人协商不成的，可以向劳动争议仲裁委员会申请仲裁；对仲裁裁决不服的，可以自收到仲裁裁决书之日起十五日内向人民法院提起诉讼。"

② 参见《集体合同规定》第49条规定："集体协商过程中发生争议，双方当事人不能协商解决的，当事人一方或双方可以书面向劳动保障行政部门提出协调处理申请；未提出申请的，劳动保障行政部门认为必要时也可以进行协调处理。"第55条规定："因履行集体合同发生的争议，当事人协商解决不成的，可以依法向劳动争议仲裁委员会申请仲裁。"

同于集体合同的框架和制度背景下，将签订集体合同的争议换成集体协商争议而已。第三，我国《劳动合同法》对集体合同进行专节规定，[①]在制度层面上奠定了集体劳动关系运行的基础，但对集体劳动争议及其处理程序等问题依然没有涉及。令人遗憾的是，本应对集体劳动争议相关问题进行规范的我国《劳动争议调解仲裁法》对该问题也没有涉及。

可见，我国现行关于集体劳动争议的相关立法具有零散性、阶段性、依附性等特点。首先，对集体劳动争议的相关概念、争议处理的组织机构、处理程序及责任分配等均没有明确规定；其次，只对签订和履行集体合同所引发争议的处理程序进行笼统规定，片面地将集体合同争议作为集体劳动争议加以规定；最后，将集体劳动争议依附在个体劳动争议的立法框架和处理模式下进行规定，尚未突破个体劳动关系及个体劳动争议处理的立法思路。因此，修订和完善现有立法，明确规定集体劳动争议的概念体系，并对集体劳动争议的处理程序等进行规范，便显得极为迫切。

二、我国集体劳动争议的现状及特征

鉴于我国劳动立法并未对集体劳动争议进行区分，故在描述集体劳动争议现状时便泛指除个体劳动争议以外的所有集体劳动争议。事实上，笼统地称为集体劳动争议也是我国集体劳动争议的现状或特征之一。总体上看，一方面我国集体劳动争议有立法缺漏、体制影响及争议解决机制的欠缺等缺陷和不足；另一方面又顺应了社会经济的发展趋势，在不同程度上体现了集体劳动争议的集体性、利益性且争议形式比较理性化等特点。可从以下几方面进行概括：

（一）集体劳动争议频发

近年来，劳动争议数量呈激增态势是关于劳动争议的各种统计和调查数据的一个基本共识。集体怠工、罢工等集体劳动争议行为频繁发生，在部分地区甚至出现“工潮”现象，如 2010 年爆发的罢工潮便是典型体现，除了极具典型意义的南海本田罢工事件外，仅“大连开发区出现罢工现象的企业 73 家，其中

① 参见《劳动合同法》第五章第一节“集体合同”第 51～56 条的规定。

日资企业 48 家，罢工人数近 7 万人”。[①] 另外，立法和理论界对集体劳动争议只作笼统的表述，而没有进一步界分，也是集体劳动争议数量庞大的重要原因。实践中，集体劳动争议所涉的事项通常包括以下几方面：其一，企业改制引发的职工安置、退休待遇等争议；其二，非公和小微企业欠薪现象严重，群体性讨薪而引发的争议；其三，违反劳动基准法规定侵害劳动者合法权益而引起的集体行动；其四，收入差距过大引发员工不满。但集体劳动争议是具有特定意涵的概念，“团体性”和“利益性”是其本质特征，简单而言就是以团体的力量实现集体利益增进的目的。故上述四个方面的争议，只有“收入差距过大引发员工不满”才算得上集体劳动争议，即为了集体利益而引发的争议。其他几项，要么完全属于个体劳动争议，要么属于个体劳动争议的集合，但都属于权利争议。因此，对概念的笼统和原则性规定，会形成一致的统计口径，进而出现数量庞大的统计结论。

就现实而言，我国集体劳动关系在总体上处于“低水平稳定状态”，但这种状态的维持是以一个供过于求的劳动力市场和工人集体组织及集体行动的限制为代价，同样也依赖于我国党政部门逐年递增的“维稳”的资源投入。一路飙升的劳动争议和此起彼伏的工人集体行动已经证实了这种“稳定”局面的脆弱性和易变性。尽管以党政体制性力量和权威，能迅速整合政府资源，形成宏观的维稳机制，但在劳资矛盾日益激化的企业中，如果缺少内生的劳资协调机制来化解矛盾，这些矛盾和问题会越积越多，最终形成对宏观维稳机制的巨大压力，形成对政府资源的过度依赖和需求，当这些需求最终超出了供给之后，“低水平稳定”的局面必然要崩溃。

（二）集体劳动争议形成原因复杂

致使集体劳动争议频发的原因有很多，既有政治、经济及社会等宏观因素的影响，也与劳动立法的逐步完善及劳动关系结构的变化等微观因素有关。摘其要者简述如下：其一，社会主义市场经济纵深发展，经济结构的调整和劳动力市场机制的逐步健全，为集体劳动争议的频发提供了体制“土壤”。其二，在资本全球化背景下，“体面劳动”“有尊严的劳动”等成为全球劳动力市场发展的

① 梦泉、雷晓天：《“集体劳动争议现状及对企业劳动关系的影响”研讨会会议综述》，载《中国工人》2010 年第 12 期。

基本理念。我国政府一方面积极倡导"体面劳动""以人为本""建设和谐劳动关系"等政策理念;另一方面完善相关劳动立法体系,为劳动者权益的保护提供制度保障。劳动者法律意识开始觉醒,权利意识空前高涨,当现有的权利救济途径和争议解决机制无法满足其诉求时,以集体的力量争取权益便成为劳动者的首选路径。其三,新生代产业工人①的产生背景、生活环境及结构特点是集体劳动争议频发重要的社会原因。集体劳动争议主要集中在使用新生代产业工人的劳动密集型行业和地区,年轻一代的劳动者不仅受教育程度普遍较高,权利意识更加强烈,社会环境及其发展趋势使他们客观上无法回到农村,主观上不想回到农村。要想在城市里扎根生活,就必须要敢于表达诉求并争取自己应得的利益。当传统的维权手段不再奏效时,他们不再坚持"用脚投票",而是选择"用手投票",只有团结起来才能争取利益。可见,劳动者内部开始从体现利益分散的"单打独斗"向利益趋同的"集体行动"转变是当前集体劳动争议的典型特征。

(三)集体劳动争议形式多样、诉求集中

长期以来,受计划经济体制的影响,我国劳动关系领域主要采取党政主导和国家统合的调整模式,从而导致两种后果:其一,权利救济的法律渠道不畅,完全通过法律途径解决纠纷的案件比例较少,且主要个体劳动争议;其二,纠纷解决的政治化倾向较重,尤其是涉及面较大的争议,劳动者主要通过非法律途径寻求解决。因此,我国集体劳动争议的形式具有多样化的特征,大致有三种形式:一是采取怠工、停工及罢工等传统的、真正意义上的集体争议方式。二是采取上访、静坐、集体散步等方式。这一方式在我国的使用具有普遍性,尤其是涉及国有企业的改制问题,劳动者更倾向于将劳动纠纷政治化,通过上访寻求快速解决。三是当通过法律、上访等途径无法有效解决争议的情况下,部分劳动者便采取跳楼、堵铁路、堵桥梁等极端的维权方式。上述第一种方式是世界各国集体劳动争议解决机制的普遍经验,而第二种、第三种方式是我国解决集体劳动争议的基本经验。笔者认为,随着我国劳动力市场的发展和集体劳动立法的完善,我国集体劳动争议正在向停工、罢工这种传统的、理性的方式进行,

① 新生代产业工人或新时代产业工人,一般是指"80后""90后"主要从事劳动密集型产业的新生代农民工群体。

而逐渐摒弃上访、堵路等非法律、非理性的方式，以南海本田罢工为标志的集体劳动争议便是这一特征的典型体现。

与上述集体劳动争议的形式相关的一个问题是劳动者的诉求和目标。近年来，频发的集体劳动争议之所以引起社会各界的广泛关注，主要是因为劳动者所主张的诉求和目标，不同于传统的劳动争议。2008 年以后发生的各种集体劳动争议中，“加薪”是劳动者的主要诉求。劳动者群体性要求加薪，属于典型的集体利益增进的诉求类型，这一类型的诉求和主张决定了劳动者采取停工、罢工等理性方式才能有效对抗雇主，从而达成目标。而通过上访、堵路等非理性方式只能有限地解决雇主侵犯劳动权利的问题，对利益诉求则无能为力。故在此意义上，当前我国集体劳动争议的争议属性也体现了从完全的权利争议向利益争议转变的特征。

（四）集体劳动争议的解决方式趋于理性化、法制化

尽管我国集体劳动关系及集体劳动争议的立法和实践尚处于起步阶段，关于罢工权问题的立法和实践尚有缺漏和模糊之处，但并不妨碍我国集体劳动争议解决方式顺应社会经济发展趋势而悄然发生转变。如上所述，从总体上看，我国集体劳动争议及其处理方式依然处于无法可依状态。不过，通过对近年发生的较为典型的集体劳动争议案件的观察，便不难发现集体劳动争议解决方式正趋于理性化和法制化。主要表现在以下几点：其一，停工或罢工的方式较为理性。如在厂区或工作场所小范围内进行，目的是表达诉求并迫使雇主进行谈判，寻求理性和合法的方式解决问题，而非为了引起党政部门和社会各界的关注。其二，党政部门及上级工会的态度较为理性。当发生停工、罢工集体劳动争议时，党政部门并没有以关乎社会稳定、扰乱社会秩序为由强加干预、令行禁止，而是以消极的方式进行“冷处理”，即将此类的停工、罢工归为劳动关系和劳动争议问题，让劳资双方自行交涉处理，必要的时候才会派员督导。因此，这些集体劳动争议最终均是通过劳资双方的协商或谈判并签订集体合同得以圆满解决。其三，形成集体协商或谈判并签订集体合同的长效机制。这是集体劳动争议解决方式趋于理性化和法制化的重要体现。特别是工会在集体劳动争议中的作用，经历了由“缺位”至“到位”的发展历程。鉴于工会在我国实际运行状况，虽然集体劳动争议的启动没有工会的参与，但劳动者一项明确的要求就是重新组织工会，事实证明在随后的集体谈判中和集体合同的签订中，工会的作用便凸显出来。

三、我国集体劳动争议的问题梳理

集体劳动争议立法的缺漏，必然导致理论研究的众说纷纭与实务部门对集体劳动争议处理的混乱。可从以下几方面对集体劳动争议的现状或特征予以描述，并对其存在的问题进行分析。

（一）将集体劳动争议等同于个体劳动争议的集合

如上所述，我国集体劳动争议是在个体劳动争议的立法和理论框架之下进行处理的，其必然的逻辑结论就是将集体劳动争议等同于个体劳动争议的集合。从学理上看，真正意义上的集体劳动争议是具有特定条件、意涵和范畴的劳动争议。但在我国实践中，集体劳动争议被认为仅是劳动者一方争议主体数量上具有集体性或群体性，其本质上仍然是个体劳动争议。笔者认为，这一笼统归类的优点在于无须具体划分种类，仅从表象上进行区分，争议的处理机构及程序等无须变革。然而，其根本缺陷在于忽视了集体劳动争议的特定条件和内涵，将两种不同性质和类型的争议按照统一程序予以处理，不仅有悖法理，也不符合我国劳动力市场的发展趋势。当然，对集体劳动争议如何具体界定和划分，详见下文具体分析，此处只作现状和问题提出。

随着我国劳动力市场的发展和劳动立法体系的完善，尤其是我国《劳动合同法》等一系列劳动立法的颁行，劳动者权利意识和集体意识逐渐觉醒。集体劳动争议的数量也呈现激增态势，且集体劳动争议具有“群体性”“突发性”“自发性”等非规范特征，被称为“群体性劳动事件”。不过，通览相关文献及统计数据便不难发现，上述集体劳动争议均是以劳动者一方人数为标准加以判定，且究竟人数达到多少才算集体劳动争议，各种统计口径也不统一，并非完全采用法定标准。①

（二）将集体劳动争议等同于集体合同争议

通过上文关于集体劳动争议的立法梳理可知，我国的集体劳动争议仅指集体合同争议，包括签订集体合同的争议和履行集体合同的争议，并确定了不同

---

① 参见《劳动争议调解仲裁法》第7条规定：“发生劳动争议的劳动者一方在十人以上，并有共同请求的，可以推举代表参加调解、仲裁和诉讼活动”。

的处理方式，即因签订集体合同的争议按行政协调方式处理，因履行集体合同的争议按一般劳动争议案件处理。故我国真正意义上的集体劳动争议就是仅指因签订集体合同所引发的争议。然而，集体劳动争议的本质是“团体性”和“利益性”，即必须以团体或组织为争议主体，且争议目标为集体利益的增进。集体劳动争议的这一本质属性决定不仅包括集体协商或集体谈判中的争议、集体合同争议，还包括因拒绝协商或谈判引起的争议，及罢工、闭厂等集体行动所引发的争议。

我国集体劳动关系的立法框架和理论认知路径均是将集体协商和集体合同合二为一，加之我国罢工及不当劳动行为等问题尚处于立法阙如的状态，故将集体劳动争议等同于集体合同争议便在所难免。笔者认为，即便将集体劳动争议等同于集体合同争议或集体协商争议，只要有合理的争议处理组织机构及争议处理的程序，一样可以满足当前集体劳动关系的调整需求。问题是目前相关的集体劳动争议处理的规定极为笼统和模糊，只是原则性地规定“因签订集体合同引发的争议，按照行政协调方式处理”，至于具体的处理机构、处理程序、处理依据及相关责任的分配等实质问题均未涉及。何况我国的集体合同主要依靠行政力量推动，并非是依靠劳动者的团结和工会的组织及谈判力量达成。换言之，由于我国的集体合同并没有经过劳资双方的实质协商或谈判，集体合同在签订过程中并无实质的争议，实践中真正因签订集体合同所引发的争议极少。

（三）混淆权利争议与利益争议

实践中，仅以劳动争议劳动者一方的人数为标准界定集体劳动争议，必然导致权利争议和利益争议两种不同性质争议的混淆，这也是长期以个体劳动关系和个体劳动争议处理为主导的必然产物。简单而言，所谓权利争议，又称权利事项争议，就是已通过法定或约定确定主体的权利，但权利的实现受到阻碍，为争取权利的实现而引起的应通过司法途径解决的争议；利益争议，又称调整事项争议，是指关于将来的权利义务分配的争议，此类争议无法根据既存法律规范进行裁决，必须借由劳资双方当事人之合意自主自治地加以规范，或通过仲裁裁决解决。可见，二者区别的关键是“有无司法审理可能性”。对劳动争议采取上述分类的必要性在于，“争议若有司法审理之可能性、诉讼救济可能性，则当事人原则上即无诉诸自力救济之争议行为的'绝对必要性'"。[1] 所以，一般来说，个体劳动争议属于典型的权利争议，而集体劳动争议属于典型的利益争议。正如有学者指出："集体劳动争议，即雇主与员工的团体即工会之间所发生的争议，其争议的对象是团体的利益，也就是有关集体协议的内容。是以劳动者团体即工会为主体的，在集体谈判过程中发生的争议。"[2]近年来，我国频发的集体劳动争议的一大特征就是由权利争议向利益争议转变，以南海本田罢工为代表的集体劳动争议也典型地、集中地体现了"加薪"这一的集体利益诉求。当然，现阶段集体劳动争议体现了"群体性"和"非规范性"的特征，不仅有利益争议事项，还包括大量的如集体讨薪、企业改制中的职工安置等权利争议事项。但囿于个体劳动争议处理思维，我们对集体劳动争议中的"权利争议事项"和"利益争议事项"并不加区分，均按个体劳动争议和权利争议的处理模式进行"定型化"处理，其结果必然是行政主导、程序冗长、效率低下，不利于和谐劳动关系的建设。

需要明确的是，劳动者要求用人单位支付远超于法定标准的经济补偿，这并非调整事项之争议。首先，区分权利事项之争议与调整事项之争议的一个重要标准在于，"争议之内容究竟是既有权利义务，抑或将来权利义务"。[3] 经济补偿金是劳动关系依某种特定方式结束之后，用人单位的金钱给付义务。劳动关系既已结束，用人单位与劳动者只发生对过去劳动关系中权利义务的"清算"，不再涉及对未来劳动关系的权利义务安排。其次，经济补偿金争议完全可以交由劳动仲裁与法院进行裁判，裁判依据即我国《劳动合同法》的规定以及劳动合同、集体合同的约定。此类争议属于权利事项之争议，若双方经协调无法达成一致，可循司法途径解决。因此，劳动者为索要超额经济补偿金而进行自发罢工，并不具备法理基础。

（四）统一按个体劳动争议处理程序处理集体劳动争议

如上所述，我国现行集体劳动争议仅以劳动者人数为判断标准，且主要是按照传统的个体劳动争议或权利争议进行规范。集体劳动争议的处理途径也

---

① 黄程贯主编：《劳动法》，台北，新学林出版股份有限公司 2015 年版，第 137 页。

② 程延园：《劳动关系》（第 3 版），中国人民大学出版社 2011 年版，第 303 页。

③ 黄程贯：《关于权利事项与调整事项劳资争议之区分》，载《劳资关系论业》1994 年第 2 期。

是依据一般的劳动争议处理程序,并未获得劳动立法的重视。虽然原劳动部《劳动争议仲裁委员会办案规则》规定了仲裁阶段的特别处理程序,即职工一方在30人以上的集体劳动争议,应组成特别仲裁庭,3日内受理,15日内处理完毕并及时向当地政府汇报,但也只是仲裁庭的组成及仲裁期限方面较为特殊而已,并未改变其个体劳动争议处理程序的本质。这一关于集体劳动争议的特别审理程序虽然没有明确是否包含了对因签订集体合同而引发的争议的处理,但作为部门规章显然立法层次较低,无法突破个体劳动争议的整体立法框架。

事实上,我国的集体劳动争议就是劳动者联合发生的争议,尽管其中包括了一部分因签订集体合同而引发的利益争议,但总体上仍以权利争议处理思路并按个体劳动争议处理方式加以处理。对个体劳动者争议与集体劳动争议采取不同的程序和方式处理,已是劳动法制较为发达国家和地区的普遍经验。[①]处理路径不同的根本原因在于争议的性质、目标不同。就我国而言,如果以传统的个体劳动争议的解决机制来处理劳动者联合发生的争议,或个体劳动争议的集合,因同属于权利争议而尚可接受,则将属于利益争议范畴的集体劳动争议混同于个体劳动争议的解决机制就不能被接受。正是由于我国劳动立法缺乏相应的集体劳动争议处理程序的规定,当实践中发生劳动者群体性要求"加薪"等利益诉求时,传统的个体劳动争议处理程序往往无法有效应对。因为:其一,劳动者一方集体主张"加薪"等利益诉求,基于没有违反基准法和涉嫌干预用人单位自主的薪酬管理等理由,容易被排除在一般劳动争议的受案范围之外,即劳动者群体"诉求无门";其二,即使对集体劳动争议的性质和目的不加区分,完全按照现行劳动争议处理机制进行处理,也由于个体劳动争议程序的繁复性、冗长性及低效性等特征,无法有效应对,导致劳资矛盾的不断积聚并最终爆发,进而影响社会和谐。基于此两种理由,不难解释为何我国集体劳动争议总是以"群体性劳动事件"或"突发性事件"面目出现,其根源在于权利救济的途径的缺失和利益诉求表达渠道的不畅。因此,无论基于何种理由,劳动立法和实践都必须对集体劳动争议处理程序给予特别的关注,专门规定集体劳动争议处理的相关制度。

---

① See T. A. Hanami, *Labor Law and Industrial Relations in Japan*, Kluwer Law International, 1979, pp. 117 - 118.

实践中,我国已经出现劳动法传统意义的、利益争议为主的集体劳动争议。我国《劳动法》《劳动合同法》《劳动争议调解仲裁法》等以个别劳动争议处理机制为核心的法律框架,无法满足集体劳动争议的调整需求,迫切需要集体劳动关系立法及集体劳动争议处理机制的构建。主要表现如下。

第一,集体争议的调整内容狭窄。我国《劳动法》第 84 条规定:因签订集体合同发生争议,当事人协商解决不成的,当地人民政府劳动行政部门可以组织有关各方协调处理。因履行集体合同发生争议,当事人协商解决不成的,可以向劳动争议仲裁委员会申请仲裁;对仲裁裁决不服的,可以自收到仲裁裁决书之日起 15 日内向人民法院提起诉讼。我国《工会法》第 20 条第 4 款规定:因履行集体合同发生争议,经协商解决不成的,工会可向劳动争议仲裁机构提请仲裁,仲裁机构不予受理或者对仲裁裁决不服的,可以向人民法院提起诉讼。《集体合同规定》第 55 条规定:因履行集体合同发生的争议,当事人协商解决不成的,可以依法向劳动争议仲裁委员会申请仲裁。由此可见,我国法律法规对传统意义上的集体劳动争议调整内容限于两个类型:一是因签订集体合同发生的争议;二是因履行集体合同发生的争议。其他的集体争议行为,如组织、参加工会问题、集体谈判、集体行动(争议行为)问题、不当劳动行为问题,尤其是罢工问题等,没有纳入集体劳动争议的范畴。从严格意义上分析,我国没有传统意义上的集体劳动争议立法。

第二,集体劳动争议的处理方式单一,甚至缺位。调解和仲裁是各国和地区处理集体劳动争议的主要方法。反观我国的劳动立法,虽然确立了劳动争议调解和仲裁制度,但对集体劳动争议的处理,调解和仲裁的运用并不能适应实践的需要,或是单一,或是缺位,不能有效地为集体争议行为提供救济。我国《劳动争议调解仲裁法》第 2 条规定的受案范围,明确强调是"用人单位与劳动者"之间的劳动争议,并用列举式立法方式限定了权利争议事项。与此相对应的是,按照我国现行《劳动法》《工会法》《集体合同规定》,只有履行集体合同发生的争议,才能纳入仲裁范围,因签订集体合同发生的争议,只能由政府行政协调,不能由仲裁机构仲裁解决。从实质意义分析,履行集体合同发生的争议,是权利争议,而不是利益争议。因此,我国的劳动争议处理机制没有为传统意义的集体劳动争议提供可行的救济途径。

第三,集体劳动争议处理过程中的政府与仲裁机构关系模糊。集体劳动争议的双方当事人为雇主或雇主团体与工会或劳动者组织。在集体协商、谈判，乃至集体行动过程中，政府发挥第三方的调节作用。在制度上，在协商不能的情形之下，却存在行政力量的介入，政府在集体协商中扮演着决定性的重要角色。此时，政府与仲裁机构的关系如何处理？二者意见不一致时如何解决？法律对此没有明确规定。

第四，集体劳动争议处理机制脆弱与制度体系缺失。集体劳动争议处理实是一个机制性、体系化制度交互作用的过程，核心是“劳动三权”的展开与保护。“劳动三权”需通过体系化立法构建与维护。我国的集体劳动争议处理机制存在的不仅是立法层级问题，更重要的是制度的脆弱，乃至缺失问题。

第二节　我国集体劳动争议的界定及其与相关概念的区分

集体劳动关系的有效运行，需要集体劳动争议解决机制的保障。故在学理上界定清楚究竟什么是集体劳动争议是我国集体劳动关系立法和实践的重要课题。目前，学界在探讨和使用集体劳动争议概念时，要么纯粹从学理上进行，脱离我国集体劳动关系的环境因素；要么就仍在劳动争议的框架下，仅作现象描述而不予具体区分，显得极为笼统、随意和模糊。因此，结合我国集体劳动关系运行的实际，对我国集体劳动争议的概念体系进行深入研究，是构建我国集体劳动争议解决机制首要问题。

一、劳动争议的概念及其分类标准

劳动争议的概念应该是劳动立法和理论的基本问题之一。然而，我国劳动立法却并没有对劳动争议的概念进行抽象和界定，只是对劳动争议的范畴进行大致的列举或描述。理论界对劳动争议的概念也是众说纷纭，尚未形成统一的、主流的、科学的概念体系。因此，在界定集体劳动争议之前有必要对劳动争议概念及其分类进行进一步探讨。

（一）劳动争议的概念

“争议”是指“以两个主体间在社会生活上的利益对立为基础，特定的当事人为了实现自己的要求相互影响对方的过程”。[①] 故劳动争议可从主体和争议目标或内容两方面进行界定，具体而言：第一，劳动争议一定是劳动关系双方的争议，且该劳动关系须处于劳动立法框架之下。正如学者所言：“没有了雇佣与受雇，就不可能有劳动争议作为独立于一般民事纠纷而受到法律特别调整的可能。”[②]第二，劳动争议一定是围绕劳动权益的主张或争取而展开。劳动争议具有特定意涵和条件，必须在特定的框架或边界内进行概括，据此，笔者将劳动争议界定为劳资双方之间发生的与劳动权益、劳动义务密切相关的争议。其中，劳资双方包括劳动者个人、劳动者团体、雇主及雇主团体；与劳动权益、劳动义务密切相关的主要是指权利争议事项和利益争议事项。

据笔者观察，目前学界一般从广义和狭义两个角度对劳动争议的界定。但从广义上界定劳动争议，却往往与劳动争议的内涵相去甚远。如部分学者认为劳动争议是指“所有以劳动关系为中心所发生之一切争议”。[③] 笔者认为，这一界定不仅将其他诸如劳动行政部门、社保经办机构等非劳动关系主体看作劳动争议主体，也将与劳动权益无关的纠纷纳入劳动争议范畴，实际上已超出了劳动争议的框架或边界。从狭义上界定劳动争议，有时却无法涵涉劳动争议的外延。如有学者认为劳动争议是“用人单位和劳动者因劳动关系所发生的一切纠纷”，[④]“劳动关系的当事人即用人单位和职工之间因执行劳动合同或劳动法规所发生的一切争议”[⑤]等，事实上，这些看似合理的界定实则较为模糊且不周延，不仅将劳动者及雇主团体排除在外，对争议的目的或内容也没有明确，故而也未能科学界定劳动争议的内涵和外延。

（二）劳动争议的分类标准

基于上述劳动争议的界定，我们可将劳动争议按照一定标准进行划分。目前，学界通常从两种视角或层面对劳动争议进行划分。第一，按照劳动争议主体的数量，尤其是劳动者一方的数量为标准，将劳动争议直观地划分为个体劳

---

① 程延园：《集体争议处理制度研究》，载《劳动争议处理法律制度国际研讨会暨上海法学家论坛论文集》，2006 年 10 月。

② 郑尚元：《劳动争议处理程序法的现代化》，中国方正出版社 2003 年版，第 3 页。

③ 董保华：《劳动争议处理法律制度研究》，中国劳动社会保障出版社 2008 年版，第 75 页。

④ 董保华：《劳动法论》，世界图书出版公司 1999 年版，第 284 页。

⑤ 夏积智主编：《劳动立法学概论》，中国劳动出版社 1991 年版，第 240 页。

动争议和集体劳动争议;第二,从劳动争议的性质和目的为标准,可将其划分为权利争议和利益争议。

第一种划分比较简单,个体劳动争议就是用人单位和劳动者之间单个的劳动争议或虽有多名劳动者,但具有相同的或类似的主张,并可以合并处理的劳动争议。与个体劳动争议相对应的就是集体劳动争议,简单而言就是争议主体为团体或人数达到一定标准以上的,基于各种主张或诉求而产生的争议。第二种划分,即权利争议和利益争议的划分则是一种理论上的抽象和概括。学界有时称权利争议为"权利事项争议",称利益争议为"调整事项争议"。权利和利益之间有密切关系,权利的背后是利益,权利通过法律加以确认和保障从而实现利益,故"法律上的权利是指法律所允许的权利人为了满足自己的利益而采取的、由其他人的法律义务所保证的法律手段"。[①] 因此,权利争议是就是否侵犯既定的权利,或不履行既定的法律义务而引发的争议,争议标的已通过法律规定或约定而确定是其本质特征;利益争议则是当事人为了将利益上升为既定的权利,所进行的争议,争议标的具有未来性和不确定性是其本质特征。关于权利争议和利益争议的区分,黄越钦先生给出了较为精确的界定,认为"权利争议是劳资双方当事人给予法令、团体协约、劳动契约之规定所谓权利义务之争议。简言之,即债务不履行或违约等之'履约'问题;而利益争议,是指劳资双方当事人基于经济社会状况之变迁和发展,对于将来构成彼此间权利义务内容之劳动条件,主张继续维持现存条件或应予变更调整之争执,简言之,即是'换约'或'缔约'问题"。[②] 我国《劳动法》及《集体合同规定》对集体合同签订和履行过程中的争议作了专门规定,对签订集体合同过程中的争议,规定由三方共同进行特别调解,对履行集体合同争议则适用个体劳动争议处理程序,似乎是部分承认了权利争议和利益争议的区别。但这一规定并未明确区分个体争议和集体争议,加之实践中因签订和履行集体合同产生的争议极少(目前没有正式统计数字),故尚未形成立法和理论框架。

令人遗憾的是,学界没有进一步比较分析两种划分视角在性质、功能、价值等方面的区别,也并未对两者的关联性进行深入分析,只是粗浅地加以描述或

---

① 朱景文主编:《法理学》,中国人民大学出版社2007年版,第439页。

② 黄越钦:《劳动法新论》,中国政法大学出版社2002年版,第319页。

交代。笔者认为,这两种划分标准具有不同的性质和功能,对集体劳动争议概念体系的重构具有重要作用,值得进一步探讨和研究。个体劳动争议和集体劳动争议的划分,属于客观、表象上的划分,无须进行理论上的抽象,其功能仅在于对劳动争议进行理论上的分类;而权利争议和利益争议的划分是一种本质上的划分,属于劳动争议划分的核心标准,须经过理论上的抽象和提炼而获得,其目的在于为不同性质的劳动争议设计不同争议解决机制。权利争议属于对既定权利的侵害和既定义务的违反,只能配置司法解决机制;利益争议在履约或债务履行上并无争议,但劳资双方就提出的劳动条件改善是否适当产生争议,属于社会经济发展条件下潜在的利益冲突问题,当事人的目标是“缔约”或“换约”,基于“缔约自由”原则,必然排除司法适用,而采协约自治模式。

同时,两种划分具有密切的关联性,权利争议和利益争议的划分是个体劳动争议与集体劳动争议划分的理论内核,而个体劳动争议与集体劳动争议的划分则是权利争议和利益争议划分的表象。个体劳动争议与集体劳动争议的划分必须借助和贯彻权利争议和利益争议这一本质或核心标准,方能厘清集体劳动争议的概念体系并进行合理分类。如表象上的群体性劳动争议,如不进行权利争议和利益争议的分析和处理,则既可以归入属于权利争议的个体劳动争议,也可以归入属于利益争议的集体劳动争议。这就产生了一个理论和实务中颇为重要的问题,即个体劳动争议、集体劳动争议与权利争议、利益争议是否是一一对应的关系?按照劳动法理论和其他国家、地区劳动立法、实践的通说,个体劳动争议属于权利争议,集体劳动争议则属于利益争议,即属于一一对应的关系。但结合我国集体劳动争议立法缺漏、理论研究不足及实践层面的混乱等实际情况,必然遭遇一定程度的认知困境,需要重新加以检讨。目前,学界对个体劳动争议属于权利争议基本达成共识,但对集体劳动争议是否只能属于利益争议则有不同意见。笔者的意见是,权利争议和利益争议的核心价值是决定争议的最终归宿,即通过何种途径或机制予以解决。其本身不是决定个体劳动争议和集体劳动争议划分的标准。故个体劳动争议和集体劳动争议均具有权利争议和利益争议的属性。这样就容易将上述四种争议通过组合分成如下四类:个别权利争议、个别利益争议、集体权利争议、集体利益争议。比如,劳动者个人以工作量越来越大等为由要求雇主加薪,但雇主不同意,并因此而形成利益争议。但实践中为什么个体劳动争议一般只表现为权利争议呢?原因是个别劳动者的力量不足以形成与雇主利益的博弈,争议的结果要么签订或继续履行劳动合同,要么终止劳动关系。换言之,个体劳动争议中的利益争议事项被劳动基准法、劳动合同及集体合同所掩盖或吸收。集体劳动争议以利益争议为主,但也包括权利争议,典型的如履行集体合同所引发的争议。具体如何划分,需结合我国集体劳动争议概念的界定进行,见下文分析。

二、集体劳动争议的界定

究竟什么是集体劳动争议?国际劳工组织对集体劳动争议有明确的界定:"如果争议是涉及一个工人的,或者是作为个人的一些工人的,或者是牵涉他们的个人劳动合同的,就属于个人劳动争议。如果是牵涉作为一个集体的一些工人的就是集体劳动争议;个人劳动争议和集体劳动争议都有可能属于权利争议,而集体争议必定时利益争议……"[①]从客观、表象上进行观察,集体劳动争议无疑就是相对于个体劳动争议而言的,基于相同或类似主张的多数劳动者与雇主之间引发的各种争议。诚如上述,个体劳动争议与集体劳动争议的划分,符合我国的劳动立法和实践,是我国对劳动争议最基本的分类。关于集体劳动争议,学界目前大概有以下几种解释或相似的概念、称谓。第一,笼统或简称为集体争议;第二,称群体性劳动争议,就是集体的劳动争议或个体劳动争议的集合;第三,团体劳动争议或团体争议,即劳动者一方以工会为组织力量,为了实现劳动待遇的提高和劳动条件的改善,而与雇主或其组织引发的争议;第四,集体争议行为,即仅指停工、罢工及闭厂等集体行动,或可称集体争议权的行使。现就这些集体劳动争议概念或特征,作如下具体分析。

(一)集体劳动争议与集体争议、集体争议行为的区分

仅表象上看,将个体劳动争议简称为个体争议,集体劳动争议简称为集体争议似乎较为合理,但结合我国劳动关系立法、理论和实践,如此简称确有不妥之处。

第一,我国关于劳动争议的相关立法规定、理论和实务通常只从狭义的角度,将劳动争议等同于个体劳动争议,即"劳动者和用人单位之间关于劳动权

① 刘燕斌:《国外集体谈判机制研究》,中国劳动社会保障出版社2012年版,第141页。

利、义务的争议”,[①]如此简称的逻辑结论就是“劳动争议包括劳动争议和集体争议”,显然混淆了劳动争议的内涵和外延。

第二,劳动争议必须限定在劳动关系领域中,以劳资双方为主体围绕争议事项展开博弈,这是概念在内涵上的要求,简称为个体争议、集体争议就会涵盖很多不属于劳动争议范围的“争议”。

第三,简称为集体争议,不仅会扩大争议的范畴,而且还会与劳动者“劳动三权”之集体争议权和集体争议行为相混淆。前文已析,“劳动三权”是团结权、集体谈判权和集体争议权,其中立法确认集体争议权的目的就是保障集体谈判的顺利进行,从而达成一致签订并履行集体合同,进而实现劳动者集体利益增进的诉求。故传统意义上的集体劳动争议就是指怠工、罢工等集体争议权的行使,也称集体争议行为或集体行动。我国通常所指集体争议其实是多个劳动者基于共同的请求而与用人单位的争议,这与其他国家和地区将集体争议仅被看作集体争议行为有本质不同。集体争议权和集体争议行为是从“劳动三权”内在的、狭义的逻辑关联性角度进行界定的,而集体劳动争议则是从劳动争议解决机制的广义角度加以认知的,两者有很大区别。当然,理论上可将劳资之间的、内部的集体行动或集体争议,特别是对罢工的规范作为广义上的集体劳动争议,而将第三方介入,通过调停、调解、仲裁等方式解决争议的作为狭义上的或真正意义上的集体劳动争议。因此,笔者认为劳动争议包括个体劳动争议和集体劳动争议这一分类视角或标准是合理的,但不能笼统地或简单地称为个体争议、集体争议,否则必然引致劳动争议概念内涵和外延的混乱。事实上,就我国的劳动立法、理论和实践来看,称劳动争议已经成为习惯认知,只是当集体劳动关系时代来临,需要给予频发的集体劳动争议立法和理论上应有的关注,从而将劳动争议进一步区分为个体劳动争议和集体劳动争议而已。故称集体劳动争议,不仅在认知逻辑上能够自洽,而且符合劳动立法和实践的惯例。

(二)集体劳动争议与群体性劳动争议的不同

从学理上看,集体劳动争议通常是劳动者团体与雇主或其团体之间,就劳动条件的改善而在集体劳动关系运行中形成的争议。由于我国劳动立法和实践一直以个体劳动关系为主导,对集体劳动关系缺乏应有关注,对集体劳动争

---

① 参见王全兴主编:《劳动法学》(第2版),高等教育出版社2008年版,第453页。

议也未进行明确界定和区分。实践中,一个普遍现象就是将集体劳动争议与群体性劳动争议进行混同。群体性劳动争议就是多个具有相同或类似主张的劳动者与雇主发生的争议,其实质是个体劳动争议的集合。根据我国《劳动争议调解仲裁法》第7条的规定,发生劳动争议的劳动者一方在10人以上,并有共同请求的,可以推举代表参见调解、仲裁或诉讼活动。只要劳动者达10人,就属于群体性劳动争议。[①] 除了称群体性劳动争议外,学界有如"集体争议""集团争议"等称谓,如有学者认为,为了与集体争议相区别,可以借鉴诉讼法理论上的集团诉讼的概念,将人数较多的劳动争议称为集团争议较妥当。[②] 集体劳动争议与群体性劳动争议之间,无外乎有两种关系:一是集体劳动争议包括群体性劳动争议;二是集体劳动争议与群体性劳动争议属于并列关系。笔者认为,即使是个体劳动争议的集合,只要符合一定的条件,即劳动者人数达到一定标准,且主张中包含利益诉求的,就应该归入集体劳动争议概念之下,具体理由见下文分析。

(三)集体劳动争议与团体劳动争议的界分

如前所述,学理上或狭义上的集体劳动争议就是仅指劳动者团体与雇主或其团体之间,因劳动利益的增进而产生的争议。当然,实践中除了团体争议外,劳动者非经工会组织而集体性地、自发地向雇主主张诉求的也大量存在,尤其是在我国集体劳动关系立法和实践刚起步阶段,这种争议是集体劳动争议的主流形式。故有学者认为:"按照参加争议的劳动者人数不同,可将劳动争议分为个别劳动争议、集体劳动争议和团体劳动争议。"[③]显然,此处的集体劳动争议相当于本书上述群体性劳动争议,而此处团体劳动争议等同于狭义的集体劳

① 关于判定群体性劳动争议或集体争议的人数标准,我国相关立法经历了不同的规定。1987年国务院发布《国营企业劳动争议处理暂行规定》把发生劳动争议的职工人数在10人以上,并有共同理由的,规定为集体劳动争议,应当推举1~3名代表参加调解或仲裁活动;1993年6月,国务院发布的《中华人民共和国企业劳动争议处理条例》,对上述规定做了修正,规定:"发生劳动争议的职工一方在3人以上,并有共同理由的,应当推举代表参加或仲裁活动。"明显的变化是不再称为集体劳动争议;然而,原劳动部在1993年10月颁发的《劳动争议仲裁委员会办案规则》中另将职工一方在30人以上的争议称为集体劳动争议,并作了"案件特别审理"的规定。

② 参见姜俊禄:《论集体合同法律制度》,北京大学2001年博士学位论文。转引自董保华主编:《劳动争议处理法律制度研究》,中国劳动社会保障出版社2008年版,第85页。

③ 常凯主编:《劳动关系学》,中国劳动社会保障出版社2005年版,第381页。

动争议。笔者亦赞同将团体劳动争议作为狭义的集体劳动争议看，但学界一般只是从劳动争议分类的角度，对团体劳动争议做简单的界定，尚未明确团体劳动争议的具体界定标准和范畴，故有进一步探讨的必要。根据集体劳动关系运行的结构和阶段特征，工会作为团体介入集体劳动关系运行过程中，主要有三个阶段可能产生争议：第一，提出集体谈判或协商的请求或动议，被无故拒绝引发争议；第二，在集体谈判或协商过程中，无法达成一致以签订集体合同而引发的集体争议行为；第三，履行及变更集体合同所引发的争议。其中，第一阶段理论上属于不当劳动行为的争议，学界并未将其纳入集体劳动争议的范畴。所谓不当劳动行为（Unfair Labor Practices），是指"劳资双方在集体劳动关系中，不正当地侵害对方集体劳动权之行为的总称"。① 笔者将其作为集体劳动争议范畴进行规制，不仅是因为其符合集体劳动争议的条件，还可以弥补我国不当劳动行为立法之空白。第二阶段关于怠工、罢工等集体争议行为与签订集体合同引发的争议是否属于同一种争议，值得探讨。笔者认为，所谓签订集体合同的争议就是集体谈判或协商不成而引发的争议，最终就表现为怠工、罢工等集体行动行为。所以，签订集体合同的争议、集体争议权的行使及集体争议行为均是指同一种争议。第三个阶段关于履行和变更集体合同的争议，学界普遍认为，其不属于团体劳动争议，原因是履行集体合同属于权利争议，理应归入个体劳动争议范畴。笔者对此不敢苟同，原因如下：第一，团体劳动争议或集体劳动争议并非全部属于利益争议，也包括权利争议，且权利争议、利益争议的划分与个体、团体劳动争议并非一一对应的关系，履行集体合同争议即便属于权利争议，也并不妨碍其纳入团体劳动争议的范畴；第二，履行集体合同争议属于权利争议只是理论上的推定，实践中集体合同条款因个案不同而有很大区别，履行集体合同的争议也极为复杂，不能排除利益争议的存在。综上所述，本书团体劳动争议的范畴划分为因拒绝谈判的争议、集体谈判中的争议及履行集体合同的争议三种。

三、集体劳动争议的合理划分

通过上文分析，我国集体劳动争议的概念体系及其划分标准需要重构，达

---

① 黄程贯：《台湾地区不当劳动行为裁决制度》，载《中德法学论坛》2010年第9期。

到既反映集体劳动争议概念的基本意涵,又能结合我国劳动立法和实践的目标。对集体劳动争议的划分及其性质的认定是一个很重要的问题,特别是对于地方政府来说,将所有集体劳动争议均看作"群体性事件"或"维稳事件"来处理,明显欠缺法理和法律依据。以前群体性事件的发生多是由于国有企业改制相关权利处理不当引起的,如买断工龄、欠缴社保或内退等,但是从 2010 年以后,工人的利益诉求明显高涨,以涨工资为主要目的争议就明显增多。此时,必须将集体劳动争议的类型进行细化,并设置相应的解决途径。为此,笔者将集体劳动争议划分两大类,即部分群体性劳动争议和团体劳动争议。

(一)部分群体性劳动争议

已如前述,群体性劳动争议是指 10 名以上劳动者,基于相同或类似请求而自发形成的争议。"群体性"和"自发性"是其判断标准,群体性劳动争议实质是个体劳动争议的集合,在司法上采取并案处理的原则。根据群体性劳动争议中劳动者诉求的性质,我们可以将群体性劳动争议分为三类:第一,纯权利争议事项,如集体讨薪争议;第二,既有权利争议事项,又有利益争议事项的混合争议,如既有集体讨要加班费,又要求加薪的争议;第三,纯利益争议事项,如要求加薪的争议。鉴于我国目前集体劳动争议的繁杂现状,笔者认为,只要含有利益诉求或利益争议事项的,就应该纳入集体劳动争议,故上述第二种和第三种群体性劳动争议作为集体劳动争议没有理论上的障碍。

鉴于上述第一种纯权利争议的群体性劳动争议从性质上看,完全属于个体劳动争议,能否纳入集体劳动争议范畴值得研究。我国目前纯权利争议的群体性劳动争议较多,但主要是因企业改制、关闭、停产、转让等原因引起,尤其是企业改制引发的职工安置、社保及退休待遇问题是群体性劳动争议的主流。[①] 故有观点认为,因企业改制而引发的纠纷一般定性为劳动政策纠纷,由当地政府及其劳动行政部分会同有关部门予以协调解决,其本身就排除司法适用,而且其争议解决过程与利益争议的解决途径相近,故应该纳入集体劳动争议范畴。

---

① 值得一提的是,2014 年 4 月发生在湖南的沃尔玛常德水星楼分店因关店引发的群体性的维权事件。有媒体称该案为我国首例集体合同争议,事实上,该案根本不属于集体合同争议或集体劳动争议范畴,就是群体的纯粹权利事项的争议。但该案对区分集体劳动争议与个体劳动争议来说堪称典型,沃尔玛关店导致劳动合同的法定终止,只涉及具体的补偿和安置问题,与利益争议根本无涉。

笔者认为,纯粹权利争议的集体劳动争议即使是当前立法明确规定排除司法适用,也不能纳入集体劳动争议范畴,其根本原因是劳资双方诉争的对象或内容属于法定或约定的权利事项。当然,对一些完全能够通过现有的劳动仲裁、诉讼制度的安排予以解决的权利争议事项,即使劳动者人数达到10人,也应该归入个体劳动争议,通过代表诉讼或集团诉讼制度解决。因此,除了纯权利争议的群体性劳动争议外,能纳入集体劳动争议范畴的部分群体性劳动争议,就包括两方面:其一,既有权利争议又有利益争议的混合争议;其二,纯利益争议。

(二)团体劳动争议

团体劳动争议就是劳动者一方以工会团体主体,就劳动条件的改善而与雇主或其组织产生的争议。"团体性"和"组织性"是其判断标准,即通过团体力量有组织性地展开争议行动。通过前文分析可知,一般意义上的团体劳动争议,是指传统意义上集体争议权的行使,即集体争议行为或集体行动,是在集体谈判或协商过程中无法达成一致,又不能通过其他途径解决而引发的争议,又可称为签订集体合同所引发的争议,或狭义上的团体劳动争议。故在此意义上,集体争议权、集体谈判争议、集体行动及签订集体合同争议是指同一种争议,也是一种纯粹的利益争议。结合我国的劳动立法和实践,我们统一称为签订集体合同争议。有学者指出:"团体劳动争议指因集体合同约定的劳动权利、条件或其变更而所产生的争议。该争议的目的在于获得对劳动者有利的一切劳动条件和待遇,所以被视为利益之争。"①便是在狭义上将团体劳动争议等同于利益争议。也有学者进一步指出:"团体争议被视为利益争议,这是因为对劳动权利或条件的变更,以及对新权利的争取和制定,争议主体是劳工集体与雇主,甚至是其两大代表组织之间的集体协商与谈判,是劳资双方为经济利益的集体争议。"②然而,仅从狭义的角度看团体劳动争议,显然不能涵盖所有的利益争议事项;仅以利益争议为标准衡量,也不能涵盖所有的团体劳动争议。换言之,团体劳动争议不等同于利益争议,利益争议仅仅是团体劳动争议的一种类型。如史尚宽认为,"团体争议与个别争议不同,非为劳动契约上权利之争,乃为团体的利益之争,原来团体争议发生之原因,有种种。关于既有团体协

---

① 郑尚元主编:《劳动法学》,中国政法大学出版社2007年版,第365页。

② 郑祝君:《劳动争议的二元结构与我国劳动争议处理制度的重构》,载《法学》2012年第1期。

约之内容解释,亦有纠纷之发生。然此为法律上之纠纷,属法院管辖之范围。而此所谓团体争议非现在权利之争议,乃为团体协约订立之要求或者变更所生之纠纷。故争议之目的,在于有利的劳动条件的获得,即一种之利益争议”。[①]故除了签订集体合同争议外,笔者还将雇主无故拒绝集体谈判而引起的不当劳动行为争议和履行及变更集体合同争议一并纳入团体劳动争议范畴。就不当劳动行为争议而言,有人认为属于权利争议,因为无故拒绝谈判是违反法定或约定义务。笔者认为,该种不当劳动行为表面上是违反法定义务,但其背后依然是围绕利益争议展开的博弈。因为雇主拒绝集体谈判,而集体谈判是由工会组织和发动的,其代表的是劳动者集体利益。故无论是从“团体性”角度还是“利益性”角度看,都应该纳入集体劳动争议。比如,日本就将不当劳动行为案件列入利益争议范畴,有专门处理利益争议的劳动委员会处理。[②] 就履行和变更集体合同而言,变更集体合同属于典型的利益争议,纳入集体劳动争议自无疑问,但就履行集体合同而言,学界目前普遍的看法是将其看作权利争议事项,从而不应属于集体劳动争议。笔者并不否认履行集体合同的争议的权利争议属性,但工会作为集体合同的当事人,履行集体合同争议必然涉及工会主体,而工会作为集体劳动关系的劳方主体其代表的必然是劳动者集体利益。从“团体性”这个角度考察,更适合将履行集体合同争议纳入集体劳动争议范畴。因此,笔者将团体劳动争议也分为三类:一是拒绝集体谈判的不当劳动行为争议;二是签订集体合同争议;三是履行和变更集体合同争议。

综上所述,我们可以将集体劳动争议作如下详细的划分(见表1):

表1 集体劳动争议划分

群体劳动争议	纯权利争议(实质属于个体劳动争议)
	权利争议与利益争议的混合争议
	纯利益争议
团体劳动争议	拒绝集体谈判的不当劳动行为争议
	签订集体合同争议
	履行和变更集体合同争议

① 史尚宽:《劳动法原论》,世界书局印行1934年版,第248页。

② 董保华:《劳动争议处理法律制度研究》,中国劳动社会保障出版社2008年版,第223页。

第三节　构建集体劳动争议解决机制理念和原则

所谓机制,通常是指事物在一定机理或原理的支配下,按照一定程序或进路,在特定的组织框架范围内的运行规则。通过前文分析,我们已经明确了集体劳动争议概念体系及其分类标准,在此基础上构建集体劳动争议解决机制,就是要在特定理念或原则的支配下,进行相应的处理模式、组织框架、程序及相关制度体系的设计。

劳资冲突是市场经济条件下劳资关系的必然现象,而集体劳动争议是劳资冲突的一个主要表现,也是劳动者维护自身权益的一个重要途径,面对我国目前纷繁复杂和形式多样的集体劳动争议,正确把握集体劳动争议处理的理念和原则,确立一系列能够调整和协调集体劳动争议的处理机制,是妥善解决广泛存在的集体劳资冲突的现实需要,也对维护劳动者的合法权益、促进和谐劳动关系的建立,解决社会劳动问题具有长远意义。观察世界各主要国家和地区的劳动立法、实践可知,各国对劳动关系的调整主要有两种模式,即"一元模式"和"多元模式",前者一般是指国家对劳动关系的调整采取干预主义或国家统合主义,劳动立法比较发达;而后者则是一种典型的市场模式,即以劳资双方的协约自治为主,辅之以国家干预。劳动关系的调整模式其实是一种贯穿劳动关系的建立、运行及劳动争议解决整个过程的理念或原则的概括。故秉持不同的理念和原则,决定了不同的劳动关系调整模式,也决定了不同的劳动争议解决机制建立和运行,是构建集体劳动争议解决机制的顶层设计。结合我国劳动立法和实践,笔者将建构我国集体劳动争议解决机制的理念和原则概括为三点,即理性面对、回归市场和逐步推进。这是一种集体劳动争议解决机制的顶层设计。

一、理性面对集体劳动争议

理性面对集体劳动争议,不仅要认识到集体劳动争议的时代性和必然性,还应认识集体劳动争议的重要性。世界各主要国家和地区的劳动立法和实践已经证明,集体劳动争议是市场经济国家社会、经济发展到一定阶段的必然现象,同时也受制于特定历史阶段和社会经济发展水平。一定时期的劳工政策,必然体现、从属并服务于特定的经济政策。诚如学者所言:“制度决定了经济的结果,其影响比自然资源、人口增长或技术水平等因素相加还要大……调解、控制劳资双方之间关系和劳资双方之间有关收入、管理权谈判的一系列协定、准则和规则是现代社会的中心制度,这就是劳资关系对社会和经济发展所具有的重要性。”①

随着我国社会主义市场经济的纵深发展,必然经历此过程,处在转型期的中国当下,便是集体劳动争议频发的过程,必须理性面对。理性面对集体劳动争议,首先,要将集体劳动争议回归到法律层面上,而不能以政策或行政的方式处理,这是建构集体劳动争议解决机制的前提。近年来,在遭遇集体劳动争议频发的时候,我国尚无集体劳动争议解决机制方面的立法,依然按照上述惯性思维处理,将集体劳动争议视为社会问题甚至是政治问题,将集体劳动争议作为“群体性劳动事件”或“突发性事件”来加以处理。其次,对集体劳动争议的重要性必须有深刻认识。在全球化背景下,保护劳动、以人为本的理念深入人心,国际劳工标准不断强化对劳动的保护,“体面劳动”“尊严生活”已成为当下各国劳动立法和实践的指导原则。近年来,尤其是党的十八大以来,党和政府强调“关注民生”“共享发展成果”“共建和谐社会”等政策理念。但在劳动关系领域中如何实现和贯彻上述理念,却尚未引起学界的广泛关注。关注民生共享发展成果,必须建立和完善劳动者的集体利益增进机制,使劳动者的劳动所得与经济发展水平相适应。必须依靠集体劳动关系的运行和集体劳动争议的解决,通过劳资双方的博弈、抗衡、合作,最终达至利益共享、互利共赢的和谐稳定格局,从而实现劳动关系的伦理目标。②

二、以劳资自治为主,行政协调为辅,司法适用为例外

集体劳动争议解决机制的构建必须坚持以劳资自治为原则或主要方式,这是由集体劳动关系及其运行的“团体性”和“利益性”的本质特征所决定的。上文已经明确,我国集体劳动争议包括群体性劳动争议和团体劳动争议,团体性

---

① [荷]约里斯·范·鲁塞夫尔达、耶勒·菲瑟:《欧洲劳动关系——传统与转变》,佘云霞、赵炜、傅麟译,世界知识出版社2000年版,第5页。

② 参见许建宇:《试论劳动法的道德观》,载《温州大学学报》(社会科学版)2011年第4期。

劳动争议以“团体”为争议主体，且主要是为了集体利益的增进，因此必须遵循劳资自治的方式。群体性劳动争议看似是劳动者为了维护权利而展开的群体性自发行为，但实际上也是为了集体利益的增进而采取的行动。只是因为我国工会组织的弱势地位及其功能欠缺，使劳动者无法依靠工会采取集体行动，只能选择自发行动，但行动的目标同样是以集体利益增进为主。利益争议事项的解决以劳资自治为原则，是由利益争议的“未来性”和“不确定性”决定的，利益是通过协商、谈判等方式争取，并需要确定为集体合同内容，才能最终成为权利。

集体劳动争议以劳资自治为主，也需要辅之以行政协调，同时特殊条件下应允许司法介入。一定程度上的行政协调和司法适用，是对劳资自治原则的补充和善后，各国通行的“三方协商机制”便是体现行政协调方式的典型形式。集体劳动争议涉及工会、雇主组织及其团体，并以集体利益的增进主要对象，具有涉及面广、影响性大等特点，关涉劳动关系乃至当地社会经济发展的稳定，故在特定条件下政府参与协调处理尤为重要。同样，司法作为法治国家争议解决的最后途径，同样不可或缺。但必须是作为最终意义上或例外规定，否则，集体劳动争议必将沦为个体劳动争议。根据我国目现行劳动立法①和实践，集体劳动争议的处理方式或途径主要有两种：一是行政协调；二是劳动仲裁和诉讼。显然，这种制度设计依然没有突破个体劳动争议处理的思维模式，因为没有体现劳资自治为主要调整方式，且扩大了行政协调和司法适用的范围，应予以修正。因此，个体劳动争议的权利争议特征决定其以司法适用为主，而集体劳动争议的利益争议为主的特征决定其必须贯彻劳资自治为主，纳入调解、仲裁模式中。

三、循序渐进，稳步发展

劳动关系及劳动争议处理机制的建立和运行，必须考察政治、经济、社会环境，并与现行劳动立法和实践相匹配，既要有一定的前瞻性和包容性，也不能脱离社会发展实际。总体上看，我国社会主义市场经济的纵深发展及体面劳动的

① 参见《劳动法》第84条规定，因签订集体合同而引发的争议，可向劳动行政部门申请协调解决，因履行集体合同的争议可依法进行劳动仲裁和诉讼。

社会观念的倡导等,已经为集体劳动关系及集体劳动争议解决机制的形成提供了良好的体制环境。但在具体的立法和制度设计上,我国仍然处于起步阶段,如集体劳动争议的概念体系及分类标准尚未明确,集体劳动争议处理机构和程序方面依然以个体劳动争议的处理模式为主。这一现状决定了我们在具体构建集体劳动争议解决机制时,必须充分考虑我国的现实,以循序渐进的方式以确保制度能得以顺利运行并稳步发展。循序渐进稳步发展可以体现在以下两点上。

第一,分阶段逐步推进。即制度的设计不能一步到位而是要采用过渡的方式,等时机和条件成熟时再继续完善。这样不仅可以避免新旧制度之间的冲突,也可以保留适当的制度试错的空间和过渡期限。比如,鉴于我国群体劳动争议、集体劳动争议难以区分,劳动者诉求的混合类型等因素,可以将集体劳动争议处理分成三个阶段,即混合处理、分立处理以及融合处理三个阶段。具体见后文分析。

第二,充分利用现有资源。如果进行一步到位的、理想化的制度设计,就意味着对现有制度资源的大幅调整,甚至要架构和运行新的组织体系。所以,以逐步推进的方式进行,意味着充分利用现有资源,从而避免资源的浪费。一方面,利用现有的立法资源,集体劳动争议处理机制重构需要在我国现行《劳动争议调解仲裁法》《工会法》《劳动合同法》《集体合同规定》等法律法规基础之上进行制度重塑与整合,形成集体劳动关系调整的主要法律框架。如以我国《劳动合同法》中的集体合同部分、《集体合同规定》的主要内容和实践中的集体合同做法为参照,形成《集体合同法》并完善《工会法》。另一方面,利用和改造现有的集体争议处理机构及程序,详见其他章节。

第四节　集体劳动争议解决机制的制度设计

在构建集体劳动争议解决机制的理念和原则的指引下,集体劳动争议解决机制具体制度的设计,大致可以从处理模式、处理程序以及相应的责任追究等几个方面进行。

一、集体劳动争议的处理模式

所谓集体劳动争议的处理模式,是指特定的集体劳动争议处理机构依照一定的处理方式对集体劳动争议进行处理的原则或方法。其中,包括集体劳动争议的处理方式及其相应的组织机构。通览世界各主要国家和地区的集体劳动争议的解决机制,集体劳动争议一般仅指利益事项争议,即工会与雇主或雇主团体为签订、变更集体合同而产生的争议,故其处理方式也大致包括调停、斡旋、调解、仲裁、争议行为等,根据争议处理的进程和各种处理方式的作用,大致有"调解—仲裁—争议行为""调解(停)—争议行为""仲裁—争议行为"三种处理模式,并原则上排除司法适用。结合我国集体劳动争议的立法和实践,集体劳动争议处理的方式主要有调解和仲裁两种,相应的组织架构主要有劳动关系委员会和劳动争议仲裁委员会。

(一)调解

1.集体劳动争议调解机制及其必要性

一般认为,调解是在第三方协助下进行的、当事人自主协商性的纠纷解决活动。① 故调解制度的实质在于"第三方的介入"和"私法自治"。我国现行劳动争议的调解形式较多,但弊端也很突出,如企业劳动争议调解委员会的调解职能几乎名存实亡,没有实际价值。因此,劳动争议调解必须加以改革已是学界共识,但具体改革思路学界也有不同看法,有的主张工会调解模式,有主张以政府调解为主渠道的模式,也有的主张多元调解模式等。② 笔者认为,就解决集体劳动争议而言,结合我国现行劳动立法和实践,宜采用政府调解模式。具体理由如下:

第一,集体劳动争议涉案面广、影响大,一般是在各种协商和和企业内部调解手段无法有效应对的情况下才引发的,故集体劳动争议的发生意味着单纯的工会调解、企业内部调解乃至于行业调解的失败,必须启动行政调解程序。第二,行政调解对集体劳动争议的处理具有天然优势。我国劳动关系的调整历来采行政主导模式,在劳动争议的处理中利用行政资源,更符合我国社会和文化

---

① 范愉:《ADR 原理与实务》,厦门大学出版社 2002 年版,第 310 页。

② 参见董保华:《劳动争议处理法律制度研究》,中国劳动社会保障出版社 2008 年版,第 185 页。

特色，而工会调解、民间调解均不能有效发挥作用。故行政调解集体劳动争议容易达成调解协议。第三，集体劳动争议采用行政调解模式已有立法依据。我国立法规定“因签订集体合同而发生的争议，应通过行政协调解决”。这一立法规定不仅符合利益争议应排除司法适用的国际惯例，也是因为行政调解在我国具有独特的优势。

作为集体劳动争议的调解机构，不仅要符合集体劳动争议本身的特点，而且要符合我国相关立法实践。因此，此处的行政调解并非是单纯的行政协调，也不是行政裁决或具体行政行为，更不是行政强制，而是一种建立在“三方原则”基础上的协商、调解机制。既是政府协调下的“三方协商”，又是政府主导下的调解机制。这一综合职能的行政调解，也需要新的组织机构相匹配，需要设置专门的调解机构。

2. 设立劳动关系委员会

集体劳动争议的解决应是预防机制、调解机制、仲裁和行政处理等相关多元化机制的综合运用。按照“三方性”原则，设立国家劳动关系委员会，负责统筹集体劳动争议的处理。在国家劳动关系委员的协调之下，设置并运行一系列的制度体系。在争议发生之前，需要建立预警机制并设计有一定的预防措施；争议发生后，发挥协商和企业内部调解作用，在当事人协商、企业调解无法解决矛盾时，应及时提交仲裁机构，由第三方的中立组织做出相应的调解和裁决，并赋予仲裁的终局性，以法律效力保障争议的解决。

设立劳动委员会或劳资关系委员会等类似机构，是日本、美国及德国等劳动法制发达国家和地区处理集体劳动争议的普遍经验。[①] 我国集体劳动争议处理机构的设置，必须整合和利用现有资源，在现有的组织框架下设置新的组织实体，或扩充现有的组织职能。笔者认为，借鉴日本和美国的经验，在劳动行政部门设立劳动关系委员会，作为专门的集体劳动争议调解机构是比较妥适的选择。主要有两点理由：其一，我国劳动立法已有规定，签订集体合同争议由劳动行政部门协调处理，设立劳动关系委员会，只是为了进一步明确其具体机构

① 日本的劳动委员会由政府设立，主要功能是处理集体争议以及度不当劳动行为进行审查。斡旋、调停及仲裁是劳动委员会处理争议的三种方式。德国的集体劳动争议通过调解和争议行为加以解决。

和职能；其二，设立劳动关系委员会，专司集体劳动争议的调解，可以和个体劳动争议的监察、调解、协调等区别开来。我国现行立法对个体劳动争议的调解渠道规定得较多，既有企业内部调解，又有人民调解组织的调解；[①]既有仲裁调解，又有司法调解等。但对集体劳动争议的行政调解规定得甚为模糊，设立劳动关系委员会则可以明确划分劳动争议调解的分类。

在具体设置上，应当注意以下几点：第一，鉴于集体劳动争议的涉及面大、影响范围广、争议数量相对较小等特点，宜在设区的市一级劳动行政部门中设置。不仅有利于录用和整合劳动行政资源，而且与劳动仲裁机构不按行政区划层级设置的原则相匹配，有利于调解和仲裁的协调和衔接。第二，扩大职能范围，以应对各种集体劳动争议。上文将我国的集体劳动争议分为群体性劳动争议和团体性劳动争议，并将团体性劳动争议在再进一步划分为签订集体合同争议、不当劳动行为争议、履行及变更集体合同争议三类。相应地，劳动关系委员会也需就上述集体劳动争议进行调解。第三，综合运用各种调解手段。简单而言，调解就是在司法裁决之外，由第三方参与或主持下的诸如协调、调停、斡旋、实情调查[②]等各种纠纷解决手段。鉴于我国集体劳动争议立法和实践现状，笔者建议综合运用各种手段，必要的时候发布相应的行政命令，以强化调解的实际效果，而不仅是行政协调。

（二）仲裁

一直以来，劳动仲裁制度在我国被广为诟病，但其本身还在“迅猛发展”。可见，劳动仲裁制度本身没有问题，有问题的是劳动仲裁制度与我国的体制环境不能有效匹配，从而导致其功能发挥不畅。据笔者观察，目前劳动仲裁制度的弊端主要就是逐渐脱离其民间化的本质，从而导致其行政化和诉讼化倾向。仲裁的本质是“公断”，即由中立的第三方，对争议事项公正地做出裁断。所

---

① 参见《劳动争议调解仲裁法》第 10 条第 1 款规定：“发生劳动争议，当事人可以到下列调解组织申请调解：（一）企业劳动争议调解委员会；（二）依法设立的基层人民调解组织；（三）在乡镇、街道设立的具有劳动争议调解职能的组织。”

② 实情调查，或称“苦情调查”，是指由第三方调查争议事实并提出相应的调查报告，以提高争议的公开性和公正性，进而迫使当事人双方达成妥协。如美国在涉及公共部门的集体争议时，如果调停和斡旋失败便启动实情调查程序。

以,劳动仲裁也是 ADR[①] 的一种,必然具备"民间性""中立性""非司法性"等特征。而我国的劳动仲裁制度几乎背离了劳动仲裁所有的特性,比如,针对个体劳动争议的权利争议事项,本应该淡化甚至取消劳动仲裁的作用,主要应通过司法途径解决,但我国却通过立法强化了劳动仲裁的管辖,采用仲裁前置;而针对以利益争议事项为主的集体劳动争议的解决,本应该强化劳动仲裁的功能和作用,以体现劳资自治,但我国立法却只是笼统规定,实践中几乎没有相关案例。因此,构建我国集体劳动争议解决机制就必须对我国的劳动仲裁制度予以重构。具体可从以下两方面入手。

1. 整合现有劳动仲裁组织体系

我国现行劳动仲裁组织体系有两个特点:其一,"扁平化",即劳动仲裁机构不按行政区划层层设立,而是按照需要设立且各仲裁机构之间均是独立的关系;[②]其二,"行政化",即劳动仲裁机构的设置和运行依托于劳动行政部门,实际成为劳动行政部门的组成部分。"扁平化"的设置典型地体现了劳动仲裁的"独立性"和"民间性",应予以贯彻和坚持。"官方性"特征则有悖于劳动仲裁的理念和价值,需要重新审视并加以整合。可喜的是,2008 年伊始,我国就开始了劳动仲裁机构的实体化建设,即将劳动仲裁办案机构和职能剥离出去,并遵循大部制改革思路将人事争议仲裁合并,设置独立的劳动人事仲裁机构[③]已初见成效。笔者以为,劳动仲裁机构"扁平化"的设置思路及其卓有成效的实体化建设,体现了劳动仲裁改革的方向,为进一步完善和整合劳动仲裁组织资源奠定了基础,但结合集体劳动争议仲裁处理模式还需要在以下几方面进行完善。

整合现有劳动仲裁组织体系重点是扩大设区的市一级的劳动仲裁机构的组织建设。从目前劳动争议仲裁受案情况看,省级和区、县级的劳动仲裁机构案件很少,而设区市一级的劳动仲裁案件量很大,从而形成"橄榄形"特征。因

---

① "Alternative Dispute Resolution",又叫"替代性纠纷解决机制"或"诉讼外纠纷解决方式"等。

② 参见《劳动争议调解仲裁法》第 17 条规定:"劳动争议仲裁委员会按照统筹规划、合理布局和适应实际需要的原则设立。省、自治区人民政府可以决定在市、县设立;直辖市人民政府可以决定在区、县设立。直辖市、社区的市也可以设立一个或若干个劳动争议仲裁委员会。劳动争议仲裁委员会不按行政区划层层设立。"

③ 各省一般都称为劳动人事仲裁院。

此，笔者建议，保留现有省级劳动仲裁机构的组织规模和职能，逐渐淡化并取消受案数量少的区、县级劳动仲裁机构的同时，针对工业园区、经济开发区等劳动争议案件多发的区域，保留并扩大组织建设。至于为何要扩大设区市一级劳动仲裁机构的组织建设，主要基于以下考虑：一是目前劳动争议案件的处理情况看，设区市一级劳动仲裁机构组织资源相对匮乏；二是设区市一级集体劳动争议多发，更适合劳动仲裁处理；三是该级劳动仲裁机构处理案件多，职业化和专业化程度相对较高等。当然，可以将取消的区、县一级的劳动仲裁机构的工作人员及相关资源整合进来。

2. 扩大劳动仲裁机构的职能建设

在整合现有劳动仲裁组织资源的基础上，除了应扩大市一级劳动仲裁机构人员编制、人员数量、办公场所等组织建设外，还有一个关键的问题就是要进行职能分化和优化，即针对集体劳动争议要独立设置“集体劳动争议仲裁部”，将集体劳动争议仲裁与个体劳动争议仲裁进行分别处理。鉴于利益争议与权利争议的差异，集体劳动仲裁与个体劳动仲裁应该区分开来处理。重新设置集体劳动仲裁机构并不现实，整合和利用现有组织资源，进行职能的扩大建设则是比较合适的选择。具体言之，就是依托现有的工作资源，将办案人员按照“三方原则”进行重组并分别划入个体劳动争议仲裁部和集体劳动争议仲裁部。从社会上聘请的兼职仲裁员及相关专家归入“专家库”，随机运行。这一职能分化建设，对仲裁立案部门的要求较高，立案部门在受理案件时必须弄清案件的性质，按照劳动争议的分类标准将案件进行分类，并按照不同的受理程序及案件受理要求进行。笔者认为，将现有的劳动仲裁机构进行职能划分是以后劳动争议处理模式进行系统改革的重要一步。随着我国社会经济的发展及劳动立法的完善，对于个体劳动争议将逐渐淡化仲裁的作用，回归司法处理原则，可能会像德国、英国一样设立劳动法院或劳工法庭，专门处理个体劳动争议案件。而现有的仲裁机构将以处理集体劳动争议为主要职能，从而逐渐形成劳动争议“或裁或审”“裁审分立”的处理模式。

总之，设立劳动关系委员会，是将调解程序纳入“去行政化”“权利化”“规范化”的运行轨道。进一步完善我国《劳动争议调解仲裁法》，将集体劳动争议纳入仲裁范围，并构建操作性强且符合我国实践的集体劳动争议调解仲裁制度是完善我国集体劳动争议处理机制的重要措施。虽然学界目前对集体劳动争议及其调解、仲裁等处理机制的界定还存在一定争议,对签订和履行集体合同的争议是否为集体劳动争议还有待商榷,但是面对越来越多的“利益争议”的集体性事件,在解决纠纷层面,急需确定相应制度。完善我国《劳动争议调解仲裁法》,将集体劳动争议纳入适应范围,既借鉴了世界各国通行的做法,也符合我国市场化劳动关系转型的现实,实是对集体劳动争议处理的最优解。目前,集体劳动争议仲裁制度设计应当是在“三方性”原则之下,避免政府行政力量介入,保持仲裁机构的中立的第三方立场,建立一套适应集体劳动争议需要的制度。为了便于与现行仲裁制度衔接,可以设立仲裁一庭、二庭,分别处理个人劳动争议与集体劳动争议,同时制定相应的仲裁程序。

二、集体劳动争议解决机制的程序规范

在确定集体劳动争议调解和仲裁的处理模式和具体组织架构后,必须进行相应的制度设计才能具体运行和实施集体劳动争议解决机制。当然,集体劳动争议解决机制涉及很多微观的、具体的问题,无法面面俱到,以下结合我国劳动立法和实践,就集体劳动争议解决机制的主要程序问题进行分析。

(一)集体劳动争议案件受理的标准、条件、程序及其处理

根据上文分类标准,劳动者人数10人以上或工会,有相同或类似的请求,便可向当地劳动关系委员会申请调解。劳动关系委员会接到申请并进行审查,符合以下条件者应当立案:(1)与劳动政策有关的、不适宜通过司法途径解决,且只是权利争议事项的群体性劳动争议;(2)包含权利争议事项和利益争议事项的混合争议,及纯粹利益争议的群体性劳动争议;(3)因拒绝集体谈判而引发的争议;(4)签订集体合同过程中的争议;(5)履行和变更集体合同的争议。对不符合上述立案条件的案件,如劳动者10人以上,但完全可以通过现行劳动仲裁及诉讼途径解决的群体性劳动争议,劳动关系委员会应书面驳回,并向当事人示明。

(二)调解无法达成一致时的处理

集体劳动争议经过调解,便有达成协议和未达成协议两种结果。对于未达成一致的调解应如何处理的问题需要进一步明确,这涉及调解与仲裁程序的协调和衔接,需要结合具体的集体劳动争议类型进行分析。对于因拒绝集体协商

而引发的不当劳动行为争议，笔者认为，应当以行政命令的方式要求劳资双方限期开展集体协商或谈判。其理由有二：第一，在劳动行政组织体系和职能框架下设置劳动关系委员会，必须发挥其行政职能优势，而不仅仅是协调方和参与方；第二，虽然不当劳动行为争议的目的是利益争议事项，但就其行为本身尚未涉及利益事项的调整，直接要求展开集体协商比较妥当。对于群体性劳动争议和签订、变更、履行集体合同争议而言，经劳动关系委员会调解不成的，可以提交仲裁。

（三）调解协议的执行问题

现行立法关于签订集体合同争议的行政协调解决方式的规定中，并未对经协调一致而达成协议的执行问题予以明确。从立法文本分析，此处的劳动行政部门的职能只是协调处理，则在其主持下达成的协议自然不具有执行力，而只能是具有合同效力，当一方拒绝履行协议所定义务时，便不能有效应对。因此，应当在立法中就违反调解协议的权利、义务的分配，责任的追究及调解协议的执行问题作明确交代。具体而言，第一，规范调解协议的签订和履行，在调解协议上具体明确拒绝履行或履行不符合协议时所应承担的责任；第二，赋予部分调解协议书以执行效力。由上文分析可知，本书将部门群体性劳动争议及履行集体合同争议等权利争议事项也纳入集体劳动争议范畴，目的是适用特殊的集体劳动争议解决机制。赋予行政调解效力，强化其实际效果，便体现了集体劳动争议解决机制的特殊性。所以，在群体性劳动争议和履行集体合同争议中，针对薪资、补偿金、赔偿金及社保费等侵犯既定权利所达成的，具有金钱给予义务的调解协议，应赋予其执行效力，即一方不履行可以直接申请法院强制执行，而无须再经过仲裁或诉讼程序。当然，必须具备以下前提条件：其一，劳动关系委员会主持下进行相关事实的调查核实，协议的达成必须具有充分的证据支撑；其二，只涉及权利争议事项，其具有金钱支付义务。不具备上述前提条件，即使属于权利争议也不能直接赋予调解协议以直接的执行效力，否则就可能侵犯当事人的程序救济权利。

（四）强制仲裁及其与调解的协调与衔接问题

一般而言，“强制仲裁是以法律权利为基础（Right-based）运作的机制，即用法律标准衡量各种事物，坚持法定要求得到满足。而调解程序则相反，它是以利益为基础(Interest-based)运作的机制,即是在意思自治基础上的利益博弈,它更关心当事人各方利益是否被满足,并不着眼于、也不限于法律权利,不需要围绕法律规定来关注和讨论问题,只要不违背法律的强制性规范即可"。[①] 集体劳动争议以利益争议为主,排除司法适用是其应有之义,因而仲裁制度对集体劳动争议的处理而言具有终局性和强制性。如果集体劳动争议属于纯粹的利益争议事项,经过调解和仲裁程序而得到解决在理论上自无障碍,但集体劳动争议不全是利益争议事项,还包括部分权利争议事项,尤其是我国集体劳动争议的概念体系和分类较为复杂,加之我国一直以个体劳动争议处理机制为主,必然涉及仲裁与调解及诉讼的协调和衔接问题,需要进一步明确。

关于调解和仲裁的衔接,有"调解前置"和"或调或裁"两种思路。"调解前置"意味着集体劳动争议须经过调解程序,经调解无法达成一致,或达成一致不履行的,才能进入仲裁程序;"或调或裁"则意味着集体劳动争议发生后,当事人可以选择调解或仲裁程序。笔者认为,原则上应该采用"调解前置"模式。因为,其一,保证当事人的程序救济权利,相对于个体劳动争议的"一调一裁二审",集体劳动争议排除司法适用但须保证基本的程序救济;其二,调解与仲裁虽然都是有第三方介入,但法律赋予第三方的职责不同,行政调解中劳动关系委员会主要职责是协助达成调解协议,只有在特殊情况下才具有裁决职能。仲裁机构则具有裁决职能,裁决文书具有法律效力。只有经过调解和仲裁两个程序,才有利于集体劳动争议的最终解决。因此,除了因拒绝集体谈判的不当劳动行为争议,可由劳动关系委员会基于法律对劳动者集体谈判权的维护而做出行政决定或命令外,其他集体劳动争议案件经调解无法达成一致的,当事人可以申请仲裁。同时,除了部分具有金钱给付义务的协议当事人必须履行外,当事人不履行其他协议的,也可申请仲裁。

就集体劳动争议的仲裁和诉讼程序的衔接问题,也需要进一步探讨。比如,履行集体合同的争议,按照现行法律规定,应该按照"一裁二审"处理模式处理,如加上仲裁前的调解程序,必然使程序更加冗长和低效,也背离了本书将

---

① 项冶萍、罗长青、费文婷、高俊:《美国ADR对完善我国非诉讼纠纷解决机制的借鉴意》,载《政府法制研究》2007年第9期。

履行集体合同争议纳入集体劳动争议范畴的初衷。如果完全不考虑诉讼程序的最终保障意义,似乎又有悖于权利争议事项的司法适用性,与现行立法和实践明显冲突。故笔者建议,针对集体劳动争议中的权利争议事项,如混合性的群体性劳动争议中的权利争议事项及履行集体合同的争议等,在历经调解和仲裁程序后,应设置"撤裁"程序,既符合集体劳动争议的处理程序特征,又保证了权利争议事项的最终司法保障,不失为当下较为妥实的做法。

综观集体劳动关系理论和实务,集体谈判制度实际上应该包含三个机制的建设:第一,压力机制建设。说白了就是赋予工人罢工等集体行动权,并规定资方的"必谈义务";第二,妥协机制建设。即在谈判各方内部形成一种机制,以便灵活调整谈判和协商策略;第三,政府的调停机制建设。政府在劳资集体博弈过程中,应持中立的立场,但在劳资双方矛盾不可调和时须进行居中裁断,调停机制实际上就是政府的适当干预机制,也是对上述行政调解和强制仲裁制度的高度概括。

三、法律责任:集体劳动争议解决机制的保障

构建集体劳动争议解决机制是一项系统工程,上文已对集体劳动争议的处理模式、组织机构及程序进行论述,但必须明确相关法律责任的划分,这是实现集体劳动争议解决机制功能和目标的最终保障。以下分别从责任主体和责任形式的角度进行阐释。

(一)责任主体

集体劳动争议涉及的责任主体主要包括工会或相关组织、劳动者、雇主及其组织。[①] 集体劳动争议的团体性和利益性决定了工会或相关劳动者组织与雇主及其组织是集体劳动争议的典型责任主体,或称当事人责任。理论和实务界对雇主或雇主组织承担当事人责任基本没有疑问,但对工会承担当事人责任有诸多疑问,并反对工会作为集体合同的主体。其理由主要有以下几个方面:其一,基层工会是否是法人,目前相关立法并未明确,工会目前无法满足法人成

① 有人认为政府劳动行政部门及相关服务机构也属于集体劳动关系主体,故将其也纳入集体劳动争议的责任主体。笔者认为不妥,因为政府劳动行政部门及相关服务机构只是提供监管和服务职能,并非集体劳动争议的利益相关者,因此而发生的争议不属于集体劳动争议范畴。

立的要件;[①]其二,即使工会符合法人条件,工会的非纯粹性、非独立性及其职能的模糊性决定了工会很难承担典型意义上的法律责任。笔者认为,工会不仅可以作为集体合同当事人,而且有相应的集体合同履行义务,也完全可以独立承担其相应的法律责任。具体理由如下:第一,工会的目的及其行为贯穿集体劳动关系始终,集体劳动关系的运行离不开工会,工会处于集体劳动关系当事人的地位。第二,工会是否具备法人资格与其能否承担法律责任没有必然关系。即使工会没有法人资格,也不影响工会应当承担民事责任,根据民法理论,自然人、法人或其他组织等民事主体均应承担民事责任,故将独立承担民事责任作为法人成立要件之一,本身缺乏科学性,何况"我国基层工会具备法人的基本条件,经核准登记、取得法人资格后即具备社会团体法人资格"。[②] 第三,工会作为集体合同的当事人,承担相应的责任是合同理论的基本意涵,只是责任承担范围和方式比较特殊罢了。集体合同一般包括标准性条款和程序性条款两大部分内容,其中标准性条款主要就是关于劳动条件事项的规定,是劳动者和单位必须贯彻落实的标准,对劳动基准法具有补充意义,对劳动合同也具有指导意义;而程序部分的内容主要是关于非劳动条件事项的约定,集体合同作为合同本身所应该具备的条款,如合同的生效、违约责任、争议的处理及维持和平的义务等。工会作为集体合同的当事人,其义务集中在程序条款方面,工会违反程序义务的应当承担相应责任。第四,工会社团性和代表权决定其有独立承担相应的法律责任的能力。如果工会不能作为合同主体承担合同责任,而依然由工会成员承担合同责任,不符合代表理论,工会作为集体合同主体的社团性和组织性也没有意义。

工会与其成员之间的利益代表性,及集体合同履行的相关性由决定了作为工会成员的劳动者是集体合同的关系人,可作为集体劳动争议的非典型责任主体,或称关系人责任。因为涉及劳动者履行义务的主要是集体合同履行的环节,而集体劳动关系运行中的其他环节劳动者一般只享有权利无须承担具体义务。另外,集体劳动合同中关于劳动条件的约定具有准法规效力,劳动者和用

---

① 依据《民法通则》和学界的通说,法人成立的合法要件主要包括,依法成立,有必要的财产和经费,有自己的名称、组织机构和场所,并能独立承担民事责任。

② 蔡金荣:《走向独立社团:中国工会发展之进路选择》,载《行政法学研究》2009 年第 3 期。

人单位之间的劳动合同所约定的劳动条件须高于或等于集体合同的约定标准，劳动者违反集体合同的约定一般表现为违反了劳动合同，可通过一般的劳动争议机制或途径加以解决。故从集体合同这个维度看，工会是集体合同的当事人、签约人和履约人，而工会成员则只是关系人和履约人。劳动者作为集体合同关系人，是否应承担责任学界也有争议。有人认为，集体合同的履行过程中，劳动者的义务主要是提供劳动，故劳动者若违反集体合同，需课以法律责任时，便会出现“虽于约有据，但却不符合现代社会的人权观念，甚至可能出现违背劳动者意愿的‘强迫劳动’现象，损害劳动者的人格尊严”①的尴尬局面。笔者以为，从劳动合同和集体合同的关系看，集体合同的标准性条款是劳动合同内容的基础，劳动者履行劳动合同意味着同时也在履行集体合同，故劳动者虽然不是集体合同的当事人，但却是集体合同的实际的、间接的履行人。劳动者违反劳动合同的约定需要承担相应的责任，违反集体合同同样也需要承担相应的法律责任。比如，劳动者个人不顾集体合同关于和平义务的约定，未经工会的同意而擅自进行停工时，可否追究其相关法律责任？基于劳动立法本意的分析，此时应当课以相关责任，只是责任的承担方式需要考虑劳动者人身和人格属性，杜绝强制履行劳动义务的出现，而应该采用适当的、限定的赔偿责任，这与我国《劳动法》和《劳动合同法》上关于劳动者承担赔偿责任的规定也是一致的。

（二）责任形式

集体劳动争议法律责任形式，是指相关责任主体承担的是民事责任还是行政责任、刑事责任，抑或是其他性质的责任问题。工会和雇主或雇主组织作为集体合同当事人的组织团体，其性质、经济实力、各自享有权利的位阶优劣等均有所不同，则各自承担责任的性质也会不同。工会和雇主或雇主组织承担不同程度的违约、赔偿责任自不在话下，此外，我国工会体制的一元性及党政关联性也决定了工会承担相应的行政责任和道义责任。劳动者作为集体合同的关系人，违反集体合同规定自然应承担相应的个人责任，如赔偿责任、特定情形下的违约责任等。具体而言，有如下责任形式：

1. 违约金和赔偿金。雇主或雇主组织承担违约金及赔偿金自无疑问，就工会而言，工会承担违约金和赔偿金主要适用于工会不履行集体合同义务以及在

---

① 常凯主编：《劳动合同立法理论难点解析》，中国劳动社会保障出版社2008年版，第252页。

集体合同有效期间不履行和平义务时应承担的责任。只是基于工会非营利性和确保其独立性考虑，工会只能有限承担违约金和赔偿金的法律责任。工会并非没有独立的财产和经费，工会拥有通过收取会费、企业拨缴、政府补助等形式获得的收入，可以承担一定的违约和赔偿责任。劳动者作为关系人，违反集体合同的规定导致雇主方经济损失时，应当依法承担赔偿责任。当劳动者违反集体合同关于服务期和竞业限制的规定时，也应承担适当的违约金，不过此时若有明确的劳动合同约定的话，应依照劳动合同的约定承担相应的违约责任。

2. 道义责任。承担民事责任的形式包括物质形态的补偿、赔偿责任，也包括道德、精神等方面的非物质形态的责任。工会除了承担有限的物质形式的违约、赔偿责任外，还可以承担包括诸如道义责任等形式的责任，即当工会不履行相关义务时，应对其会员、上级工会及党政部门负有道义责任。这是由工会的非营利性、社团性决定的，也是对工会只能有限承担物质形态民事责任的一种补充。工会承担此类责任的情形主要是不能代表劳动者向雇主动议集体谈判，无视上级工会及党政部门的指导和协助等。具体可以有多种形式，如工会的道歉、针对工会领导的问责、工会领导的“引咎辞职”等。当雇主违反雇主组织的章程或行业规定的，同样可承担此类道义责任。

3. 行政责任。当事人违反集体劳动关系相关立法规定，并同时违反了行政法的有关规定，致使集体谈判无法进行，集体合同不能履行或不能完全履行时，除了承担相应的民事法律责任外，还应承担如罚款、警告、记过、撤职等相应的行政责任。如雇主及其代表违反集体合同标准条款的，或拒绝就修改集体合同进行协商谈判的等，劳动行政部门可给予相关行政处罚。

4. 刑事责任。原则上集体劳动争议相关法律责任设定与追究与刑事责任无涉，但不排除在集体谈判或协商过程中突发暴力行为，在集体合同履行过程中，有关人员恶意违反集体合同，造成严重后果，或者在一方违反和平义务时，有关人员采用暴力方式开展集体行动，严重侵害劳动者人身和财产权利或扰乱企业生产经营和社会秩序的，应追究其刑事责任。

第七章　全球化背景下中国集体劳动关系法律规制的挑战与应对

中国劳动关系及其劳动立法、理论和实践的发展可谓“生不逢时”。如果将我国和西方国家的历史发展脉络及其劳动立法、理论和实践进行比照，便不难发现我国的劳动立法及理论始终要“慢一拍”，其滞后性、断层性及本土性非常明显。在我国劳动法学界尚未完全弄清楚劳动关系及劳动法基础理论的时候，世界已经逐步进入全球化和灵活雇佣时代，劳动法学界又面临全球化对我国劳动关系及其法律规制的挑战与应对重大课题的研究和创新。本章在概述全球化的基础上，探讨全球化对劳动关系的影响，并重点探讨全球化对集体劳动关系的影响与应对策略。

第一节　全球化的概念、特征及本质

联合国开发计划署在其《1999 年人类发展报告》中称，“全球化这一 20 世纪最后 10 年占支配地位的力量，正在形成国家、经济、个人之间相互作用的新纪元”。全球化这一日益凸显的事实，不仅是人类发展的宏大背景，而且是人类社会发展的动力系统。全球化不仅加深了世界各国在经济政治上的相互依存度，而且加深了环境、贸易、劳工、人权等各个社会领域的关联度。讨论全球化对劳动关系的影响与应对，必须对全球化的概念、特征及本质等基本理论要素进行系统阐述。

一、全球化的概念与特征：以经济全球化为主

关于全球化一词的出现及其概念的界定，理论界见仁见智。欧洲委员会给全球化作出如下定义："全球化可以界定为由于商品和服务的流动，也由于资本和技术的流动，而导致的各国市场和生产相互依赖程度日益提高的过程。"① 笔者认为，这一概念相对客观，较能体现全球化的原初意涵。事实上，要给全球化下一个明确的定义并不容易，也不现实，学者一般是基于各自的研究领域和学术视角来进行界定，难免会"以偏概全"。特别是在非专门研究全球化的著述中探讨全球化的定义，无须也无必要深入研究其概念，只需结合自身的学科领域和研究对象，就该概念体系及基本要素在学界所形成的共识基础上进行描述或阐释即可。笔者认为，无论如何界定全球化的概念，其以下一些基本要素却是学界的共识：第一，全球化始于20世纪80年代；第二，全球化得益于新技术的推广和发展；第三，全球化缘起于经济全球化，然后发展至其他领域的全球化；第四，全球化以经济全球化为主，甚至就体现为经济全球化或资本的全球化；第五，全球化意味着不同国家、地区人们之间的关系密切化、联系紧密化以及制度、文化、生活方式的趋同化和同态化等。诚如有学者所言，全球化是"世界范围内社会关系的强化，这种关系以这样一种方式将彼此遥远的地域连接起来，即此地所发生的事件可疑由许多英里以外的异地事件而引起，反之亦然"。②

结合全球化的概念、成因及表现形式等，笔者总结全球化有以下特征。

（一）贸易自由和技术变革是全球化的两大主要动因

一般认为，基于第二次世界大战后欧洲重建、国际政治经济格局的重构及凯恩斯主义的影响等原因，20世纪五六十年代，是西方国家经济发展的黄金20年。但受20世纪70年代能源危机的影响，西方社会意识形态、经济发展及政治气候发生明显变化，凯恩斯主义的主导地位让位于新自由主义。于是，各国

---

① ［德］格雷厄姆·汤普森：《导论：给全球化定位》，载《国际社会科学》（中文版）2000年第2期。

② ［英］安东·尼吉登斯：《现代性的后果》，田禾译，译林出版社2000年版，第56~57页。

之间的贸易壁垒和障碍逐渐被撤除，不仅商品和劳务在各国之间得以自由流通，从而形成全球化的市场体制，而且对外投资的大幅增加和生产的全球化，使资本可以无国界流动。故贸易自由化是全球化的动因也是全球化的表现形式。贸易自由化促进了国际贸易及其商业规则、管理规则的普世化和规范化，进而推动了包括国际劳工公约和国际劳动法等相关领域的国际立法、理论和实践的发展。

以人工智能和移动互联技术为标志的新技术变革为全球化的实现提供了实际的可能性，尤其是资讯、通信和交通运输方面等技术发展的日新月异，甚至直接刺激了全球化的形成。交通运输的飞速发展和网络传播技术的快速推进正在将整个世界形塑成一个“地球村”。特别是技术的发展为跨国企业提供了很大的便利，使跨国企业可以在全球范围内投资设厂，且不会对相应的跨国管理形成实质的障碍，这是技术进步对全球化的最大贡献。故如果将技术的进步概括为移动互联或人工智能技术，则从某种意义上说，全球化时代就是互联网时代或智能化时代，也可以说互联网技术是全球化的动因和表现。笔者并不赞同将互联网时代与全球化时代的称谓并列，互联网技术会带来社会经济生活一些要素的变革，并会促进全球化的深入发展，但互联网只是全球化技术层面的动因，而全球化是社会整体发展的趋势。在一定程度上，技术发展的日新月异不仅导致了全球生活方式的趋同化和人们接受、运用及创新发展新技术的同步化，还直接导致了全球面临同样的发展机遇、发展“瓶颈”及其相应的问题和挑战①。

（二）全球化源起于经济全球化并以经济全球化为主

全球化源起于经济的全球化，经济全球化也是全球化的最主要体现，经济全球化与世界经济一体化也并无实质区别。故在理论上，我们有时候将全球化、经济全球化、世界经济一体化等概念混同使用。事实上，跨国的商品生产、销售以及服务贸易的快速增加，是全球化的最初的、典型的表现形式。全球化

① 在当今社会这一点体现得越来越明显，在利用新技术方面发达国家与发展中国家基本同步，发展中国家甚至会实现“弯道超车”。基于新技术的发展和全球化的背景，人类也面临共同的问题，比如环境保护就是全球性的问题，与环境保护有关的技术、立法、理论及实践的发展，世界也差不多处于同一发展水平。

是涉及社会生活各个面向和领域变化发展的一个过程和一种趋势，除了经济领域，政治、法律、军事、文化及意识形态等社会生活的几乎所有领域都无法摆脱全球化进程的影响。随着全球化进程的加深及其对国际社会影响的不断深入，全球化的内涵日益丰富，由多国学者组成的里斯本小组具体列举了全球化包括的七方面内容："金融与资本占有的全球化、市场与市场战略的全球化、技术和与其相联系的科研的发展以及知识的全球化、生活方式与消费模式以及文化生活的全球化、调控能力与政治控制的全球化、世界政治统一的全球化和观察与意识的全球化。"①从经济全球化的形成机理及其发展过程来看，经济全球化首先体现在以跨国公司为主的微观经济主体的全球性投资运营活动，其次是信息技术的进步为跨国生产经营提供了快捷便利的技术支持，最后将体现为各国经济体制的趋同化。无论从狭义还是广义的角度界定全球化，我们都无法否认经济全球化在全球化发展趋势中的主导作用，社会的政治、经济、文化等方方面面的变化都因经济全球化而展开，甚至可以断定经济全球化是整个社会变革、变迁的原动力。

事实上，经济全球化主要体现为贸易全球化和资本全球化。学界对全球化、经济全球化、贸易全球化、资本全球化、市场全球化、生产全球化等概念体系之间是何种关系并无统一的认识。笔者认为，上述概念或称谓都有相同的面向，但所涵涉的范围又不尽相同。全球化主要体现为经济全球化，而经济全球化又主要体现为贸易全球化和资本全球化，贸易全球化和资本全球化的过程其实就伴随着市场的全球化和生产的全球化。其中，市场的全球化，是指企业产品可以在全球市场交易，生产的全球化则是指诸如劳动力、土地、资本、能源等企业生产要素可以在全球布局，以求生产要素的优化配置，从而提升企业竞争力。同时，市场的全球化和生产的全球化必然伴随合作资本的全球化。故笔者将全球化主要体现总结为贸易全球化和资本全球化。

（三）全球化伴随着信息化和知识化

关于全球化与以互联网技术为基础的智能化或信息化的关系，上文已粗劣阐述。但从全球化特性的角度看，宜将全球化、信息化及知识化的关系一并论述。一般而言，全球化和新技术是互为因果互相促进的关系，全球化推动了以

---

① 鲁志强：《经济全球化与中国》，载《管理世界》2000年第6期。

互联网为主的新技术的发展,而信息技术的飞速发展又促进了全球化的进程。但从全球化和信息化两者的使用语境看,我们宜将信息化纳入全球化的背景下考量,这是基于以下两方面原因:其一,日新月异的移动互联技术是人类社会发展变革的基础和动力,是全球化时代背景下的驱动力;其二,全球化时代与所谓的信息化时代,并非同步发展。学界主流的观点是全球化起步于20世纪80年代,但"信息化时代"一词一直以来只是学界的泛称,且信息化时代产生于何时等问题尚无确切的理论阐释。

值得关注的是,全球化与知识化的关系。简单而言,所谓信息就是反映客观世界的各种事物特征的资讯或数据,而知识则是经过梳理加工由人们掌握,并能指导人们实践的各种信息的组合。故所谓信息化时代其实就是对资讯发达、信息爆炸这一客观社会状态的描述,其本身并不能并列甚至等同于具有特定内涵的全球化时代。但从信息和知识的区分可知,全球化时代意味着知识化和人力资本时代。21世纪将是一个全球化高度发展的开放型社会,也是一个以知识经济为主导的知识性社会。社会对物质资本的狂热追求逐渐转变为对知识和创新的急迫需求,从而呼唤并推动了人力资本时代的到来。用《财富》杂志编辑托马斯·斯图亚特(Thomas Stewart)的话来说:"信息和知识是我们这个时代的高热原子核反应的竞争力。"①

(四)全球化具有一定的趋同化和同步化

全球化是整个世界面临的共同的机遇和挑战。基于全球性的政治、经济及文化的交流和活动,并在新技术革命的推动下,人们的生产和生活方式开始趋同化,如经济体制趋于同质化,各国经济发展的相互依存度逐渐提高,同时,民主法治理念也趋于普遍化,各国均以民主法治为基本的治国理念等。事实上,全球化时代也会使各国面临共同的问题,并在面临共同问题的时候趋向于采取一致的或同步的行动。比如,面临全球性的环境污染与环境保护问题,无论发达国家还是发展中国家,均需要协同处理共同面临的问题;在全球化和互联网时代背景下,雇佣的灵活化、工会力量的式微以及集体谈判的衰减等也是共同的问题。

全球化的趋同化和同步化,为世界各国的协同发展提供了便利,更重要的是为广大发展中国家的迅速赶超提供了可能。以劳动关系的运行及其法律规

① Thomas A. Stewart, Intellectual Capital: The New Wealth of Organizations, at ix (1997).

制为例，虽然我国劳动关系的运行并未经历传统的资本雇佣劳动关系的发展脉络，劳动立法体系尚不健全，且目前我国的劳动关系发展尚处于个别劳动关系向集体劳动关系转型时期，与西方国家后工业化时代的劳动关系发展脉络不同，但当下面临的问题是共同的，即共同面临雇佣的灵活化、工会力量的式微以及集体谈判的衰减等问题。这在客观上有助于我国在解决上述问题时，借鉴其他国家的经验和教训，进而创新问题解决路径。

总之，随着人类社会的不断发展，全球化是社会生产力和科学技术发展的必然产物，是不可阻挡的发展趋势和潮流，它在全球范围内优化配置各项生产要素和社会资源，从而促进了生产力的发展和全球经济的增长。正如联合国贸发会议前秘书长加梅尼·科里亚所说："全球化是一列飞奔的列车，搭载者就能到达新的境界，而误点者只能靠边站。"无论你是否承认，全球化已是一个不随人们意志转移的客观存在；无论你是否接受，全球化必将影响每个人的生活。当然，全球化的过程本身也是一柄"双刃剑"，其既能打破市场封锁和国家、地区之间的藩篱，从而分享整个人类的文明发展成果，但同时又是一个遵守市场竞争法则，甚至是"弱肉强食"的过程。因此，全球化的过程其实也随着各种"反全球化"运动的过程。

二、全球化的本质：以资本和劳动的关系为视角

关于经济全球化的本质，基于不同的视角，可以得出不同的全球化本质论。如从规则和秩序的角度，全球化的本质就是资本主义经济体制的扩张及其民主法治理念的推广和传播，或称为资本主义文明的扩张。如从经济全球化的各种现象进行概括，全球化的本质就是"资本的全球化流动和扩张，突出表现为跨国公司规模的扩大和全球金融市场的膨胀"。① 笔者认为，从资本和劳动的关系角度看，全球化的本质依然是资本全球化，特别是其中商业资本、金融资本、人力资本的全球化，但劳动无法全球化的过程。② 诚如学者所言："资本转移到

① 甘春华、张炳申：《论经济全球化时代我国劳动关系的调整策略》，载《经济师》2007 年第 4 期。

② 这一认知是基于劳动力价值的不同而对其进行相应的分层的前提，21 世纪是信息文明时代、互联网时代及人力资本时代，人才的竞争及其战略管理是跨国公司的重要目标，故资本的全球化包含人力资本的全球化。同时，从劳资关系的角度看，此处的"劳动"并不涵盖人力资本，而依然是"资本雇佣劳动"意义上的普通劳动者。

哪里，劳工与资本之间的冲突就会跟到哪里。”①基于资本和劳动的关系的角度来认识全球化的本质，是出于以下两点理由：第一，本章是研究的是全球化与集体劳动关系的挑战和应对，故探讨全球化的本质自然离不开从资本和劳动的关系角度；第二，资本和劳动是市场经济条件下两个最基本的生产要素，资本和劳动的关系是认识资本主义社会的“钥匙”，全球化是资本的全球化，当然需考察其与劳动的关系。

根据马克思主义关于资本的经典论述，凡是能带来剩余价值（利润）的价值都是资本。在马克思主义理论体系中，资本具有生产性、流动性、竞争性、逐利性、腐蚀性（嗜血性）等特性。全球化的过程虽然体现为市场、贸易、投资的自由化以及生产要素的自由流通和优化配置等，但最终都体现为资本的流动和扩张。资本的上述特性决定了，资本可以且能够甚至必须流动和扩张，这也就是为什么全球化是由发达资本主义国家主导的原因所在。资本主义发达国家凭借其经济实力和对全球化“游戏规则”的控制，进而在全球化中获益，而发展中国家以及整个世界的劳动者阶层则在“享受”全球化带来的机遇的同时，面临着更为严峻的挑战。因为在一国范围之内，资本和劳动的关系可以通过劳动立法、劳资对抗等手段基本达到劳资平衡，但在全球范围之内，劳动者阶层基于劳动的人身性、地域性、民族性、社会性以及语言文化的障碍等因素，无法做到劳动全球化从而有效对抗资本全球化。全球化使世界劳动者阶层面临前所未有的挑战，资本在无国界地流动、扩张和联合，在资本的强势下，劳动世界却因劳动力价格和劳动标准等问题陷入矛盾和纷争。因此，认清全球化的本质，并构建相应的制度以消解劳动的弱势，就成了全球化背景下劳动关系应对和发展的重大课题。

第二节　全球化对劳动关系的影响

全球化是20世纪末21世纪初世界发展的重要趋势与议题，对劳动关系尤其是其中的集体劳动关系的影响尤为深远。具体可从以下几个维度进行阐述。

---

① ［美］白弗莉·席尔弗（Beverly J. Silver）：《劳工的力量：1870以来的工人运动与全球化》，张璐译，社会科学文献出版社2012年版，第52页。

一、全球化与传统劳动关系——经济、政治环境的变革

现代意义上的劳动关系源于工业革命和资本主义生产方式。现代劳动立法和劳动关系意义上的劳动,体现了自由劳动、雇佣劳动、有偿劳动、职业劳动、集体劳动等特征。劳动关系的本质是资本雇佣劳动,市场经济和民主法治是劳动关系运行的两大支柱和根基,一定历史阶段的社会、经济及政治发展条件是劳动关系的运行的环境或“土壤”。但在全球化背景下,上述传统劳动关系运行的环境正在遭遇变化。

(一)经济环境

西方国家社会经济以及劳动关系的发展实践表明,劳动关系的稳定以及工会运动的成效取决于社会经济的发展水平与状况。工业革命及资本主义生产方式不仅造就了规模化、标准化的“福特主义”生产、经营和管理模式,从而大幅度提高生产速度和效率,也成就了批量的资本家和工人阶级。事实上,“福特主义”生产和管理方式本质上是一种资本雇佣劳动的“内部劳动力市场”的组织形式,其依据的是科学管理和人力资源管理的思想流派。[①] 资本的稀缺性、逐利性决定了劳资关系中“资强劳弱”的天然格局,劳动者劳动技能低端化、同质化现象严重,劳动者一方可替代性强且议价能力弱,这就必然激发并催生劳动者“抱团取暖”的本能反应,客观上为工会运动和劳资关系稳定奠定了基础。可见,由劳动者个人到工会,由工人到工人阶级,由个别劳动关系、劳动争议到集体劳动关系、劳动争议便成为传统劳动关系的时代发展脉络。

20 世纪五六十年代是资本主义发展的黄金时代,工会为劳工争取了组织结社权、集体谈判权、民主参与权、罢工权等诸多基本劳动权利,且大都获得到了各国法律的认可,从而形成劳动关系立法、理论及实践以集体劳动关系和集体劳动争议为主的劳动关系调整模式。20 世纪 70 年代以后,受能源危机的影响,许多国家经济形势恶化,工会争取提高工资、福利和改善工作条件的斗争受到冲击。支持“福特主义”生产方式的各种社会条件开始逐步失去其原有功能,过度依赖于标准化设备的大规模生产已经开始僵化并无法适应新的时代发

---

① Katherine Stone, “The Origin of Job Structures in the Steel Industry”, in Gordon, Reich & Edwards, eds., *Labor Market Segmentation*, Lexington Books, 1975.

展需要。于是,以机械化、规模化、标准化、流水线式为主要特征的"福特主义"生产衰落了,传统劳动关系的经济环境发生了深刻的变化。全球化时代、互联网技术、后工业社会、知识经济、信息文明等各种社会现象和典型特征,无不预示着传统经济发展模式的转变,从而也预示着劳动关系理论和实践的变革。以土地、厂房、设备、资金等物质资本为主导的劳动密集型的、规模化的、机械化的、流水线作业为特征的生产方式,将逐步被以人力资本、知识成果、互联网经济、金融资本为主导的技术密集型、灵活化、项目式作业为特征的生产方式所取代。基于此,劳动关系也将逐步体现出人力资本化、雇佣灵活化的特性。

全球化对经济环境的影响,具体体现在世界范围内的产业结构的升级、更替及就业结构改变。对于西方发达国家而言,其率先完成产业结构的升级和更替,从而带动就业结构的改变,即工作或职业本身包括工作机会以及工作类型的改变,就业类型的改变主要是指蓝领的制造业工作大量转变为白领的服务业工作。当制造业外移,服务业的就业人口逐渐超越制造业,服务业白领劳动的工作时间分散、工作场所较小,增加了组织工人与进行活动的困难度。

(二)政治及政策环境

第二次世界大战后,随着新技术革命兴起,且劳资矛盾又异常尖锐的背景下,各主要资本主义国家政府选择了凯恩斯主义发展战略。西欧各国广泛推行民主社会主义或社会民主主义发展战略及相应的发展模式,比如,重视国家宏观调控的经济干预政策,建立劳资合作的社会伙伴关系,扩大社会开支的赤字财政政策,执行建设福利国家所需要的社会团结互助与社会再分配原则等。此时,工会运动的成效显著,工会要求提高职工工资和保障福利水平、改善劳工社会和劳动条件等诉求与社会经济发展模式相吻合,因而得以分享经济发展成果。

二、全球化对个体劳动关系及其法律规制的影响——劳、资、政三方角色之变

全球化是社会经济发展的趋势,除了在宏观上对劳动关系运行的政治、经济环境有着根本的影响,对劳动关系的运行及其法律规制的具体制度因素也有很大影响。正如部分西方工会主义分子和激进的政策制定者所警告:"全球化

的传播将意味着西方历尽艰辛所争取来的劳动标准和工作场所权利的消亡。"[①]全球化对个体劳动关系的影响主要体现在全球化对国家、企业及劳动者三方主体的角色与力量以及劳动基准法的影响。

(一)全球化与国家——从管理到治理

在劳动关系运行体系中,国家始终是一个重要的角色。在市场经济和民主法治国家,国家倾向于中立者的角色,并作为劳资对抗的调停者或最终的裁决者;在一些后进的发展中国家,政府更倾向于管制者角色,并通过劳动立法和行政等手段实现对劳资问题的干预,以实现劳资稳定、经济发展及社会和谐之目的。在全球化环境下,国家角色面临会遭遇两种困境:第一,由于国际贸易与货币金融市场的自由化,加之跨国企业大量兴起与区域性经济组织成立,国家的力量受到压缩而弱化,已经无力在劳动关系中扮演有效的介入者角色;第二,由于企业生产经营需要高度弹性,劳动条件弹性化即为其一,许多国家原先用立法规范劳动条件的方式,已经不符合企业生产经营及用工方式弹性化的需求。因此,全球化背景下国家在劳资关系中的角色和功能在不断弱化和萎缩。

全球化的来临,使劳、资、政三方原本在特定时空范围内比较固定的关系出现变化。由于全球化也意味着经济、政治体制、法律规则等资本主义文明成果在全球范围的扩展,国家对其内资企业劳动关系的介入方式开始发生变化,逐步由干预、管制的理念转变为治理的理念。基于市场经济和民主法治之上的传统劳动关系的运行模式开始被各国和地区接受。其中,跨国企业的"生产守则"运动以及"SA8000——企业社会责任"体系的兴起,起了一定的示范和带动作用。

随着跨国公司的全球布局和资本的全球流动,国家对劳动关系的介入更多是体现一种与国际劳工组织及其劳工标准的协调与认可,或者称为一种跨越国界的治理行动,有学者称其为"全球治理"。全球治理是一种跨越国家的治理行动,并不关注国家之间的主权因素,而且除了政府之外,相关的国际组织、非政府组织、各种公民运动、跨国企业等,都属于在全球层次扮演治理过程的行为主体。

---

① Katherine V. W. Stone, "Labor and the Global Economy: Four Approaches to Transnational Labor Regulation", 16 *Mich. J. Int' l Law*, 1995, p. 987.

自20世纪80年代始,工会会员大量流失,工会组织的代表性及其权威性受到前所未有的挑战,在政策参与和决策过程方面的影响力逐步下降。在一些发展中国家和地区,将经济发展作为优先战略,为了引进外资,便倾向于资本的利益,工会的政策影响力更是降到最低。工会影响力下降,除了本身力量衰退外,政府是关键因素。在全球化和国际化的潮流下,在国家治理政策理念下,西方工业化国家在政策取向上,一方面扩大企业的经营管理空间,另一方面却缩小了工人民主参与的空间,甚至缩减劳工立法对工会组织的保护。其典型体现的是里根、撒切尔模式的"去工会化"策略。

(二)全球化与企业——从劳资均衡到资本强势

全球化背景下,劳资关系最明显的就是资本强势的逐步全球化,资本的强势主要体现在跨国公司及其资本的全球化。主要体现在以下三点:

第一,跨国公司逐渐脱离本国劳动法的制约和干预。所谓跨国公司①是指在多个国家内从事生产经营活动的企业,其母公司所在地称本国,设在其他国家和地区的子公司所在地称地主国。在一国范围之内,劳资关系会因劳动法规、集体谈判及劳动合同等不同层面的制约力量而形成大致的劳资均衡态势,至少被纳入国家可控范围。但跨国公司的直接对外投资,无须适用本国的劳动立法,而资本的逐利性使跨国公司会根据地主国资源禀赋的特性选择投资,廉价劳动力的使用是其主要动机。而且,地主国为了发展经济和提升竞争力,也力求迎合跨国公司的选择,甚至以廉价劳动力和资源丰富为比较优势吸引投资。因此,跨国公司的发展必然使资本像"脱缰的野马",在劳动关系领域内无法被有效制约。正如学者所言:"经济全球化中技术进步导致的资本与劳动的性质分化和企业自主行动能力增强,企业管理权逐步控制劳动关系。在全球化与信息化的电子时代,资本能够自由流动,而劳动者受到迁移与信息搜寻成本的限制,只能停留在局部地域,这种背反关系使资本能够与劳动分离,后果是劳动者绝对服从于企业管理。"②

---

① 在全球化之前,西方发达国家也存在部分实力雄厚的跨国集团公司,但最初的跨国公司到国外投资设厂的目的是突破税收或其他限制而有选择地在特定国家或地区进行生产、销售活动,这种跨国活动只能算是生产经营的国际化。

② 徐景一:《"中国特性"与"全球化共性":民营企业劳动关系的转型特征》,载《人力资源》2014年第7期。

第二,跨国公司对地主国劳动关系的影响很大。跨国公司所形成的强大的经济力量影响了本国与地主国的经济、政治、文化、社会等各个层面,其特殊经营方式也影响到生产、就业等,劳资关系是其中之一。跨国公司会因其经营规模、理念、方式的不同,而采取不同的经营战略。有的以本国为中心,所有政策、理念及管理方式以本国权益为前提,体现本国价值、文化;而有的则是放眼全球,在以全球为中心进行战略布局,公司政策完全取决于全球整体利益,并顾及地主国的特性。据此,各跨国公司对劳资关系的影响也不同,以本国利益为中心的跨国公司容易引起劳动争议,主要原因是其管理层将本国文化中的价值观念反射在子公司员工与管理制度上,而以全球战略导向的跨国公司,其经营和管理考虑到子公司的环境特质,包括社会、文化或其他方面的差异,因而争议相对较少。简单地说,文化差异往往成为影响跨国企业内部劳资关系的重要原因之一。"企业文化可能会影响劳动者的工作态度、成就动机和实践观念等",①一个跨国公司必须掌握地主国文化对员工在上述三方面的影响,才能制定出合适的管理制度,从而降低劳资冲突的可能性。

第三,在国际层面上尚未形成对资本强势的制约力量。在企业内部,工会活动与劳工参与是制约劳资关系的主要工具,在国家层次上,劳资关系主要制约力量是地主国的各种劳动法规及其实施机制。但在国际层面上,跨国公司本国与地主国的劳工运动及社会运动对跨国企业内部劳动条件的关注,在一定程度上形成对企业劳资关系的制约,但整体上尚未形成对资本强势的有效制约。诚如学者所言:"全球化重新分配了资本和劳工之间的权利关系,强化了资本的权利,弱化了劳工的权力。"②笔者认为,有以下几点原因:

一是在国际层面上,国际劳工组织的运行机制及其劳动基准的适用范围不足以制约资本的力量。资本天然的逐利性决定了其在跨国流动过程中对投资国或地区工会组织和集体谈判等与资本博弈或对抗的机制出于本能的回避。

---

① 徐景一:《"中国特性"与"全球化共性":民营企业劳动关系的转型特征》,载《人力资源》2014年第7期。工作态度其实是一种劳动者对组织的承诺,类似工作伦理或职业伦理,会影响到生产的效率;成就感动机是劳动者内在的一种动力或动机,在一般讲究公有制的社会主义社会,成就感不高,而在讲究利润、竞争、效率和民主参与的资本主义社会,则通常具有较高的成就感动机;实践观念也是另外一种重要的文化因素。

② 陈一峰:《跨国劳动法的兴起:概念、方法与展望》,载《中外法学》2016年第5期。

正如学者所云:“将有工会和无工会的运营两相比较,除非跨国公司认为工会组织和集体谈判所带来的附加值能够至少等同于净单位劳动力成本,否则他们将设计并实行尽量减少工会和集体谈判的对外直接投资策略。”①

二是国际劳工联合的紧密度和有效性尚未形成,与资本的全球化不同,劳动者及其组织的全球化或世界联合会受到诸如劳动的人身性、民族性、地域性以及语言文化的差异等因素的阻碍,故世界劳工及其组织的联合尚处于起步阶段。

三是跨国公司的包括“生产守则运动”和“SA8000 企业社会责任运动”等社会运动,因其根本动机是为了扫平贸易流通的障碍和推广管理制度而不是为了劳动者的权益,故作用有限。

事实上,在全球化背景下,来自国际劳工组织所制定并推广实施的国际劳动基准及国际劳工组织及其运动的有效推动,在国际层面上对劳工权益的有效保护日渐重要。国际劳动基准法可以托底保护,而地主国的工会组织及其工人运动,可以通过国际性工会组织获得支持和协助,进而与跨国公司进行协商与对抗。同时,国际社会运动客观上也通过对劳动人权的关切和国际劳动基准的实施,监督跨国企业内部的劳动条件,并促其履行相关的企业社会责任。

(三)全球化与劳动者——灵活化、弹性化和多元化用工中的劳动者权益保护

谈及全球化对劳动关系尤其是对劳动者的影响时,学界主要是从推动全球化各种要素的变革所引起劳动关系结构及其运行的变化的角度进行论述。如互联网时代共享经济模式下的劳动关系逐渐淡化,而基于 P2P 等模式的平台经济下的灵活雇佣和合作伙伴关系开始盛行;灵活雇佣时代背景下,用工方式的多元化和工作的弹性化进一步发展,传统意义上的劳动关系及其法律规制的空间进一步缩减等。笔者认为,上述变化无疑是对劳动关系的一种客观影响,但最终影响的是劳动者权益的保障及劳资力量是否能维持均衡态势。故笔者从用工灵活化、弹性化和多元化的视角,重点探讨全球化和劳动者的权益保护问题。

一般而言,雇佣灵活化是一种泛称,代表的是雇佣关系发展的趋势。雇佣

---

① Michael J. Morley, Patrick Gunning, David G. Collin's, *Global Industrial Relations*, London, Routledge.

灵活化与工作弹性化和用工方式多元化之间究竟是何种关系，学界尚无统一认知。笔者认为，雇佣灵活化可以包括或涵盖工作弹性化和用工模式多元化。当然，广义的工作弹性化范畴也可以包括用工模式的灵活化或多元化；狭义的工作弹性化，仅包括工作过程的弹性化，具体是指工作时间的弹性化和工作方式的自由化。用工模式的多元化，一般则仅指法律关系的灵活化，包括劳动关系、非标准劳动关系、劳务关系、业务外包关系等非典型用工方式[①]的灵活选择。工作弹性化和用工模式多元化是在以互联网技术发展推动的全球化背景下，劳动用工的必然趋势，符合"人力资本的作用逐渐超越物质资本""人类社会的发展就是劳动不断从被奴役到解放直至完全自由的过程"等社会发展的客观规律。

雇佣灵活化、工作弹性化及用工模式多元化对劳动者权益的影响主要是薪资的弹性化和探底竞争。全球化的过程是各国努力提升国际竞争力的过程，降低用工成本和增加用工管理的灵活性必然是雇主首要考量因素。最高效的降低用工成本，自然是将投资转移至劳动力资源丰富且劳动力成本低廉的国家和地区，从而加快了全球化的进程；增加用工管理的灵活性，则不仅要求增加弹性管理空间，还要增进劳动的效能，同时还需要降低用工成本。工作弹性化对个别劳动者的影响主要有两方面，即劳动所得降低与工作渐无保障。工作弹性化意味着薪资弹性化，一方面拉大了劳动者收入所得的差距，另一方面使低技术或基层劳动者收入所得降低。不得不提的是，随着全球化进程的加快，使用外籍劳动者越来越普遍，外籍劳动者的广泛使用也是造成劳动所得降低的重要原因。而且，过去外籍劳动者的使用只涉及廉价外籍劳工，仅限于蓝领工人，一般称外籍劳工，但廉价白领外籍劳动者的数目正在悄然增长，同样影响地主国的工资成长。

在全球化条件下，资本得以跨越国界自由进出，生产、经营及管理方式也可随不同国家和地区的劳动立法及劳动关系运行状况而做出适时调整与转变。

① 关于非典型用工，劳动立法及理论界至今并无明确界定，一般认为是相对于标准或典型劳动用工而言。非典型用工一般指工作关系和工作方式灵活、工作时间或场所相对自由的各类用工，如非全日制用工、派遣用工及外包用工等。值得注意的是，非典型用工不同于非典型劳动关系，非典型用工只是就劳动力的使用或用工方式而言，不关注具体的劳动关系类型，而非典型劳动关系依然属于劳动关系，如非全日制用工。非典型用工包括非典型劳动关系。

许多跨国公司前往劳动力成本低廉的国家生产，或是进行海外外包，使国内的工作机会减少，同时，灵活雇佣形态或工作非正式化现象，在一定程度上也使过去类似终身雇佣或无固定合同的工作逐渐减少。

（四）全球化与劳动关系界定标准的反思——劳动者分层保护与雇主分类适用

在全球化背景下，劳动关系的标准该如何重新界定是当前世界劳动法学界面临的重要课题。比如，一些互联网平台企业的用工模式，究竟是不是劳动关系，是否适用劳动法调整？[①] 农村因土地征收或承包而实际成为失去生产资料，但又受他人雇佣打零工的“失地”农民是否应纳入劳动者范畴，接受劳动法的调整和保护？劳动法是调整劳动关系以及与劳动关系密切相关的社会关系。故劳动法、劳动关系是两个密切关联的概念，只有是劳动法意义上的劳动关系才能纳入劳动法调整范围。同时，劳动法的基准性、强制性、单保护性[②]等特点也决定其立法、司法资源的有限性甚至是稀缺性，从而也决定了劳动法必然是随着时代的发展和社会经济生活的变化而对劳动关系进行动态的调整。具体而言，有些新型的劳动用工领域会进入劳动法调整的范围，而有些传统的用工领域会淡出劳动法视野。换言之，劳动关系及其法律规制范围及模式应该基于社会经济发展的动态调整。雇佣灵活化，有利于用工企业灵活调整薪资结构和标准，即劳动力给付价格上的薪资弹性化，在一定程度上会减轻用工企业劳动成本的压力。同时，雇佣灵活化会通过工作方式灵活化、工作时间弹性化、工作数量上的弹性化、岗位职责弹性化等方式对劳动力做更有效的使用。当然，在全球化时代背景下，从传统劳动关系运行模式过渡到新型灵活雇佣发展模式的过程中，实践层面上难免会导致体制性的、结构性的摩擦和冲突，劳资关系会因全球化带来的各项不确定性因素，变得敏感、复杂、多变，传统意义上基于团结权、谈判权及争议权的“劳动三权”运行下的集体劳动关系，也会因灵活雇佣而在组织的成员数量、功能及其博弈力量等方面遭到不同程度的减损和降低，这

---

① 美国优步案最为典型，优步作为提供打车信息的平台公司与司机之间属于劳动关系还是商业合作关系的案件。

② 学界对此有不同观点，大致有“单保护说”“双保护说”“倾斜保护说”。笔者认为“单保护说”更能体现劳动法的理念和价值。

也会进一步导致劳资冲突的数量增加和类型多元。

三、全球化对工会及集体劳动关系的影响——劳工组织及其谈判能力的弱化

从某种意义上说，全球化对劳动关系的冲击主要就体现在其对集体劳动关系运行的影响，甚至可以说，全球化的兴起伴随着传统集体劳动关系的日渐式微。正如学者所说："西方发达国家的劳动关系在20世纪中期出现'集体化'高潮，但自20世纪70年代开始，'集体化'的特征便难以为继（除瑞典、丹麦等少数国家），甚至呈现'去集体化'的趋势。"[①]如以美国与日本为例，美国工会会员在非农业劳动力中的比重自20世纪40年代中期达到峰值35.5%后，便呈现持续下降的态势，2006年为12.0%；1950年美国涉及1000人以上的罢工424次，2006年仅为20次。[②] 日本工会组建率1949年为55.8%，1970年为35.4%，1983年为30%，2003年降至20%以下，2008年仅为18.1%；1974年日本经历半天以上的罢工5197件，2009年只有48件。[③]

全球化对集体劳动关系的影响，可从以下几个维度观察：

（一）就业形态及员工类型的改变

非典型用工方式的常态化使用及知识经济时代知识劳动类型的增加，也必然对工会成员及其组织力量造成重要影响。非典型用工一般劳动条件较差，且用工方式自由灵活，工人加入工会的比例较低。我国台湾地区学者将知识工作者有一些特质概括如下：第一，他们拥有的生产工具是知识，具有高移动性，可以随时离开工厂；第二，他们可能是承揽工作，外包工作的自营作业者，不一定要受雇主雇佣，也不一定依赖组织或称为别人的属下；第三，知识工作者不喜欢被管理，平等和参与的观念相对强烈，他们即使受雇，也倾向于雇主之间维持伙伴关系；第四，薪资的多寡不是知识工作者唯一的刺激因素，他们可能要求以分红、入股方式分享努力的成果，接受挑战、成就感、参与、训练学习受到尊重是他

---

① 李干：《我国集体劳动争议的难题与反思——基于自发罢工向制度外的"涌现"现象》，载《宁夏社会科学》2017年第1期。

② ［美］哈里·C.卡茨、托马斯·A.科钱、亚历山大·J.S.科尔文：《集体谈判与产业关系概论》，李丽林、吴清军译，东北财经大学出版社2010年版，第109页、第186～187页。

③ 田思璐、贾秀芬：《日本劳动法研究》，中国社会科学出版社2013年版，第318页。

们的重要需求。基于上述特质,知识工作者不仅是管理者的挑战,更是工会的挑战,因为他们具有独立性和自主性,并具有较强的议价或谈判能力,认为无须通过工会去争取权益,故加入工会的人数较少。

(二)工会会员数量减少、组织率降低

"全球化对于几乎所有的发达工业国家来说,都是导致工会衰退的一个原因。"[①]事实上,全球化对工会的消极影响是客观且普遍存在的现象,理论界尤其是劳动法学界对此已有共识。美国有研究者分析了美国跨国公司从1982~1993年,在19个经合组织国家(OECD countries)的外来直接投资时发现,投资者所考虑的重要因素之一是,这些地方的工会组织不要强,保护劳工的法律不要强。[②] 自1980年以来,主要工业国家都呈下降趋势,悲观论者甚至认为,全球化已经完全埋葬了工会的功能,即使是比较谨慎的分析家也认为与过去相比,工会发挥功能的空间已经缩减很多。

工人运动及劳动关系理论和实践告诉我们,工人阶级的团结权及其工会组织是集体劳动关系运行的基础和逻辑起点。在传统工业社会条件下,以劳动密集、规模生产、流水作业、集体劳动等因素为标志的社会生产方式,决定了集体劳动关系运行及其法律规制的勃兴。其根本原因在于,在传统的工业生产条件下,工人以蓝领工人为主,劳资双方不对等的格局以及劳动从属于资本的特性更加明显且更易分辨。此时,工人必然走向团结以"抱团取暖",工会成员数量及其组织率也自然呈高位运行状态。然而,在全球化背景下,世界经济体制、经济结构以及相应的社会生产方式发生了巨大的变革。科学技术的日新月异和知识经济的日渐兴起,导致企业生产组织形式和管理方式的重大变革。新技术的推广和运用,客观上冲击了传统蓝领工人生产及其生存方式,其结果是蓝领工人比例降低,而白领工人比例增加,而蓝领工人的相对减少意味着工会成员的数量下降,从而导致工会组织规模、组织率及工会密度的降低,进而决定了其谈判筹码和议价能力的降低。最终体现为工人对工会的组织依赖度降低并致使传统工会的功能和价值的逐步减退。

---

① 章蕾:《美国工会的衰退成因及其发展对策研究》,载《中国劳动关系学院学报》2010年第5期。

② William N. Cooke, "The Influence of Industrial Relations Factors on U. S. Foreign Direct Investment Abroad", *Indus. and Labor Rel. Rev.* 3, 1997, p. 51.

值得一提的是,全球化和灵活雇佣对工会的影响,主要体现为跨国公司对工会的抵制,这是由资本的流动性和趋利性决定的,这是在新时代背景下,外部力量对工会的侵扰。事实上,全球化背景下,工会系统内部也会因"竞次运动"①等因素,出现一国的劳工组织和另一国的劳工组织彼此竞争,导致劳工组织的分裂与冲突,从而消解了全球化推动国际劳工团结与合作的力量。

(三)集体谈判机制的有效性降低

在传统工业社会条件下,工人团结权的实现,建立在工会组织与雇主或雇主组织集体谈判的机制之上,包括集体谈判的程序规范以及相应的制度框架。本质上,集体谈判机制的建立和运行,是劳资双方的一种平等的、势均的、市场化的博弈,国家劳动立法和政策只进行相应的规范和引导,而不予实质性的干预。跨国公司在全球推行的管理制度,在相当程度上影响了集体合同的有效性。更加灵活和短期化的用工方式和政府在劳动力市场上的减少规制等,都导致集体谈判在覆盖率和有效性的降低。② 因此,全球化必然影响了集体谈判机制及其功能的有效运行和发挥,主要体现为以下几方面:

第一,集体谈判的数量降低。工会数量的降低和博弈力量的下降,首先导致的是发起集体谈判的数量下降。同时,新技术的推广、劳动者分层及人力资源管理的变革等因素使劳资双方之间不再依赖传统的集体谈判机制。

第二,集体谈判成功的概率降低。集体谈判数量的下降与成功概率之间虽然没有直接的关联性,但工会成员对工会依赖度的降低,工会谈判能力的下降以及雇主及其组织的相对优势等因素则决定了集体谈判的成功率降低。

第三,集体谈判的层级降低。劳动关系的运行及其法律调整模式的层次性决定了,集体谈判层级越高,意味着工人在劳资关系中的层次和地位越低,越需要团结和工会组织保护,也越能显示工会的力量。相反,集体谈判层次越低,如企业级甚至企业部门级别的集体谈判则越显示劳动者博弈力量与诉求标准的提高。20 世纪,西方工业国家劳资互动大都集中在产业层级或全国层级,但是

---

① "竞次运动"(racing to bottom),是全球化背景下各国劳动保护遇到跨国资本的流动与趋利本性时所体现出来的"囚徒的困境":既想通过国内立法提高劳动标准,又担心提高劳动标准可能引发的资本外逃。于是,各国劳工组织尽相满足资本的需求,而降低劳动保护标准。

② Bernhard Ebbinghaus, "The Changing Union and Bargaining Landscape: Union Concentration and Collective Bargaining Trends", *Industrial Relations Journal* 35, 2004, p. 6.

在20世纪末与21世纪初,劳资互动已逐渐移到企业层级,这也就是所谓的"劳资关系企业层级化",意思是劳动关系的调整去集中化、去集权化或去管制化。此一现象在欧洲尤为明显。劳资关系的企业层级化削弱了工会力量,因为传统的工会组织都是架构在产业层级或全国层级,一时之间工会的反应不够快,工会的运行和影响因而受挫。

第四,集体谈判内容的进一步扩展和诉求标准的提高。如上所述,随着新技术的发展,劳动者技能和层次随之提高,劳动者对工会的依赖度也随之降低,集体谈判的内容更多元化,而不是局限于传统集体谈判的事项,且集体谈判诉求的标准也随之提高。

第五,集体谈判的形式开始呈多元化。传统的集体谈判及其相关机制的运行机理非常明确,相关概念体系及机制运行的条件、程序都有明确的边界和范畴,如集体谈判必然是工会代表劳动者与资方或其联合组织,就劳方的利益而展开博弈。但新的时代发展背景下,集体谈判逐渐被集体协商、平等协商、民主管理、民主参与、人力资源管理等多种形式颠覆和取代。存在即为合理,尽管我们可以从理论、实践中探讨上述可能颠覆和取代传统集体谈判的各种形式的不足,但现实的劳动关系领域中,上述形式无疑会降低、抵消、改变集体谈判的机能。

第六,集体谈判的功能被分散。工会传统的武器是集体谈判,但全球化显然正在削弱劳动者集体的谈判或协商力量。在全球化压力下,企业与国家共同要去提升竞争力,工会被要求成为控制成本的主要对象,而工会会员成为节省开支和劳动市场松绑下的牺牲品。因此,集体谈判不再是分配成长的利润,反而是分担节省的成本。工会不但无法为会员争取到更好的劳动条件,反而要处处让步,甚至希望只要能保住工作就好,而工会被迫所做的这种让步,可能导致劳工对工会组织从迷恋中觉醒。

(四)人力资源管理策略和回避工会的措施对劳工组织及其谈判能力的蚕食

简单而言,人力资源管理一般是指"组织为了获取、开发、保持和有效利用在生产经营过程中所必不可少的人力资源,通过运用科学、系统的技术和方法所进行各种相关计划、组织、领导和控制活动,以实现组织的既定目标的管理过程”。[①] 一般认为,人力资源管理学科的理论和实践产生于西方社会,且大致经历了初级管理、人事管理和人力资源管理阶段。[②] 人力资源管理与劳动关系的运行及其法律规制属于不同的学科领域,但两者相辅相成互为促进关系甚为密切。从两者的学科发展脉络的角度观察,人力资源管理呈现出从只注重提升组织绩效目标发展至同时体现员工意志和权益的人本化管理阶段,而劳动关系的运行则大致经历了从劳资对立、冲突到劳资和谐的发展过程。两者发展脉络不同,但最终目标却趋于一致,即劳资两利、劳资和谐。从两者的方法和路径来看,人力资源管理主要通过各种工具和方法,在提升组织绩效的同时满足员工的诉求,尽量将劳方的需求个人化,重点在于如何提高劳动者个人的满意度和归属感,进而以此达到企业劳动关系的和谐和劳资共赢。而劳资不对等的天然格局,决定了劳动者一方必然会以团结的手段和组织的形式,在与资方集体博弈的过程中实现诉求,进而实现劳资和谐。可见,人力资源管理与劳动关系尤其是以工会为基础的集体劳动关系之间,存在路径依赖甚至取代的可能性。

20 世纪 80 年代以来,在全球化背景下,世界逐步进入后工业化时期,随着大机器生产、流水线作业的地位日渐被知识经济、智力劳动所取代,人力资本日益成为经济发展中关键要素。资本对于劳动的依赖性增加,个别领域甚至出现“劳动雇佣资本”的现象。管理的人本化、诉求的个性化、手段的智能化等特点,决定了人力资源管理更契合新时代的发展要求,且更容易成为劳资关系的调整模式。据此,有观点认为人力资源管理模式可以代替集体劳动关系的运行。

促使人力资源管理盛行的另一关键因素是,知识经济时代新一代员工队伍发生变化,原来的传统产业工人队伍被更为年轻、更加知识化、更集中于服务业的新型员工队伍所取代。从经济一体化到全球化的发展,跨国公司的实力极大扩展,改变了谈判双方的力量对比和结构。企业组织与经营策略的改变表现在企业层级化和雇主采用新的人力资源管理策略。新的人力资源管理措施的采

① 董克用主编:《人力资源管理概论》,中国人民大学出版社 2007 年版,第 42 页。

② 关于人力资源产生和发展的阶段,国内外学者有不同的观点,主要有六阶段、五阶段、四阶段、三阶段说。鉴于本书并非专门研究人力资源管理,故采用一般意义上的三阶段说(付亚和、孙建敏)。

用，如与绩效相连的薪酬管理制度，利润分享、员工持股等，诱使员工向企业靠拢而非向工会靠拢。

（五）政府政策的改变

政府在政策取向上，一方面扩大雇主的经营管理空间，另一方面却缩小工会参与决策的空间。政府更倾向于采取增加生产力、减税、减少公共支出与管制等方法来刺激供给增加，减少政府的干预，相对地，对于劳工和工会组织的保护趋向消极。

在西方国家中，工会是劳工集团利益的代表，它可以与雇主或雇主团体集团谈判签订集体合同，也可以在最高层级的政府决策过程中与雇主和政府共商经济、社会与劳工政策，这就是所谓的“三方机制”或“三边主义”。然而，由于工会会员的流失，工会会员比率下降，再加上整个经济社会和政治大环境对工会组织的敌视，使工会组织的代表受到挑战，工会在政策参与和政策制定方面的影响力随之下降。

第三节　全球化背景下集体劳动关系发展的目标与应然态势

如上所述，全球化对集体劳动关系运行的全方位影响，世界各国面对全球化的变革及其对集体劳动关系的影响，纷纷采取相应的应对措施。但时代的变迁和历史的发展趋势在一定程度上是确定的和可预见的，立基于传统工业社会和资本主义生产方式下的集体劳动关系应该朝向何种新目标进发，大致应该呈现出何种发展态势等便成了学界不得不研究的重要课题。该问题之所以重要是因为其具有引导性、启发性，尤其是对各国尤其是后进国家构建集体劳动关系运行框架具有一定的参考价值。

一、全球化背景下，集体劳动关系发展的目标

笔者认为，当下以及未来一定历史时期，集体劳动关系的运行及其法律规制应该以社会保护和社会促进并重为目标。这从世界范围内劳动立法的发展脉络以及我国集体劳动关系发展所处的阶段及其发展趋势两个维度便可以加以判定。

(一)劳动立法的发展脉络——由保护到促进

近年来,人权法领域以及社会法或劳动法学界[①]积极探讨关于人权法及社会法的代际更迭及其功能嬗变问题。如就人权法而言,大致认为人权法的发展历经三代更迭,第一代人权为生存权,第二代为发展权,第三代为环境权。[②] 而关于社会法或劳动法的发展脉络,一般认为劳动法发展至今也大致分三个阶段或三代。

第一代劳动法:19 世纪后期 20 世纪初期兴起,以英国、德国为主的早期的劳动立法为第一代。其基本功能是对劳工的个体的生存利益的保护,尚未上升至人权和社会权利层面。

第二代劳动法:20 世纪 30 年代兴起,以经济危机为立法背景,"劳动三权"合法化,以劳资集体谈判为核心的交易机制,工会组织成为制约资本的结构性力量。[③] 与第一代劳动立法相比,第二代劳动法改变了劳动者个体保护的功能模式,呈现出劳动者集体利益保护的功能模式,属于一种以"再分配主义"为理念的社会保护机制。

第三代劳动法:20 世纪 70 年代后兴起,西方社会逐渐产生生产效率低、福利依赖与道德危机等社会问题,在对第二代劳动法"再分配主义"理念的正当性、合理性进行反思的基础上,形成第三代劳动立法。第三代劳动法对"消极"的福利制度向"积极"的福利制度做出必要调整,呈现出社会保护与社会促进并重的功能模式。[④]

可见,社会政治经济的发展决定了劳动立法的宗旨和方向,劳动立法的宗旨决定其功能和价值的嬗变。最初意义上的劳动立法是为了保护个体劳动者的生存利益,而对资方进行强制和基准控制。随着社会经济的发展,劳资双方以组织的形式,在力量均衡的条件下展开博弈的机制得以形成,从而劳动者生

---

① 关于劳动法和社会法的关系,理论界多有探讨。笔者认为,从狭义的或部门法的角度看,社会法可以等同于劳动法,至少是以劳动法为主;从广义的或学科规划的角度看,社会法不同于劳动法,社会法是相关学科门类的总称,其中包括劳动法。本书基于狭义的视角,将社会法与劳动法等同视之。

② "三代人权论"是由法国法学家卡雷尔·瓦萨克提出的关于人权发展理论较有影响的观点。参见叶敏、袁旭阳:《"第三代人权"理论特质浅析》,载《中山大学学报》(社会科学版)1999 年第 4 期。

③ 黄越钦:《劳动法新论》,中国政法大学出版社 2003 年版,第 270 页。

④ 陈步雷:《社会法的功能嬗变、代际更替和中国社会法的定位与建构》,载《现代法学》2012 年第 3 期。

存和发展利益(集体利益的增进)得以立法保障。在全球化背景下,随着传统劳动关系运行的基本要素的变革,如单纯地局限于劳资双方的博弈,已无法满足时代发展的要求,也无法实现劳动立法的功能和价值,必须从更宏观的角度认识劳资关系问题,在促进整个社会发展的基础上进行劳动保护。故从单纯保护到保护与促进并重,体现了劳动立法发展过程中,其功能和价值的嬗变。

(二)集体劳动关系的发展趋势——对抗到合作

事实上,劳动立法的宗旨决定其功能和价值的嬗变,而劳动立法功能和价值的嬗变进而会影响劳动关系的运行模式。第二代劳动法框架下的传统集体劳动关系的运行,是以工会及雇主或雇主组织就劳动条件的维持和提高为目标进行博弈,以"劳动三权"为核心的集体谈判是其运行基础,以劳动者集体利益的增进为其目标。本质上,传统集体劳动关系的运行体现了"劳资对抗"理念,"劳资对抗"的背后是劳资双方对既有利益的一种"切分蛋糕"式的分配机制。同时,"劳资对抗"必然意味着"事后救济",无法关注事前预防问题。第三代劳动法的立法宗旨不仅要解决劳资利益的冲突问题,从而解决劳动者的社会保护问题,更要从根本上预防、缓和社会冲突,并通过各种方式促进社会生产,提高社会生产效率,从而在根本上解决公平和效率问题。

集体劳动关系运行的目标就是要实现"劳资对抗"向"劳资合作"转变,这与上述第三代劳动法的社会保护和社会促进并重的理念不谋而合。在具体的制度设置上,实现劳动者的社会权与经济参与权相融合的转变,让劳动者能够在经济发展领域与资方展开公平交流,进而从根本上预防劳资争议的发生。因此,集体劳动关系的发展目标与第三代劳动立法宗旨和理念不谋而合,以社会权为核心的第三代劳动立法除了发挥其社会保护功能外,还应当建立有效的表达、沟通机制,使劳资双方能够在经济、社会等更广泛的领域展开合作和博弈。这既有利于预防劳资纠纷的发生,也有利于劳资关系的长远发展,从而推动和促进社会经济发展。

二、全球化背景下,集体劳动关系发展的应然态势

如前所述,集体劳动关系的发展目标是以社会保护和社会促进并重,但具体如何体现?笔者认为,在可遇见的将来,集体劳动关系的运行及其法律规制将大致出现如下态势。

（一）工会会员数量及其组织率的“降低”与“增加”并举

自20世纪80年代以来，世界范围内工会成员及其组织率的下降已成学界共识，无须赘言。随着新技术的不断突破和生产方式的变革，资本雇佣劳动时代将逐渐过渡为资本与劳动合作，并最终演化为劳动雇佣资本的时代。传统的工会会员数量及其组织率的下降是必然现象，但工会成员及其组织功能不会消亡，必然会改变传统的组织基础，扩大吸收会员的范围，拓宽活动领域等。比如，随着传统“雇员”或“蓝领工人”大面积消失，工会成员将会突破传统雇佣模式下这一单一社会角色，而将具备一定条件并具有共同目标的广大自由职业者、独立承包商甚至失业人员等纳入工会组织。

（二）工会职能或功能的“收缩”与“扩展”并进

在全球化背景下，随着雇佣劳动模式的变革，传统“工厂＋工人”的雇佣劳动模式逐渐向“公司＋合伙人”等类似的合作劳动模式转变，传统蓝领工人或基层劳动者团结起来争取利益的动力逐渐消散，传统工会旨在实现劳动者集体利益增进的功能，也必然会大幅度“收缩”。但在新的劳资合作模式下，工会的功能会出现嬗变，其职能也必然会突破和创新，即由“劳动和资本的博弈”变成“物质资本和人力资本的合作和博弈”，故除了原有“劳资对抗”模式下的功能外，工会必然要围绕“劳资合作”开展工作，进而实现“劳资和谐”。事实上，“新型工会运动”“工会运动的社会化”等已如火如荼，工会职能范畴必然会进行变革和扩展，如将劳工运动与环境保护、教育改革等社会运动结合起来。

工业革命后唤起了工会组织与劳工运动，在过去200余年中，工会运动在主客观环境改变之下，不断调整定位，在功能上推陈出新。面对21世纪的新时代，工会功能更显重要。在职位虚化的年代，工会角色必须更新，由于职业界限变得不明确，劳工将会经历多次的工作转换或失业，已成为无固定职业身份的流动工作者，工会应该调整其功能，变得更像是教育机构，应该提供专业咨询服务，协调会员与雇主的争议，同时也强化培养会员情谊的功能。学界称未来的工会运动会呈现社会化或社会性的工会运动模式，“社会性工运模式是指工会应该关注移民、妇女等各方面的社会问题，而不仅仅关注工人的工资和福利问题”。[①]

近年来，随着劳动立法的健全和完善，一个值得关注的现象是劳动条件开始从依靠集体谈判来增进转向依赖劳动立法进行确认。这一现象反映了工会及其集体谈判力量的弱化，但却倒逼了工会职能的适时转变。这种从集体谈判到立法的转变，并不意味着工会主义的终结，而是预示着工会的策略和战术上的一个转变。工会可以将其关注点从向雇主施压转向到向政治领域施压，进而转变为立法成果。此外，新时代工会自我发展的重点还应该放在服务功能的提升。例如，经济景气不佳和失业高涨之时，提供劳工第二次专长训练，积极协助会员再就业，在工商业繁忙的社会中，工会可以协助会员报税、申请证件、缴交罚款等琐事。唯有创新服务功能，才能赢得各种类别劳工的心。

（三）集体谈判及争议行为手段或方式的“保留”与“突破”并重

以“劳动三权”为核心的传统集体劳动关系的运行，劳资博弈主要通过集体谈判实现劳资协约，在谈判陷入僵局无法达成协约时，方出现罢工等争议行为，以促使劳资协约的最终达成。在全球化背景下，随着工会组织率及其谈判能力的下降，集体谈判的形式也必然发生改变，传统集体谈判的范围会进一步缩减，从而代之以更广范围的、由国家不同程度介入的劳资协商或集体协商。同样，集体争议行动的方式也会突破罢工、锁厂等方式，更多的会采取协商、调处、强制仲裁、民主参与、人力资源管理等手段和方式。而且，与传统罢工等争议行为相比，全球化背景下的集体争议行动将更为关注事前预防和风险控制。

（四）集体劳动关系运行的“国内”与“国际”并行

囿于国家产业关系边界性及劳动立法的地域或空间效力，传统集体劳动关系的运行只在国家和地区内展开。但在全球化背景下，跨国企业及跨国资本的活动日渐频繁，工会组织也必将跨出国界，展开国际和区域间的交流和合作。国际劳工运动将进入实质性的合作和交流阶段，诸如国际工会联盟[②]（以下简称国际工联）等相关国际工会联盟组织将扮演重要角色和发挥重要作用。工

① 章蕾：《美国工会的衰退成因及其发展对策研究》，载《中国劳动关系学院学报》2010年第5期。

② 国际工联是国际劳工组织中的顶级工会组织，由各个国家的全国性工会组织所组成，目前由超过151个国家和地区的301个工会组织会员，代表全球劳工人数超过17,600万人。

会除了在国内创新组织形式、职能及斗争形式外，还将同时在国际劳工组织、世界贸易组织等国际层面上和区域经济组织层面展开活动。在全球化背景下，无论工会在何种层面上展开活动，向全球性和区域性的经济组织及跨国公司进行游说并施压，促使其遵守国际劳工公约或建议书等行为准则，尊重并保护劳工的基本权益都是重要的职责。国际及区域性的工联组织形态、功能范畴以及工作方式等也将进行相应的变革，通过资讯、宣传活动、教育和其他各种形式的活动，促进跨国性的工会合作。①

在此不得不提及的是由我国政府提出并牵头实施的“一带一路”战略，其实质是我国经济发展战略从“引进来”转变为“走出去”。该战略完全契合全球化的宏观背景和世界经济发展的趋势，促进了区域经济和国际经济发展的一体化步伐。从宏观上看，“一带一路”战略可辐射至全球经济体；从微观上看，直接实施“一带一路”战略的国家和地区，在互相执行“引进来，走出去”政策过程中，必然涉及劳动用工及劳工运动。通过互动交流、协商对话等方式解决相应的争议，从而促进国际经济协同发展是必然趋势。

第四节　全球化与我国集体劳动关系的机遇与挑战

在全球化背景下，除了上述全球化对集体劳动关系的宏观的、整体的影响外，我国在处理集体劳动关系及其法律规制相关问题时还面临一系列的机遇和挑战。

一、全球化条件下我国集体劳动关系运行的机遇

在全球化背景下，我过集体劳动关系的发展恰逢如下机遇。

(一)我国正处于集体劳动关系勃兴的历史发展时期

从我国和西方国家劳动关系发展脉络的历史比较来看，我国正处于集体劳

① 值得一提的是，在国际贸易中，发达国家的工会组织与发展中国家的工会组织因“社会条款”产生分歧，发达国家工会从保护本国工人就业出发，反对跨国公司到发展国家投资，并推行“社会条款”。而发展中国家工会则相对地反对“社会条款”。但此种分歧，并不影响全球化背景下工会的国际和区域的交流和合作。

动关系勃兴的历史发展时期。众所周知，现代意义上的劳动关系和劳动法，源起于资本主义工业革命及其生产方式的确立，自 1802 年英国《学徒健康与道德法》问世至 20 世纪初，一直以个别劳动关系的调整为主；20 世纪初至 20 世纪 70 年代，以集体劳动关系的调整为主；20 世纪 80 年代以来，在全球化背景下，西方劳动关系的运行及其法律规制出现新的变化。20 世纪初至 20 世纪 70 年代，之所以是西方国家集体劳动关系运行的勃兴时期，主要是基于以下因素：第一，经历资本原始积累和自由资本主义阶段的高速发展，西方社会进入以市场经济和民主法治为两大根基为支柱的工业文明巅峰时期，资本雇佣劳动的模式是社会主要的生产方式；第二，西方社会历经第一次世界大战和第二次世界大战，工人阶级的权益保护始终被边缘化，团结起来以组织的形式与资方进行博弈，是必然的、适时的、明智选择；第三，该段时期，也是西方国家劳动立法体系逐步健全的过程，正是基于前面两种因素的考量，“劳动三权”普遍获得国家立法认可，进而为集体劳动关系的运行提供了法律保障。

不难发现，我国当下社会经济发展的背景，具备传统集体劳动关系发展的土壤和环境。具体而言：第一，我国尚处于工业化的发展阶段，制造业发达，雇佣劳动是基本的生产方式；第二，劳动力的市场化改革已初见成效，社会主义市场经济体制已深入人心，民主法治已成为党和国家的执政理念；第三，劳动立法体系已建立并逐步健全，集体劳动关系的相关立法虽然位阶较低，但在当前党政体制和现有劳动立法体系下，也基本有法可依。

（二）我国集体劳动关系的运行及其法律规制具有立法、理论及实践基础和经验、教训

从我国劳动立法的发展轨迹看，真正进入劳动力市场化和法治化改革的标志是 1995 年我国《劳动法》的施行。此前，完全是计划经济体制下的劳动用工模式，不属于现代意义上的劳动关系。故我国的劳动关系及其劳动立法并未经历西方国家自然的、符合社会经济发展规律的发展过程。与发达国家相比，当我国刚进入个体劳动关系时代，且个别劳动立法及其理论尚未形成体系之时，便开始进入集体劳动关系时代，同时，我国劳动立法和理论界对集体劳动关系尚未予以充分关注时，便已面临全球化背景下集体劳动关系的变革和挑战。笔者认为，就事物发展规律而言，我国的劳动立法和实践的发展过程无疑是混乱的和滞后的，但就我国劳动关系运行及其法律规制的本土化而言，又不失为一种机遇。一方面,我国劳动立法和实践虽然起步晚,但市场化和法制化的基本方向无疑是正确的;另一方面,经过20余年的立法、理论及实践的发展,我们已经积累了相当的经验,为构建完善的集体劳动关系运行机制,奠定了坚实的基础。另外,在面临共同的全球化背景下,我们可以放眼全球,吸取西方国家的经验和教训,并结合我国实践,在构建我国未来集体劳动关系的运行及其法律规制时进行相应的创新和突破。

二、全球化对我国集体劳动关系的挑战

在全球化背景下,构建我国集体劳动关系及其法律规制也必然要考虑因我国特殊的政治经济体制及法治环境而形成的天生缺陷和障碍,这是我国集体劳动关系发展的瓶颈和挑战。

(一)我国集体劳动关系运行及其法律规制基本要素的缺失

已如前述,我国当前集体劳动关系运行及其法律规制的架构尚处于初期阶段,其基本要素存在缺失状态。如"劳动三权"在相关立法上尚付阙如,工会组织的基本职能尚不能有效发挥,基于劳资对等博弈条件下的集体谈判机制并未形成,集体劳动争议的处理机制尚未厘清等。相较于西方国家正常的劳动关系及其立法的发展脉络而言,集体劳动关系及其法律规制基本要素的缺失自然成了天生的缺陷和障碍。因此,在传统集体劳动关系基本要素缺失,以"劳动三权"为核心的运行机制无法成为我国集体劳动关系运行的制度体系和框架时,是严格按照传统集体劳动关系的构成要素予以构建还是另辟蹊径,并构建具有我国特色的集体劳动关系运行机制便成了学界研究的重要课题。

(二)"劳资对立"意识及其博弈机制的缺位

从制度体系或框架上说,传统集体劳动关系运行的逻辑起点是劳动者的团结权,劳动者有了团结权才可依凭工会组织与资方展开博弈,并最终实现集体利益增进的团结权目标。事实上,从现代意义劳动关系运行及其法律规制的角度看,"劳资对立"才是劳动关系运行的逻辑起点。劳资双方虽然共处同一用工单位,并在生产资料与劳动力相结合的过程发生相互依存的关系,但必须基于双方主体意识及利益独立的前提条件,这是资本主义基于自由、平等理念上的自由劳动、雇佣劳动应有之义。换言之,劳动关系的与运行和发展必须在承

认并经历“劳资对立”的基础之上，逐步实现“劳资合作”，进而最终实现“劳资和谐”。因为只有经过劳资对立和博弈，劳资双方才能找寻符合双方利益平衡和各自利益目标的合作基点和方式。

我国的情况较为特殊，一方面，劳动力市场化改革以后，劳资对立的事实已经普遍形成，且劳资对立情绪日渐高涨劳资争议频发；另一方面，在面临劳资争议时，容易跨越“劳资对立”，直接进行“劳资合作”的制度设计，结果自然收效甚微。笔者认为，全球化背景下构建符合我国国情的集体劳动关系运行及法律规制框架，必须承认普遍的劳资对立，并围绕劳资对立设置相应的博弈机制。未经历过劳资对抗阶段，不能真正实现劳资和谐，缺少劳资对抗就是缺少构建劳资和谐的“洗礼”。当然，该博弈机制并不一定是西方传统的集体谈判机制，集体劳动关系运行的组织及框架完全可以结合我国实践进行相应的创新和突破。

第五节　全球化背景下构建我国集体劳动关系法律规制的路径选择

已如前述，全球化在世界范围内对劳动关系特别是集体劳动关系的运行产生了深远的影响，但集体劳动关系未来可能的发展目标及其应呈现的态势是可预见的。我国集体劳动关系的运行及其法律规制在政治、经济、文化体制及历史条件等方面较为特殊，在全球化背景下所面临的机遇和挑战更具特殊性和丰富性。那么，在全球化背景下，如何构建我国集体劳动关系及其法律规制的路径，便成了劳动法学界具有终极意义的重要问题。鉴于本书前面部门章节就相关问题已有论述，本节只探讨宏观上意义上的路径选择及其可行性，并以此为全书总结。

笔者认为，宏观意义上建构我国集体劳动关系运行及其法律规制路径，必须考量以下几个维度：第一，集体劳动关系运行的市场化和法制化方向必须坚守，绝不能本末倒置，因为市场经济和民主法治是集体关系运行的两大基石；第二，必须重点关注我国集体劳动关系运行及其法律规制的本土化经验，而不能照搬照抄西方国家的经验；第三，注重我国集体劳动关系运行和发展的历史条件，但更要立足现状展望未来，制度设置上须具有一定的前瞻性；第四，放眼世界，拥抱全球化，把握全球化对我国集体劳动关系运行的机遇，主动迎接全球化对集体劳动关系的挑战。

综上所述，我们将集体劳动关系运行及其法律规制路径概括为以下三个方面。

一、全球化背景下我国集体谈判、集体协商的分层化设计

所谓集体谈判、集体协商的分层化，是结合当下及未来工会组织结构及其职能的变革，将集体谈判或集体协商分成“集体谈判—集体协商—劳资协商”三个层级。第一层次的集体谈判是传统意义上的集体谈判，由工会及其他劳动者代表或团体自下而上与雇主或雇主组织进行谈判，是集体劳动关系运行及劳资博弈的核心机制；第二层次的集体协商，相当于我国当下语境下正统的集体协商模式，由国家和地方党政主导或统合下进行的、自上而下的、更广范围的集体协商；第三层次平等协商，又可称为劳资协商，是指在更宏观的范围进行的劳、资、政三方协商（如无特指，以下仅用“平等协商”概念）。

在全球化背景下，笔者将劳资谈判、协商机制分成以上三个层次，并非简单采取折中的研究态度，而是基于以下因素的考虑：

其一，集体谈判、集体协商及平等协商三个层次的谈判协商机制，均具有相应的立法、理论及实践依据。集体谈判是传统集体劳动关系运行的基本理论，虽然我国相关劳动立法对“劳动三权”不明确甚至尚付阙如，也必须进行相应的制度安排，否则，集体劳动关系的运行将成了“无源之水”；集体协商是具有立法和现实依据，且符合我国党政目标的博弈机制；平等协商则是我国劳动关系运行中一向提倡的“三方协商机制”的宏观运行。

其二，上述三个层次的划分，并非将现有的概念或制度进行简单的罗列，而是在一定逻辑关系上进行相应的结构和功能改造。集体谈判是前提，意味着在我国社会主义市场经济体制下，认可“劳资对立”并进行自下而上的“劳资博弈”的必然性，但集体谈判的路径可以结合我国实践进行合理化改造；劳资双方的集体协商则可以在更广范围内就更多的协商事项进行协商，而不限于利益争议事项，也不限于工会成员；平等协商的范围和功能会扩大，如劳资政三方在劳动立法和政策层面上的博弈。

其三，做出三个层次的划分，是为了结合我国工会的本土经验①并契合全球化背景下工会改革的必然趋势。我国工会的政治性、依附性等特点，决定了在当前以及可预见的未来，集体谈判机制须结合实践进行替代和变革；集体协商和平等协商机制则是我国工会功能转变及职能扩展在不同层级的必然体现。在全球化背景下，工会组织功能及其博弈能力日渐衰弱，工会运动的组织形式、功能及活动范围等均呈变革之趋势，故劳资谈判、协商的博弈机制，按功能、价值以及轻重缓急等因素进行相应的区分，极具合理性。

其四，该三个层次划分，分别顺应了我国现行集体劳动关系劳资博弈现存的企业级、区域或行业级、国家级三个层次，具有存在的合理性。鉴于传统意义的集体谈判在我国尚未实践，故要进行制度性的替代，由工人代表制对其进行制度和功能的部分替代；同时，集体协商和平等协商则分别限于行业区域级和国家层级的博弈。

值得一提的是，上述三个层次之间有密切且动态的逻辑关系。在当前及可预见的未来，集体谈判作为企业层级的自下而上的劳资博弈机制，处于核心地位。劳资协商和平等协商则是自上而下的更广范围的博弈机制，对集体谈判具有指导和补充价值。在全球化背景下，随着我国市场经济体制的深化和劳动立法的健全和完善，在就业形态、工会组织形态及其功能变革等综合因素作用下，企业层级的集体谈判的重要性可能会下降，甚至被更高层级的协商机制所取代。

二、全球化背景下我国集体谈判路径的功能化改造

上述三层次的划分，不仅符合我国实践和工会发展的趋势，在一定程度上也廓清立法及理论上的不明与误区。② 其中，集体协商和劳资政三方协商本身就有立法、理论及实践基础，只需稍作功能改造，在此无须赘述。由于传统意义

---

① 此处的本土经验实际是指我国当下不同的地区出现的集体谈判和集体协商模式，在广东深圳等沿海地区，以企业层级的集体谈判为主，只是体现为工人代表制，如利德鞋业集体谈判、南海本田集体谈判；在浙江、江苏以及中部地区等以民营中小企业为主的地区，一般以行业和区域层级的集体协商为主，如温岭羊毛衫行业集体合同。

② 长期以来，我国劳动法学界对工人团结权来源、“集体谈判”还是“集体协商”等问题纠缠不清，如结合实践赋予上述“集体谈判”和“集体协商”不同的层级、功能区划，则不失为理论上的创新与突破。

上的集体谈判机制在我国“水土不服”，但其又是市场经济条件下集体劳动关系运行的必备环节和必经阶段。即使在全球化背景下，工会力量日渐式微，但在我国目前仍然处于工业化进程的中期，如果没有经历过工会、集体谈判的长足发展，没有能够与资方形成制衡的劳方团体力量，想要跳过这一阶段，直接进行“劳资合作”进而实现“劳资和谐”或“凭空建立一套人力资源管理策略以协调劳动关系的模式，将缺乏对于资方的限制条件，从而缺乏现实性”。[①] 故如何既能保留传统集体谈判的核心要义，又结合我国实践并进行相应的制度改造和创新，自然就成了我国劳动法学界的难题。笔者结合我国实践将第一层次的集体谈判进行功能化改造，可基本解决上述难题。

所谓集体谈判的功能化改造，是指在保留传统集体谈判机制的核心要义的前提下，发挥集体谈判制度的主要功能和价值，而对制度体系及其形式不予过多关注。这种改造和创新，大致可以归入功能论的研究范式和实践理性。传统意义上的集体谈判是需要国家政府及立法的支持和确认，赋予劳动者“劳动三权”，并设置相应的制度体系和法律保障，方能顺利运行。而鉴于特殊党政体制下的工会制度的障碍，传统意义上的集体谈判机制，在我国当前徒具理论意义。但实践中集体劳动关系的运行及集体劳动争议却“风起云涌”，迫切需要制度性的调整和规制。故无法在短时间内改变体制及立法等障碍因素时，必须立足现实总结实践经验，并进行相应制度创新和突破。结合近年来的相关理论和实践，笔者认为，以“工人代表制”为制度基础，能有效发挥传统集体谈判机制的功能和价值。理由简述如下：

第一，工人代表制是我国基层劳动者在工会孱弱，维权渠道受阻，相关立法缺位等不利条件下，所做出的无奈但却极具理性的选择。实际上，近年来我国劳动法、经济学及社会学等学界，对集体谈判的制度构建进行广泛而深入的探讨，也取得了可喜的研究成果，但最终均没有引起关注。其根本原因在于，这些研究成果要么徒具理论意义，无法立足现实，要么脱离我国实际，根本无法落地，只有工人代表制的研究兼具理论和现实意义。

第二，工人代表制有深厚现实及法理基础。顾名思义，工人代表制就是有共同诉求的工人，通过自主选举选出工人代表，委托并授权工人代表参与谈判，

① 付麟：《论企业人力资源管理能否取代工会》，载《中国劳动关系学院学报》2008 年第 2 期。

以达共同目标的制度体系。就劳动关系和劳动法的基本理论而言,工人团结权来源于法律的赋予或认可,并由工会等组织具体行使,工会与其成员之间具有天然的、法定的代表关系。故有观点认为,在没有工会或绕过现有工会的前提下,工人自己选举代表代行工会的权利,缺少法律依据。笔者认为,仅从理论而言,此观点似乎言之有理,但无论劳动法还是民法理论,均无法否定"选举—委托—授权"中一系列法律行为的正当性和合法性。当然,工人代表制在实际运行中,存在是否以代表之名行代理之实,是否应该还原并归入代理制度等理论争议和瑕疵,但瑕不掩瑜,与"劳动三权"明确入法,工会制度彻底改革的难度比起来,选择并完善工人代表制当然更为理性。

第三,工人代表制的实施,不仅解决了集体劳动争议,还激发了工人的主体意识和权利意识,进而有利于推动集体劳动关系的健康运行,促使我国工会的变革和突破。如此,工人代表制的实施不仅在制度上具有可行性,而且会促进集体劳动关系运行的良性互动,最终实现党和国家"劳资和谐"的执政目标。

第四,工人代表制主要在广东深圳等珠三角经济发展区域实施,因为在珠三角经济区域以代工、外贸等外资企业为主,劳资关系的市场化和法制化更趋成熟,且工会组织率低。其与民营的且行业集中的中小企业为主的长三角地区的行业或区域层级的集体协商有明显区别。随着我国经济的发展产业的升级,工人代表制的适用范围也将不断扩展,与集体协商机制并存、折中及不断融合,最终形成不同产业类型、不同地区、不同层级的分层分类协商模式。

据此,从本质上看,上述工人代表制是基于实践理性的实践意义上的集体谈判机制,或者是西方国家传统集体谈判机制在我国当前集体劳动关系运行中的具体化运用。需注意的是,笔者建议,工人代表制限于企业层级,在企业没有工会或工会不起作用的情形下,允许实施工人代表制。而在区域和行业层级不建议使用工人代表制,因为在该层级均有相应的工会组织,且工人代表制度本身含有"围绕一个谈判单位"的天然局限性。事实上,在我国特定的党政体制和历史条件下,工会实际上是高度统合型的国家法团主义组织,由党政主导、自上而下式的集体协商模式具有一定的合理性和必然性。只是在我们的分层化设计中,集体协商原则上是行业与区域层级的劳资博弈。集体协商机制在立法依据、启动模式、适用范围及适用效果等方面与工人代表制的集体谈判机制均有不同,且在一定程度上,集体协商机制运行的结果对体现为工人代表制的集体谈判机制的运行起到框定边界和指导的作用。

三、全球化背景下我国集体劳动争议解决机制的阶段化处理

集体劳动争议的阶段化处理,是笔者结合我国集体劳动争议的现状以及全球化背景下的发展趋势,提出的分阶段或分步骤设计并实施集体劳动争议处理机制的方案。鉴于集体劳动争议处理机制的相关概念、理论在本书第七章已由详述,此处只简要论及阶段化处理的大致思路。简单而言,可以概括为"三步走"。

第一步:混合处理阶段。所谓混合处理阶段,是指当前以及未来一段时间内,无论是个体劳动争议、群体劳动争议还是集体劳动争议,均不作区分地以现行的劳动争议处理机制予以处理。之所以混合处理,是因为我国的劳动立法、理论及实践尚未发展到成熟阶段,无法有效区分各种劳动争议及其处理路径。我国现行劳动争议处理机制以个体劳动争议为主,客观上没有解决集体劳动争议的相关机制。同时,新劳动立法时代,劳动者权利意识高涨,群体性及集体性劳动争议日益凸显,劳动者诉求呈多元化和混合化状态,只能混合处理。

第二步:分立处理阶段。随着我国劳动关系及劳动立法、理论及实践的发展,劳动争议处理机制的不断健全和完善,劳动争议将逐渐类型化并伴随劳动争议处理机制的多元化,即进入笔者所指的分立处理阶段。西方劳动法制及工人运动发达的国家劳动争议的处理机制均已进入类型化处理阶段,如个体劳动争议、群体劳动争议及集体劳动争议的区分,权利事项争议与利益事项争议的区分等。在此阶段,我国应单独设置集体劳动争议的相关处理机制,如类似劳动关系委员会或调处委员会之类的调解组织,以及集体争议仲裁等。

第三步:融合处理阶段。在全球化背景下,集体劳动关系的运行发展面临巨大的挑战,但也是转型变革的重要机遇。笔者坚信,未来劳动争议的处理机制将会呈现融合化趋势,这种融合是劳动关系和劳动立法、理论及实践发展到一定阶段的产物,是在工会组织及其功能转型、变革的基础上和"劳资合作"的社会宏观背景下,形成的一种综合性的劳动争议处理机制。劳动争议的融合处理阶段,是对混合处理阶段和分立处理阶段的发展和扬弃,是全球化大潮下集体劳动争议处理机制的一个否定之否定的辩证发展过程。

后　记

几经波折，历时数载，数易其稿，本书终于出版了，总算是勉强给自己一个交代吧。激动之余，难免有些许伤感。考虑再三，还是觉得有必要向读者朋友表露一下本人在本书写作、出版过程中的心路历程，以求自勉。

21世纪以来，我国劳动关系的运行及其立法、理论和实践的发展可谓“精彩纷呈”。我国《劳动合同法》的施行不仅推动了劳动者个体权利意识的高涨，而且在一定程度上促进了劳动者集体维权意识的觉醒和集体劳动关系的运行及其法律规制的发展。恰逢此时，我为事务所部分客户提供了几场《劳动合同法》的培训，从此与劳动法结下不解之缘。之后几年的劳动法理论和实务的积累，我对学界“劳动法理论研究的金矿在集体劳动法”观点深以为然。

2011年攻读博士学位后，我毅然选择研究中国集体劳动关系法律规制这一论题，并将其作为博士学位论文选题。从论文的选题、开题、写作、预答辩到最终答辩，其历程之“痛苦”无以言表。研究资料的“单薄”、现实案例与传统集体劳动关系运行及其法律规制理论的“不匹配”、不断被涉及敏感话题的“警醒”等，使我在整个写作过程中倍感焦虑，几欲放弃。不过，凭着当初选题时对集体劳动关系法律规制理论重要性的认知，以及对构建中国“本土化”集体劳动关系法律规制模式的热切期望，终究完成了论文的写作并顺利通过答辩。

2014 年 7 月博士毕业后，由于自身懒散和各种琐事的耽搁，论文修订并出版计划屡遭搁浅，直至 2017 年年底修订完成。其后，在与出版社商谈出版事宜期间，又被告知书稿涉及敏感用词和话题，出版社要求作删减和技术处理，不得以只好“忍痛割爱”删减了一部分，并作了进一步的技术处理。就这样，在数次被“虐”后，最终确定了出版日期，一颗悬着的心才得以放下。

我 10 年前迈入劳动法领域，虽是机缘巧合，但却秉承做一名劳动法界“工匠”的理念和目标，不求闻达于学界，但求无愧于当初的选择和坚守。所幸的是，一路走来都有劳动法学界前辈对我的悉心指导、提携和帮助。特别是王全兴教授和李坤刚教授，两位老师在百忙中对本书的最终定稿和出版倾注了大量的心血，晚辈感激涕零，无以为报，唯有在以后工作中加倍努力，为中国劳动法的发展略尽绵薄之力。

李孝保

2018 年 10 月 22 日

图书在版编目(CIP)数据

中国集体劳动关系法律规制研究／李孝保著. -- 北京：法律出版社，2018
ISBN 978-7-5197-2997-4

Ⅰ. ①中… Ⅱ. ①李… Ⅲ. ①劳动关系－劳动法－研究－中国 Ⅳ. ①D922.504

中国版本图书馆 CIP 数据核字(2018)第 300054 号

中国集体劳动关系法律规制研究
ZHONGGUO JITI LAODONG GUANXI FALÜ GUIZHI YANJIU

李孝保 著

策划编辑 刘晓萌
责任编辑 刘晓萌
装帧设计 李 瞻

出版 法律出版社
总发行 中国法律图书有限公司
经销 新华书店
印刷 北京虎彩文化传播有限公司
责任校对 王晓萍
责任印制 吕亚莉

编辑统筹 法治与经济出版分社
开本 720 毫米×960 毫米 1/16
印张 18
字数 318 千
版本 2018 年 12 月第 1 版
印次 2018 年 12 月第 1 次印刷

法律出版社／北京市丰台区莲花池西里 7 号(100073)
网址／www. lawpress. com. cn
投稿邮箱／info@ lawpress. com. cn
举报维权邮箱／jbwq@ lawpress. com. cn
销售热线／010-83938336
咨询电话／010-63939796

中国法律图书有限公司／北京市丰台区莲花池西里 7 号(100073)
全国各地中法图分、子公司销售电话：
统一销售客服／400-660-6393
第一法律书店／010-83938334/8335
西安分公司／029-85330678
重庆分公司／023-67453036
上海分公司／021-62071639/1636
深圳分公司／0755-83072995

书号：ISBN 978-7-5197-2997-4
定价：86.00 元